职业教育殡葬相关专业系列教材

墓地管理与服务

翟媛媛　赵志国　主编

杨根来　主审

·北京·

内容简介

本教材针对公墓管理员职业需求而编写,按照其工作过程,具体分为九章内容,包括墓地管理的基本知识、墓地规划与设计、公墓商品营销、接待与引导服务、骨灰寄存服务、安葬祭奠服务、墓地维护管理、墓地安全管理、档案管理。每章设有知识链接,章后设有思考题,以帮助学生拓展专业知识,巩固学习效果。

本教材适用于职业院校的现代殡葬技术与管理专业、陵园服务与管理专业以及其他民政类相关专业,同时也可以作为公墓服务行业人员的培训教材。

图书在版编目（CIP）数据

墓地管理与服务/翟媛媛,赵志国主编. —北京:化学工业出版社,2022.7（2024.11重印）
职业教育殡葬相关专业系列教材
ISBN 978-7-122-41192-1

Ⅰ.①墓⋯ Ⅱ.①翟⋯ ②赵⋯ Ⅲ.①葬礼-服务业-中国-职业教育-教材 Ⅳ.①D632.9

中国版本图书馆CIP数据核字（2022）第059576号

责任编辑:张 阳 刘 哲 章梦婕	文字编辑:谢晓馨 刘 璐
责任校对:赵懿桐	装帧设计:王晓宇

出版发行:化学工业出版社（北京市东城区青年湖南街13号　邮政编码100011）
印　　装:涿州市般润文化传播有限公司
787mm×1092mm　1/16　印张13¾　字数342千字　2024年11月北京第1版第3次印刷

购书咨询:010-64518888　　　　　　　　　　　售后服务:010-64518899
网　　址:http://www.cip.com.cn
凡购买本书,如有缺损质量问题,本社销售中心负责调换。

定　价:49.00元　　　　　　　　　　　　　　　版权所有　违者必究

职业教育殡葬相关专业系列教材编撰委员会

主　　任：邹文开

副 主 任：何振锋　孙树仁　孙智勇　马　荣　卢　军　张丽丽

委　　员：（按照姓名汉语拼音顺序排列）

毕爱胜　樊晓红　郭海燕　何秀琴　何振锋　胡　玲
黄汉卿　姜　笑　林福同　刘　凯　刘　琳　卢　军
吕良武　马　荣　牛伟静　亓　娜　沈宏格　孙树仁
孙智勇　王　静　王立军　魏　童　邹亦波　肖成龙
徐　莉　徐晓玲　余　廷　翟媛媛　张丽丽　赵志国
郑佳鑫　郑翔宇　钟　俊　周卫华　周晓光　朱文英
朱小红　邹文开

职业教育殡葬相关专业系列教材

审定委员会

主　　任：赵红岗

副 主 任：何振锋　孙树仁　肖成龙　孙智勇　朱金龙

委　　员：（按照姓名汉语拼音顺序排列）

　　　　　曹丽娟　何仁富　何振锋　刘　哲　齐晨晖　孙树仁

　　　　　孙智勇　王　刚　王宏阶　王艳华　肖成龙　杨宝祥

　　　　　杨德慧　杨根来　赵红岗　朱金龙

《墓地管理与服务》

编审人员

主　　编：翟媛媛　赵志国

副 主 编：谢文璇　赵　宇　朱小红

编写人员：（按姓名汉语拼音顺序排列）

　　　　　　李　曼（秦皇岛海涛万福环保设备股份有限公司）

　　　　　　祁亚楠（北京社会管理职业学院）

　　　　　　隋明晓（天津市第一殡仪馆）

　　　　　　谢文璇（北京社会管理职业学院）

　　　　　　翟媛媛（北京社会管理职业学院）

　　　　　　赵　宇（重庆城市管理职业学院）

　　　　　　赵志国（石家庄古中山陵园）

　　　　　　周　巍（北京社会管理职业学院）

　　　　　　朱小红（河南省民政学校）

主　　审：杨根来（北京社会管理职业学院）

序 一

殡葬服务是基本民生保障工程。随着经济社会的快速发展，人民对美好生活的需求日益提升，百姓对殡葬服务水平和质量提出了更高的要求。"逝有所安"是民生之本。让逝者安息，给生者慰藉，为服务对象提供人文化、个性化服务亟须提上议事日程。目前，我国每年死亡人口上千万，截至2020年年底，全国共有殡葬服务机构4201个，殡葬服务机构职工8.6万人。殡葬从业人员的数量和素质势必影响殡葬服务的水平和质量。人民群众对殡葬服务日益高质量、多样化、个性化的需求，给殡葬从业人员提出了更高的要求和期待。

党的十九大报告指出的"完善职业教育和培训体系，深化产教融合、校企合作"，为新时代职业教育发展明确了思路。2019年1月，国务院印发了《国家职业教育改革实施方案》，把职业教育摆在教育改革创新和经济社会发展全局来进行谋划，提出"职业教育与普通教育是两种不同教育类型，具有同等重要地位"。由此开启了职业教育改革发展的新征程，提出了深化职业教育改革的路线图、时间表、任务书，为实现2035年中长期目标以及2050年远景目标奠定了重要基础。方案中尤其提出"建设一大批校企'双元'合作开发的国家规划教材，倡导使用新型活页式、工作手册式教材并配套开发信息化资源"，更为殡葬相关专业系列教材编写工作指明了方向。

从殡葬教育发展现状来看，我国现代殡葬教育从无到有，走过了二十多年的发展历程。全国现有近十所院校开设现代殡葬技术与管理及相关专业，累计为殡葬行业培养了上万名专业人才，在提升殡葬服务水平和服务殡葬事业发展方面起到了关键作用。殡葬教育取得成绩的同时，也存在诸多问题，如全国设置殡葬相关专业的院校，每年毕业的学生仅千余名；又如尚未有一套专门面向职业院校学生的教材，不能满足新时代殡葬事业发展的需要，严重制约了殡葬教育的发展和殡葬相关专业人才的培养。

在这样的背景下，北京社会管理职业学院生命文化学院、现代殡葬技术与管理专业教学指导委员会启动了系列教材编写工作，旨在服务于全国各职业院校殡葬相关专业的教学需要和行业从业人员的培训需求。教材编写集结了院校教师、行业技能大师、一线技术能手以及全国近四十家殡葬企事业单位。多元力量的参与，有效保障了系列教材在理论夯实的同时保证案例丰富、场景真实，使得教材更加贴近生产实践，具有更强的生命力。将系列教材分为三批次出版,有效保障了出版时间的同时深耕细作、与时俱进,使得教材更加紧跟时代发展,具有更强的发展性。本套教材是现代殡葬教育创办以来首套专门为职业院校学生和一线从业人员编写的校企一体化教材。它的编写回应了行业发展的需要以及国家对职业教育发展的定位,满足了殡葬相关专业职业教育的实践需求,必将有效提升殡葬人才的专业素质、服务技能以及学历水平,对更新和规范适应发展的专业教学内容、完善和构建科学创新的专业教学体系、提高教育教学质量、深化教育教学改革起到强有力的促进作用,也将推动殡葬行业的发展,更好地服务民生。

在这里要向为系列教材编写贡献力量的组织者和参与者表示敬意和感谢。感谢秦皇岛海涛万福环保设备股份有限公司、石家庄古中山陵园、天津老美华鞋业服饰有限责任公司等几家单位,积极承担社会责任,资助教材出版。

希望本系列教材能够真正成为殡葬职业教育的一把利器,推进殡葬职业导向的教育向更专业、更优质发展,为培养更多理论扎实、技艺精湛的一线高素质技术技能人才做出积极贡献,促进殡葬教育和殡葬行业健康快速发展。

全国民政职业教育教学指导委员会副主任委员
北京社会管理职业学院党委书记
邹文开

序二

生死是宇宙间所有生命体的自然规律。殡葬作为人类特有的文明形式，既蕴含着人文关怀、伦理思想，又依托于先进技术与现代手段。我国的现代殡葬技术与管理专业自20世纪90年代创立，历经20多年的发展，已培养上万名殡葬专业人才，大大推进了我国殡葬事业的文明健康发展。然而，面对每年死亡人口上千万、治丧亲属上亿人的现实，全国殡葬专业每年的培养规模仅千余名，殡葬专业人才供给侧与需求侧结构性矛盾突出。要解决这一矛盾，就必须不断提升人才培养的能力，切实加强推进殡葬专业建设。

格林伍德在《专业的属性》一书中指出，专业应该具有的特征包括"有一套系统的理论体系；具有专业权威性；从业者有高度认同的价值观；被社会广泛认可；职业内部有伦理守则"。这样看来，殡葬教育要在职业教育层面成为一个专业，教材这个"空白"必须填补。目前，我国尚没有一套专门面向职业院校的殡葬专业教材。在教学实践中，有的科目开设了课程但没有教材，有的科目有教材但内容陈旧，严重与实践相脱离。目前主要应用的基本是自编讲义，大都沿用理论课教材编写体系，缺少行业环境和前沿案例，不能适应实际教学需要。

加强教材建设、厘清理论体系、提升学历层次、密切产教融合，真正做实做强殡葬职业教育，培养更多更优秀的殡葬专业人才，以此来回应殡葬行业专业化、生态化高速优质发展的需要，以此来回应百姓对高质量、个性化、人文化殡葬服务的需求，这是教育工作者义不容辞的使命。"建设知识型、技能型、创新型劳动者大军""大规模开展职业技能培训，注重解决结构性就业矛盾"，十九大报告为职业教育发展指明方向。"职业教育与普通教育是两种不同教育类型，具有同等重要地位""建设一大批校企'双元'合作开发的国家规划教材"，《国家职业教育改革实施方案》为职业教育发展圈出重点。

"殡葬"不仅要成为专业，而且殡葬专业是关系百姓"生死大事"、关系国家文明发展的专业。我们要通过殡葬人才培养，传导保障民生的力量；要通过殡葬人才培养，传播生态文明的观念；要通过殡葬人才培养，弘扬传统文化的精神。而这些作用的发挥，应当扎扎实实地落实在教材的每一章每一节里，应当有的放矢地体现在教材的每一字每一句中。就是带着这样的使命与责任，就是怀着这样的情结与期待，现代殡葬技术与管理专业教学指导委员会启动了"职业教育殡葬相关专业系列教材"的编写工作。计划分三批次出版面向职业院校学生和一线从业人员的殡葬相关专业系列教材。教材编写集结了殡葬专业教师和来自一线的行业大师、技术能手，应用了视频、动画等多媒体技术，实行了以高校教师为第一主编、行业专家为第二主编的双主编制。2018年4月，在北京社会管理职业学院召开第一次系列教材编写研讨会议；2018年7月，在黑龙江民政职业技术学校召开第二次系列教材编写研讨会议；2018年10月，在北京社会管理职业学院召开第一次系列教材审定会议；2019年4月，在北京社会管理职业学院召开第二次系列教材审定会议；2019年12月，在北京社会管理职业学院召开第三次系列教材审定会议。2022年3月10日，由于疫情影响，以腾讯会议的方式召开系列教材推进研讨会，明确了教材最终出版的时间要求。踩住时间节点，强势推进工作，加强沟通协调，统一思想认识。我们在编写力量、技术、过程上尽可能地提高标准，旨在开发出一套理论水平高、实践环境真实、技能指导性强，"教师乐教、学生乐学、人人皆学、处处能学、时时可学"的教学与培训用书。殡葬系列教材编写一方面要符合殡葬职业特点、蕴含现代产业理念、顺应新时代需求、传承优秀传统文化，从而优化专业布局和层次结构，另一方面应体现"政治性""文化性""先进性"和"可读性"的原则，全面推进素质教育，弘扬社会主义核心价值观，培养德、智、体、美、劳全面发展的社会主义事业建设者和接班人。

希望系列教材的推出能够切实为职业教育殡葬专业师生及行业一线从业人员的学习研究、指导实践提供支持，为提高教育教学质量、规范教学内容提供抓手，为锻炼师资队伍、推动教育教学改革做出贡献，为发展产业市场、提升服务水平贡献人才。

在此特别感谢秦皇岛海涛万福环保设备股份有限公司、石家庄古中山陵园、天津老美华鞋业服饰有限责任公司三家单位，他们都是行业中的佼佼者。他们在积极自我建设、服务社会的同时，以战略的眼光、赤子的情怀关注和支持殡葬教育，为此次系列教材编写与出版提供资金支持。感谢化学工业出版社积极参与教材审定，推动出版工作，给予我们巨大的支持。

现代殡葬技术与管理专业教学指导委员会常务副主任委员
北京社会管理职业学院生命文化学院院长
  何振锋

前 言

殡葬是重大民生事项,是社会重点关切的话题。做好殡葬工作是保障和改善民生的重要方面,是促进生态文明建设、传承中华优秀传统文化、促进社会文明进步的重要内容。在制约和影响殡葬服务行业高质量发展的诸多因素中,从业人员队伍建设是一个关键因素。开设现代殡葬技术与管理专业和陵园服务与管理专业的职业院校,承担着培养高素质、专业化的殡葬行业专业人才的重要职责。长期以来,职业院校一直面临着没有专门的殡葬教材的困境,各个院校为了满足教学需要,只能依靠任课教师自编的相应教材进行授课。这些教材,虽然在一定程度上填补了这方面的空白,但是在内容上缺乏系统性,在针对性和适应性上与职业院校的教学实际、学生现状等存在着较大的差距。鉴于此,我们在广泛调研的基础上,组织了一批职业院校里教学经验丰富的教师和公墓行业实务专家,结合殡葬行业职业岗位的需要,编写了这本教材,以求更好地满足教学需要。

本教材涵盖了墓地管理员这一职业的所有工作内容,包括墓地规划与设计、公墓商品营销、接待与引导服务、骨灰寄存服务、安葬祭奠服务、墓地维护管理、墓地安全管理、档案管理等。

本教材由翟媛媛、赵志国担任主编,谢文璇、赵宇、朱小红担任副主编,杨根来担任主审。具体编写任务的分工为:第一章由翟媛媛(北京社会管理职业学院)、李曼(秦皇岛海涛万福环保设备股份有限公司)编写;第二章由赵宇(重庆城市管理职业学院)编写;第三章由朱小红(河南省民政学校)编写;第四章由谢文璇(北京社会管理职业学院)编写;第五章由翟媛媛、隋明晓(天津市第一殡仪馆)编写;第六章由祁亚楠(北京社会管理职业学院)编写;第七章、第八章由周巍(北京社会管理职业学院)编写;第九章由翟媛媛、赵志国(石家庄古中山陵园)编写。在本教材的编写过程中,得到了任静来、王志强、成媛媛、洪济安、周凯、温伟、何爱爱等同志的指导和帮助,在此表示衷心感谢。在本教材的编写过程中,我们参考了一些相关书籍和资料,限于篇幅,不能在书中一一列出,在此向有关作者表示感谢。

编者
2021 年 11 月

目录 CONTENTS

第一章 墓地管理的基本知识

第一节 墓地的定义及种类 …………………………………………………… 001
  一、墓地的基本定义 …………………………………………………… 001
  二、我国公墓的种类 …………………………………………………… 002
第二节 墓地的社会功能 …………………………………………………… 003
  一、墓地的基本功能 …………………………………………………… 003
  二、墓地的追思、缅怀功能 …………………………………………… 004
  三、墓地的传承功能 …………………………………………………… 004
  四、墓地的生态功能 …………………………………………………… 004
第三节 墓地管理的内涵及特征 …………………………………………… 005
  一、墓地管理的原则 …………………………………………………… 005
  二、墓地管理的主要内容 ……………………………………………… 006
  三、墓地管理的主要特征 ……………………………………………… 007
  四、墓地管理员应具备的素质与能力 ………………………………… 008
思考题 ……………………………………………………………………… 013

第二章 墓地规划与设计

第一节 生态公墓规划 ……………………………………………………… 014
  一、墓地与环境景观 …………………………………………………… 014
  二、公墓的规划 ………………………………………………………… 015
第二节 公墓工程设计 ……………………………………………………… 017
  一、公墓的设计理念 …………………………………………………… 018
  二、公墓工程设计步骤 ………………………………………………… 025
第三节 墓碑设计、制造与安装 …………………………………………… 036
  一、墓碑设计思路 ……………………………………………………… 036
  二、绘制墓体三视图 …………………………………………………… 042
  三、墓碑材料的选择 …………………………………………………… 045
  四、验收与安装墓碑 …………………………………………………… 049
思考题 ……………………………………………………………………… 053

第三章 公墓商品营销

第一节 市场营销的概念 …………………………………………………… 054
  一、市场营销的基本概念 ……………………………………………… 054

二、市场营销的核心概念 ·················· 054
　　三、市场营销的新发展 ···················· 054
　第二节　公墓市场 ·························· 055
　　一、公墓市场的特征 ······················ 056
　　二、公墓市场的调查和预测 ················ 056
　　三、公墓市场的消费 ······················ 058
　第三节　公墓商品的营销 ···················· 060
　　一、公墓商品的概念 ······················ 060
　　二、公墓商品的生命周期与相应的营销策略 ··· 060
　　三、公墓商品的销售渠道及销售方法 ········· 061
　思考题 ···································· 062

第四章　接待与引导服务

　第一节　接待服务 ·························· 063
　　一、接待服务的要求 ······················ 063
　　二、接待服务的准备 ······················ 064
　　三、接待礼仪 ···························· 066
　　四、客户的殡葬心理抚慰 ·················· 073
　　五、客户咨询服务 ························ 075
　　六、接待客户时的沟通原则与方法 ··········· 077
　第二节　引导订墓服务 ······················ 079
　　一、引导服务的原则 ······················ 079
　　二、引导服务的要求 ······················ 079
　　三、殡葬消费心理的类型 ·················· 080
　　四、殡葬消费需求 ························ 080
　　五、了解客户殡葬需求的技巧 ··············· 081
　　六、判断客户的殡葬消费类型及引导方式 ····· 083
　　七、引导客户了解墓园相关情况 ············· 086
　　八、订墓的相关事宜 ······················ 091
　　九、订墓后续咨询服务 ···················· 094
　思考题 ···································· 105

第五章　骨灰寄存服务

　第一节　骨灰收取 ·························· 106
　　一、骨灰接收程序 ························ 106
　　二、骨灰领取程序 ························ 107
　第二节　骨灰保管 ·························· 108
　　一、骨灰保管的主要方法 ·················· 108
　　二、骨灰寄存的安全防护 ·················· 109
　第三节　骨灰祭奠服务 ······················ 110
　　一、祭奠活动的种类 ······················ 111

  二、祭奠引导 ………………………………………………………………… 112
  三、骨灰发放与收回 ………………………………………………………… 114
  四、骨灰查验与保管 ………………………………………………………… 114
 思考题 ……………………………………………………………………………… 115

第六章　安葬祭奠服务

第一节　安葬服务 ……………………………………………………………… 116
  一、安葬礼仪 ………………………………………………………………… 116
  二、安葬场景的布置 ………………………………………………………… 117
  三、主持安葬仪式 …………………………………………………………… 124
  四、其他安灵仪式操作 ……………………………………………………… 127
第二节　祭奠服务 ……………………………………………………………… 129
  一、祭奠礼仪 ………………………………………………………………… 129
  二、祭奠管理 ………………………………………………………………… 130
  三、主持祭奠仪式 …………………………………………………………… 133
  四、处理祭奠突发事件 ……………………………………………………… 134
 思考题 ……………………………………………………………………………… 135

第七章　墓地维护管理

第一节　墓体的检查与维护 …………………………………………………… 136
  一、墓体稳固性标准 ………………………………………………………… 136
  二、危险墓体的加固处理 …………………………………………………… 137
  三、墓体石材表层的维护与处理 …………………………………………… 139
  四、墓体受损部分的检查与修复 …………………………………………… 144
第二节　墓地配套工程的维护 ………………………………………………… 145
  一、墓地道路系统的维护 …………………………………………………… 145
  二、墓地给排水工程的维护 ………………………………………………… 146
  三、墓地供电工程的维护 …………………………………………………… 146
  四、消防设施工程的维护 …………………………………………………… 146
第三节　墓地环境管理 ………………………………………………………… 147
  一、墓地环境保洁要求 ……………………………………………………… 147
  二、墓地环境保洁方案 ……………………………………………………… 147
第四节　墓地园林管理 ………………………………………………………… 148
  一、墓地主要园林植物的种类 ……………………………………………… 148
  二、墓地园林植物的美化 …………………………………………………… 149
  三、墓地园林植物病虫害综合防治 ………………………………………… 150
 思考题 ……………………………………………………………………………… 158

第八章　墓地安全管理

第一节　墓地治安管理 ………………………………………………………… 159
  一、墓地治安管理概述 ……………………………………………………… 159

二、治安管理制度拟订的原则 ··· 160
　　三、治安管理制度的制订程序和方法 ··· 160
　　四、安全防范设施的管理 ··· 161
第二节　墓地消防安全管理 ·· 162
　　一、墓地消防管理制度的主要内容 ·· 162
　　二、主要的墓地消防管理制度 ··· 162
　　三、墓地火灾的处置 ·· 163
第三节　墓地突发公共事件应急管理 ·· 164
　　一、墓地突发公共事件的主要类别及内容 ··································· 164
　　二、墓地突发公共事件的预防 ··· 164
　　三、墓地突发公共事件的处置 ··· 165
思考题 ·· 177

第九章　档案管理

第一节　档案收集 ·· 178
　　一、档案资料的收集 ·· 178
　　二、档案资料的整理 ·· 183
　　三、档案资料的价值 ·· 185
第二节　档案建立 ·· 186
　　一、案卷的编排 ··· 186
　　二、目录的编排 ··· 187
　　三、立卷和归档 ··· 188
　　四、档案全宗的编写 ·· 191
　　五、档案专用软件的利用 ·· 192
第三节　档案保管 ·· 193
　　一、档案登记 ·· 193
　　二、档案安全保管方法 ··· 194
　　三、档案管理制度 ··· 195
　　四、档案安全保管设施 ··· 196
第四节　档案利用 ·· 197
　　一、档案利用的途径与方法 ··· 197
　　二、档案查询 ·· 198
　　三、教育功能档案的利用 ·· 199
　　四、骨灰档案的利用 ·· 200
　　五、生死教育档案材料的利用 ··· 202
思考题 ·· 203

参考文献

第一章
墓地管理的基本知识

学习目标

1. 知识目标
- 了解墓地的定义和种类。
- 了解墓地的社会功能。
- 了解墓地管理的内涵与特征。

2. 技能目标
- 能够在工作中使墓地的功能得到充分发挥。
- 能按照公墓管理员应具备的素质和能力标准开展工作。
- 能在工作中正确运用墓地管理的相关法律法规。

3. 素质目标
- 理解并担负墓地管理与服务工作的责任和使命。
- 培养学生墓地管理与服务工作的职业道德。

第一节　墓地的定义及种类

一、墓地的基本定义

墓地是殡葬业的一个重要分支。埋葬逝者是墓地的基本功能之一。墓地是殡葬文化中最重要的实物形态，它为人们安葬骨灰（或遗体）提供了实物。埋棺之处（坑）曰墓，也叫茔；埋棺之处的地面上堆起的土丘，曰坟或冢。平曰墓，封曰冢，高曰坟。也就是说，墓指平处，坟指高处，"葬而无坟谓之墓"即此意。古时封土成丘称为"坟"，挖地成穴称为"墓"，后多以"坟墓"连用。民间统称的"坟墓"是连字词，坟墓也称为"丘墓""冢墓""茔冢"，是埋葬逝者的处所。经过多年的演变，现今的墓地定义为埋葬遗体或骨灰的地方。

土葬是最古老、最普遍的葬式之一。由于地理环境和风土人情不同，我国少数民族还有诸多葬式，如西藏地区的天葬；四川和云南部分少数民族地区的水葬；东北的鄂伦春族和内蒙古的鄂温克族的风葬；古代西南少数民族地区流行着一种古老的葬法——崖葬，包括悬棺葬和崖洞葬。

汉族和绝大多数的少数民族一般以土葬和火葬的丧葬方式为主。从 20 世纪 50 年代开始，老一辈的无产阶级革命家倡导火葬，改变旧的丧葬方式和习俗，提倡新的、科学的、文明的丧葬方式，拉开了我国殡葬改革和殡葬事业发展的序幕。1992 年 8 月，民政部颁发了《公墓管理暂行办法》，1997 年 7 月，国务院颁发了《殡葬管理条例》，其中都指出各地人民政府应当将公墓建设纳入城乡建设规划。这使殡葬事业和墓地建设走上了有序的、健康的发展轨道。

随着改革开放和社会主义市场经济的深入发展，人民大众的生活水平逐步提高，人们对殡葬消费也提出了新的要求。墓地事业从行政管理型向经营服务型转变。墓地经营的竞争力在很大程度上体现在墓地管理水平的高低上，越来越多的墓地机构通过提升墓地文化内涵，使墓地管理向墓地文化管理转变，以此提高墓地的管理水平。

二、我国公墓的种类

1992年民政部颁发的《公墓管理暂行办法》的第三条指出："公墓是为城乡居民提供安葬骨灰和遗体的公共设施。公墓分为公益性公墓和经营性公墓。公益性公墓是为农村村民提供遗体或骨灰安葬服务的公共墓地。经营性公墓是为城镇居民提供骨灰或遗体安葬实行有偿服务的公共墓地，属于第三产业。"在第十一条中还规定，可以与外国、港澳台人士合作、合资或利用外资建立经营性公墓。按照1992年民政部颁发的《公墓管理暂行办法》，目前我国的公墓分类如下。

（一）公益性公墓

公益性公墓是为农村村民提供遗体和骨灰安葬（安放）服务的公共墓地，具有社会公益性质，多以村（乡）为单位建立。建立这种墓地的目的是解决乡村乱埋乱葬的问题，许多地方又称其为"安息堂"。公益性公墓是由村民委员会提出申请，经县级民政部门批准，无偿为农村村民提供骨灰或遗体安葬服务的公共墓地。乡村公共墓地最早由旧社会的"义地"（俗称"乱坟岗"）演变而来。新中国成立后，为满足农田水利等基本建设的需要，各地农村不断清除和迁移耕地中乱埋乱葬的坟墓，逐步建立起乡村公共墓地。乡村公共墓地的特点是由群众自我管理、自我服务。其作用是，改变了历史沿袭下来的乱埋乱葬的现象，实现了农村村民遗体埋葬公墓化和耕地无坟化。它是我国殡葬改革的重要内容之一，是土葬改革区遗体处理的发展方向。

随着我国城镇化进程的推进，在许多经济发展速度较快的大、中城市和一些土地资源较匮乏的沿海城市，过去的一些公益性公墓成为城市发展规划"瓶颈"的现象正在逐渐凸现。随着我国城镇化水平的逐渐提高，公益性公墓的规模和数量将有下降的趋势。

（二）经营性公墓

经营性公墓是为城镇居民提供骨灰或者遗体安葬并实行有偿服务的公共墓地，具有营利性质，属于第三产业。城镇公共墓地是根据本地死亡数量而建的，能实现骨灰分流，推动殡葬改革。由建墓单位向县级或县级以上民政部门提出申请，经同级人民政府审核同意，报直辖市或省级民政部门批准后兴办。城镇公共墓地可以由殡葬事业单位兴办，也可以由殡葬管理部门与有条件的部门、单位联合兴办，其他任何单位、部门和个人未经民政部门批准，均不得建立城镇公共墓地。

国家对公共墓地的要求是：公墓单位应视墓区范围的大小设置公墓管理机构或聘用专职管理人员，负责墓地的建设、管理和维护；墓地应该保持整洁、肃穆；严禁在公墓内建家族、宗族、活人坟和搞封建迷信活动。公墓管理机构要为墓主提供优质的服务，根据墓主意愿选择墓穴、设计墓型，提供花圈、鲜花等祭祀用品。

（三）中外合作、合资公墓

为了满足广大海外侨胞、港澳台同胞落叶归根的愿望，加强他们和祖国大陆的联系，发展我国殡葬事业,从 1984 年开始,国家根据实际需要,有计划地批准广东、福建、江苏、北京、河北、山东等地,利用荒山瘠地兴建部分档次高于国内一般公墓的中外合作、合资公墓(包括塔陵、墓园、陵园)。这些公墓均有殡葬服务管理单位参与经营和管理,其合作、合资的期限一般不得超过 20 年。此类公墓主要是以去世后愿意回国安葬的华侨或港澳台同胞为服务对象。

中外合作、合资公墓是我国殡葬事业的重要组成部分,在经营与管理上具有其特殊性。因此,必须坚持有利于我国殡葬改革和改革开放的原则,严格按照殡葬管理的有关法规和政策加强对中外合作、合资公墓的管理。

(四)回民公墓

回民公墓是专为回族等十个少数民族公民兴建的安葬遗体的公共墓地。我国回族等十个少数民族公民大多信奉伊斯兰教,他们的传统习俗是对遗体进行土葬。过去在回族等十个少数民族的聚居地,其公民按照自己的风俗方式,统一择地安葬遗体。随着城市中回族等十个少数民族人数的增多,为了尊重少数民族的丧葬习俗,在城市附近择地建立了回民公墓。回民公墓多数由国家民委管理,业务上接受民政部门的指导。

(五)特殊陵园

这里所说的特殊陵园是指古代陵园(陵墓)、历史名人陵园(陵墓)和烈士陵园。

古代陵园(陵墓)是在古代专为帝王或诸侯安葬遗体而设置的墓地。

历史名人陵园(陵墓)是安葬和保存在我国历史上有影响的人物的遗体而设置的墓地。现在保存下来的古代陵园和历史名人陵园(陵墓)归国家文物保护部门管理,有的已成为著名的旅游胜地,是我国宝贵的历史和文化遗产。比如,北京的明十三陵,陕西的黄帝陵、乾陵,沈阳的清昭陵,旅顺的万忠墓,南京的中山陵。

烈士陵园是新中国成立后,专为革命烈士建造的陵园。烈士陵园的主要建筑有烈士墓、纪念碑或墓碑、纪念馆(纪念塔、纪念亭)、烈士遗物陈列室等。烈士陵园由所在地人民政府民政部门保护管理。每个烈士陵园都设有专门的管理机构和人员,成为弘扬烈士精神、开展爱国主义教育的主要场所,比如,南京的雨花台烈士陵园、上海的龙华烈士陵园等。

第二节 墓地的社会功能

传统墓地的主要功能体现在"葬"和"祭"。墓地功能的定位决定了墓地经营和管理的范围和理念,也决定了墓地发展的前景和方向。应从文化、历史以及可持续发展的角度去重新探索和解释墓地的功能,以提高墓地的管理水平,满足墓葬消费者不断增长的需求。

一、墓地的基本功能

墓地作为殡葬业的一个重要分支,其产生、发展、提升都植根于墓地的基本功能。从殡葬主体行为来分析,墓地在殡、葬、祭三大主要行为中与葬、祭两种行为密切相关。尽管祭礼活动并不都在墓地中进行,但由于墓地的基本功能,使在墓地中进行的祭祀活动具有特殊的意义。

墓地的基本功能是埋葬逝者或其标志物。公墓之所以被称为公墓,是因为它与荒冢不同,后者一般来说规模小、规格低、十分简陋,往往是无人管理的无主墓。随地掩埋是荒冢的显著特征。公墓是规划出来用于埋葬逝者的土地，是为城乡居民提供安葬骨灰和遗体的公共设施。

二、墓地的追思、缅怀功能

一旦逝者或其标志物埋葬在墓地中，就涉及生者（与逝者相关的人或关系并不密切的人）进行的墓祭活动。墓祭活动在本质上是一种文化活动。刘熙在《释名》中将"墓"的社会伦理意义和作用解释为"墓，慕也，孝子思慕之处也"，说明了墓地的追思、缅怀功能——了却思故之心、思亲之情。我国著名思想家于光远认为墓地是"活人与死人对话的地方"，这是对墓地缅怀功能的定位。

发挥墓地的缅怀功能，就意味着墓地不仅要埋葬一定量的逝者，而且要容纳生者进行缅怀活动，因此墓地空间规模的规划要考虑缅怀功能。墓中的逝者虽已"西去"，但其各种各样的社会关系还在，人们需要在墓地缅怀逝者。

三、墓地的传承功能

殡葬除了包含殡和葬外，还有一个功能就是"传"。"传"就是传承、继承，而墓地是实现"传"这个功能的理想场所。自从人类有意识地进行殡葬后，殡葬就不再只是纯粹的遗体安葬，而是承载着人类思想的文化活动。

传承不是传承墓地里的骨灰，传承的是文化。人生是一本书，名人的这本人生的书"厚"一些；常人的这本人生的书可圈可点的也不少，特别是对子女或亲朋好友所表现出的高尚品质，后世的人应该用心地"传"下来。事物的功能是由事物的结构来决定的，墓地派生出了"传"的功能，因而在结构布局上仅考虑收藏骨灰是远远不够的。为了实现"传"的功能，除了收藏骨灰之外，还应收藏逝者的遗物，例如用过的、有收藏价值的文化用品以及衣物、用具等。于是墓地设置收藏室、展示室就成为必要。如上海滨海古园成立了墓葬陈列室和名人文化陈列室，这是开发墓地的传承功能、进行墓地文化建设的有效举措。革命烈士陵园的传承功能发挥得非常出色，如在上海市龙华烈士陵园中收藏了很多烈士遗物，其中的一些还属于国家一级文物。

不管是英雄人物还是普通百姓，或多或少都为社会留下了精神和物质财富，墓地是他们人生的归宿，也是纪念他们的地方。通过墓地来体现他们的贡献和价值，加以适当的策划和宣传，不但可以起到纪念的作用，而且可以激励后人更加珍惜生命，树立正确的人生观念，增强使命感，为后代留下宝贵财富的荣誉感、责任感。

四、墓地的生态功能

人是自然的一部分，死亡本是自然的回归。然而，由于逝者越来越多，传统墓葬造成的"青山白色化"的情况十分严重。因此，生态墓地成为人类现代化过程中的重大课题。依据可持续发展的观点，墓地面临着如何利用有限的空间容纳更多死亡人口的问题，不解决这个问题就会形成严重的"代际不公平"。因此，墓地的生态功能的定位是从可持续发展这个基本观点出发的。同时，由于人类乱砍滥伐、土壤沙化、空气污染、洪涝灾害等问题不断加剧，作为墓地工作者，必须要改造"白色墓地"，建设生态墓地，为人类可持续发展作贡献。

生态是一个宏观的概念。对一个具有较大面积的墓地而言，要在实现生态化方面多下功夫。墓地如何实现生态化，是需要墓地专家和生态专家共同来研究的课题，这里涉及生物多样性（包括植物多样性）等科学问题。墓地生态化功能的真正实现，对"水泥森林"式的大城市来说十分可贵，墓地要为当地城市的生态化多作贡献，充当城市的"绿肺"。

以上是对墓地功能的介绍。现代意义上的公墓已经完全改变了传统的含义，成为符合社会发展和精神文明建设需要，与民众物质生活水平和风俗相适应，同时融入文化艺术和园林景观的一种人文纪念的殡葬方式。现代公墓利用荒山瘠地修建，不占用宝贵的土地资源，经过规划建设、植树绿化，景色秀美，鸟语花香，成为逝者安息的好场所。现代公墓在墓葬形式上对旧的墓葬形式进行了一种功能性替代，在文化功能上同样也进行了一种替代，体现着墓葬文化内涵的源远流长和深刻变化。改革开放以来，原始的墓葬形式已逐步远去，取而代之的是各种形式的"公墓"，墓葬成为缅怀先人、激励后辈、凝聚意志、坚定信念的载体。

第三节　墓地管理的内涵及特征

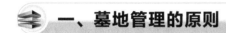

一、墓地管理的原则

墓地管理的原则是指导墓地管理与运作的基本要求和理顺墓地管理的方方面面的依据。

(一) 服务对象自治与专业化管理相结合的原则

这一原则规范了服务对象与墓地管理部门（单位）间的关系，确定了服务对象与墓地管理部门的地位、职责、权利和义务。

1. 服务对象自治管理

服务对象自治管理的立足点是保护服务对象的合法利益，包括服务对象的个体利益和整体利益，并协调好相互之间的关系。服务对象自治管理并不意味服务对象直接实施管理，而是通过一定的形式，委托墓地管理部门实施各项具体管理实务。例如，服务对象不能私自将墓地出租或转让给他人，不得在墓体构筑物上私自安装附属物件等。

2. 专业化管理

（1）专门的组织机构。墓地管理部门设有墓地管理科、墓地服务科等专业部门，通过分工合作共同来实施各种管理与服务项目。

（2）管理人员。墓地管理部门有专业的管理人员和工程技术人员，这些人员还要经过规范化的培训和考核，取得岗位资格证书，以保证服务质量和树立良好的职业道德及行业作风。

（3）专业设备。墓地管理部门有各种现代化的专业设备，这是专业管理的物质保证，其与墓地的规模相适应，并逐步向智能化方向发展。

（4）管理制度。墓地管理部门有科学的、规范化的各种管理制度、工作程序、流程图，以保证专业化管理的正确实施。

(二) 行业管理与属地管理相结合的原则

墓地所在地的人民政府、相关专业部门和墓地行业主管部门按各自的职责范围共同负责墓地的管理工作。这种条块结合的管理更有利于发挥多方面的积极性。如殡葬行业管理能有效地发挥政府主管部门的专业指导和监督作用，而属地管理有利于协调好墓地管理部门与当地政府市政、绿化、卫生、交通、供电、供水、环保等专业部门的关系，有利于建设环境友好型社会。

(三) 统一管理与综合服务相结合的原则

这是墓地管理的基本特性和要求，包括统一管理和综合服务两方面，二者应有机地结合在一起。

1. 统一管理

(1) 管理一体化。墓地区域内的建筑物、构筑物、附属设备、设施、场地、道路、公共活动场所、停车场等都由墓地管理单位统一管理。

(2) 服务一体化。服务对象在墓地区域内的各种服务事项，都由墓地管理单位统一负责。

(3) 协调一体化。对于服务对象在墓地区域内所需要的各种服务项目，墓地管理单位的有关方面应负责协调、联系，认真负责地予以办理。

2. 综合服务

这是墓地管理的基本属性，墓地管理的综合服务既要达到一般服务业的要求，又有其自身的特殊要求。

(1) 高效优质。综合服务的基本要求是讲究服务的效用，墓地管理单位要按照高效、优质的标准来实施规范化服务、礼貌服务和温情服务，主动为服务对象提供方便的服务并使服务对象满意。

(2) 以人为本。即以服务对象和墓地使用者（即逝者）为中心来开展多样化、全方位、多功能的服务。

(3) 个性化服务。殡葬市场的潜力很大、前景广阔，提供富有个性化的、周到的服务是实现墓地管理经济效益和社会效益的基本保证，也是树立墓地管理行业声誉和殡葬行业良好社会形象的基本保证。

总之，墓地管理的原则围绕一个基本的理念，即营造良好的墓地安葬与服务的环境，切实保护服务对象和墓地使用者的合法权益，提升墓地的整体效益。这也是墓地管理的指导思想。

二、墓地管理的主要内容

(一) 服务对象管理服务

其主要内容包括：提供服务对象租用墓地的服务；有计划地与服务对象进行有效沟通；接待服务对象的日常来电、来信、来访，处理服务对象投诉；拟写墓地管理的常用文书；建立与管理墓地档案；对墓地专项维修资金的使用情况进行管理；在墓地管理区域内组织和管理相关的殡葬活动或社会公益活动。

(二) 墓地设施及设备的维修、养护管理

其主要内容包括：向服务对象说明墓地及附属设备、设施的功能和使用注意事项；进行墓地及附属设备、设施的安全管理；制订墓地及附属设备、设施的维修及养护计划；对墓地

及附属设备、设施进行日常养护和维修；制订墓地维修预算方案和设备及设施的维修、更新预算方案。

(三) 安全管理

其主要内容包括：制订墓地管理区域内安全防范设施的设置方案，正确设置消防器材；提供墓地管理区域内的安全保卫服务；进行消防安全管理；对进入墓地管理区域内车辆的行驶和停放进行管理；预防和及时处理墓地管理区域内的各类突发事件。

(四) 环境保洁、绿化、美化管理

其主要内容包括：对墓地管理区域内的环境污染进行防治；对墓地管理区域内的公用部位、公用设施及设备、公共场地提供卫生保洁服务；对墓地管理区域内的环境进行绿化与美化。

(五) 综合经营服务

综合经营服务属于有偿服务，主要是开展多种便民的经营服务项目，最大程度地满足服务对象的需要，同时提高墓地管理单位的经济效益。

三、墓地管理的主要特征

我国从 20 世纪 80 年代中期开始，在城镇出现经营性的墓地。如今，墓地管理已经出现如下特征。

(一) 墓地管理的社会性

墓地是整个社会的一个组成部分，其管理具有一定的社会性。墓地中安葬的逝者人员结构复杂，其社会关系更为复杂，因此墓地会出现复杂的社会现象。墓地管理要在有关法规的基础上制定相应的管理规章制度，管理部门还要寓管理于服务之中，将墓地管理的专业化服务与服务对象的自我约束管理相结合，达到政府满意、服务对象满意的理想目的。

1. 覆盖面广且发展迅速

《2020 年民政事业发展统计公报》显示，截至 2020 年底，全国共有殡葬服务机构 4201 个，其中殡仪馆 1722 个，殡葬管理机构 865 个，民政部门管理的公墓 1536 个。我国加入世界贸易组织（WTO）后，一些知名的企业也进入殡葬行业，使墓地管理成为一个具有广泛影响的行业。

2. 服务对象的权益得到有效保护

我国从立法到行政管理都有明确的法规和措施来保障服务对象的合法权益。《公墓管理暂行办法》（民事发〔1992〕24 号），《国务院办公厅转发民政部关于进一步加强公墓管理意见的通知》（国办发〔1998〕25 号），《民政部关于进一步加强公墓管理的紧急通知》（民电〔2001〕85 号），《民政部关于坚决查禁违规销售公墓穴位和骨灰格位的紧急通知》（民发〔2002〕77 号），《民政部关于进一步深化殡葬改革促进殡葬事业科学发展的指导意见》（民发〔2009〕170 号），《民政部关于全面推行惠民殡葬政策的指导意见》（民发〔2012〕211 号），《关于推行节地生态安葬的指导意见》（民发〔2016〕21 号），等等。这些都说明了我国对墓地管理的重视。

3. 墓地管理与和谐社会建设密切结合

墓地管理的服务范围在广度和深度两方面都有自己的特点。从广度上讲，墓地管理服务项目众多、内容丰富，包括从最基本的对墓地主体和设备的维护、运行到对墓地区域的环境管理，并且同和谐社会建设相结合，提供物质和精神两方面的服务。从深度上讲，既有一般墓地的管理，又有高档墓地的管理，高层次的管理已经达到国际先进水平。

墓地管理是改善墓地整体环境、提高墓地服务水平的基础工作，具有完善城市功能的作用。高质量的墓地管理不是单纯的技术性保养和事务性管理，而是要在此基础上为服务对象创造一种从物质到精神上的享受，既充分发挥墓地的功能，又能在充分保障服务对象合法权益的同时提高人们的精神文明素质。

（二）墓地管理的服务性

墓地管理的目的是为了满足人们殡葬活动的需要，为人们进行殡葬活动提供一个肃穆优雅的殡葬环境。因此墓地管理部门要强化服务意识，坚持"服务对象至上，服务第一"的宗旨，为服务对象提供周到的服务。

（三）墓地管理的统一性

墓地的各个部分组成了一个整体，因而其管理属于系统工程。墓地管理部门对墓地内的环境保洁、绿化、安全保卫、车辆、公共设施、服务对象的殡葬行为等要进行统一管理，这样既能提高综合服务质量，使服务对象能享受到墓地管理与服务的成果，又能有效控制管理成本。

（四）墓地管理的艺术性

随着人们生活水平的提高，墓地的艺术性成为人们在殡葬服务领域物质追求和精神追求的重要内容。因此，墓地管理要注意从艺术的角度对环境加以美化。如加强墓地的绿化与美化，使人们在殡葬活动中感受到大自然的魅力，并因其亲人安葬在这样优美的环境中而感到欣慰；加强对园林景观小品的维护，美化人们视觉内的场景，缓解人们在殡葬活动中悲伤的情绪。

四、墓地管理员应具备的素质与能力

墓地管理员是从事公共墓园和墓地的维护与管理，墓穴施工，骨灰寄存、安葬和祭奠等殡葬服务工作的人员。受数千年封建习俗的影响，社会上还或多或少地存在着歧视殡葬从业人员的落后现象，所以墓地管理员更要加强自身的素质和能力，以崇高的职业理想顶住社会压力，以先进的服务理念提高服务质量，以优良的个人品德赢得服务对象的尊重。

（一）墓地管理员应具备的素质

1. 思想政治素质

墓地管理员要求具有良好的政治素质、强烈的事业心、正确的服务理念，能全心全意为服务对象服务，并具有较强的法制观念。尤其是在市场经济发展的趋势下，墓地管理员应该本着对服务对象负责、对单位负责的精神，遵守国家的有关法律、法规，培养"服务对象至上，服务第一"的服务意识。

2. 职业道德素质

墓地管理是一项服务性很强的工作，工作烦琐且涉及政策法规层面，工作不到位就容易引起服务对象的误解，甚至伤害服务对象的感情。因此，要求墓地管理员具有很高的职业道德素质，这也是为墓地管理单位树立良好的形象的基础。

（1）爱岗敬业，诚实守信。热爱自己的工作岗位、忠于自己的事业就是爱岗敬业。它要求从业者以正确的态度对待自己的工作，以具体的行动尽心尽力地把工作做好。诚实守信是一个公民的基本道德准则，也是中华民族的传统美德之一。古往今来，人们都把诚实守信视为道德的最高境界，也将其作为道德的基本要求和修身养性的根本。

（2）团结协作，顾全大局。"团结协作，顾全大局"是集体主义原则在职业活动中的重要表现，也是成就事业的前提和基础。在职业活动中，人们总会同他人产生这样或那样的联系，人与人之间也容易在工作中产生摩擦，只有相互关心、相互支持、求同存异、团结协作，才能形成团结和谐的良好氛围。

（3）认真负责，照章行事。坚持认真负责的工作态度，就要恪守岗位之责，干实事、求实效。"无规矩不成方圆"，一个殡葬服务单位必定有一套严密的管理制度，一个成功的职业工作者应该做到讲求原则、照章行事。

（4）以人为本，服务第一。服务对象满意就是对墓地管理员辛勤劳动的最好回报。墓地管理员若能在不断地提供优质服务的同时被认可，就获得了成功。在现代社会，优质的殡葬服务应突出人性化的特点，在尽最大努力满足服务对象物质需求的同时，还要满足服务对象的精神需求。墓地管理员在具体岗位上应提供温情服务、规范服务、文明服务和多样化服务。

（5）廉洁奉公，拒收谢礼。由于墓地管理员及时、热情的服务，有时服务对象会主动馈赠礼物以表感谢。拒收谢礼，保持清正廉洁是墓地管理员的行为准则，也能体现其职业道德。

（6）钻研业务，提高技能。作为合格的墓地管理员，只有满腔的热情是不行的，还要有为人民服务的本领，要成为促进文明建设的先锋。开展殡葬服务首先要熟悉接待常识，掌握服务礼仪，精通墓地管理与服务技能。因为涉及的知识和技能很多，所以需要墓地管理员刻苦钻研业务，不断提高技能。

（7）追求完美，规范管理。追求完美是一种精神和向往，是不断进取的动力源泉。追求完美只有起点，没有终点，其过程永无止境。只有规范化管理与服务，才能达到优质服务的标准。

（8）敬重逝者，慰藉生者。敬重先人、善待逝者是中华民族的传统美德。当目睹服务对象悲痛欲绝、不能自拔的时候，墓地管理员应该为已故的人做些什么才能让他毫无牵挂地一路走好；为悲痛的人做些什么才能让他得到慰藉而摆脱煎熬。面对上述情况，墓地管理员理应自己找到正确的答案。

3. 文化素质

墓地管理工作涉及的知识内容广泛，墓地管理员应接受良好的教育并及时学习新知识、新技能。要了解一定的相关知识，如心理学、环境科学、公共关系学、园林学、建筑材料学、计算机应用等，这样才能满足服务对象提出的多方面需求，进而创造出一个良好的墓地环境使逝者安息，也为服务对象到墓地祭奠、追思提供一个肃穆而温馨的环境。

4. 业务素质

作为一名合格的墓地管理员，应具备丰富的专业知识和处理实际工作中问题的能力。如具备及时处理受损的墓地设施及设备、处理火灾、救护伤者等突发事件的能力，具备开展专项管理与维护、与相关管理部门协调的能力，具备解答服务对象提出的有关墓地管理、墓地服务等方面问题的能力，具备宣传有关殡葬管理法规的能力，具备管理服务对象的能力，等等。

5. 管理素质

墓地管理员除了应该具备物质管理能力外，还要具有一定的人员管理能力。这种能力主要体现在对工作方法要多思考，观察问题要细致深入，要有主动参与管理的意识。在对服务对象管理的过程中，要牢记并树立"管理就是服务"的理念，注重自己的仪表仪容，做到语言严谨得体，举止彬彬有礼，态度温柔可亲，服务细致周到。

（二）墓地管理员应具备的能力

作为墓地管理员，应具备的能力主要包括以下几点。

1. 敏锐的观察能力

观察能力主要是指通过服务对象的外部表现，了解服务对象心理的能力。在与众多服务对象的接触中去判断服务对象的心理，墓地管理员应当学会"察言观色"，采取各种心理策略，了解服务对象的殡葬消费行为，充分满足其物质需求和心理需求。

2. 良好的记忆能力

墓地管理员在管理与服务中不仅要记住殡葬商品的规格、产地、质量、等级、单价等，而且还要记住这些商品的性能、特点、使用方法及维修要求等。

3. 灵活的反应能力

反应能力是指思维、联想及行为的敏捷性。墓地管理员有时在同一时间内要接待许多要求各不相同的服务对象，要使被接待的服务对象都满意，就要有灵活的反应能力。对服务对象的不同要求作出迅速、准确的反应，即理解和领会服务对象的意图，根据服务对象的特征判断其性格、身份、爱好等。

4. 良好的口语表达能力

表达能力是指与服务对象打交道时运用语言、表情来传递有关信息的能力。良好的口语表达能力对创造和谐的殡葬环境、促进服务对象的殡葬消费行为有很大影响。墓地管理员的口语表达要清晰、准确、礼貌、热情、富有情感、形象生动。

【知识链接】

一、《殡葬管理条例》的相关知识

1997年7月，中华人民共和国国务院颁布了《殡葬管理条例》（以下简称《条例》）。《条例》基于促进社会主义精神文明建设，加强殡葬管理，推进殡葬改革，设定了殡葬行政处罚及行政强制性措施，比较全面、系统地规范了殡葬管理工作，为新时期全面加强殡葬管理提供了重要的法律依据。

1. 殡葬设施管理

《条例》从规划、审批等方面对殡葬设施管理进行了系统的规定，即殡葬设施建设必须制定规划，今后殡葬设施建设必须在符合规划的前提下，严格按审批权限进行审批。将殡葬

设施建设纳入经济和社会发展规划，合理安排用地和资金，加强殡葬设施的管理，禁止滥建殡仪馆、火葬场、骨灰堂、公墓、殡仪服务站等殡葬设施，保证各地殡葬设施的建设在数量和布局上适应当地的发展。

《条例》规定了以下内容：各省、自治区、直辖市殡葬设施的建设规划，由省、自治区、直辖市人民政府民政部门提出，报本级人民政府审批。县级人民政府和设区的市、自治州人民政府要将新建和改造的殡仪馆、火葬场、骨灰堂及公墓建设纳入城乡建设规划和基本建设规划。利用外资建设殡葬设施，经省、自治区、直辖市人民政府民政部门审核同意后，报国务院民政部门审批。

2. 殡葬用品管理

关于殡葬用品管理方面，在生产制造和销售过程中，应认真执行"两个禁止"的规定：一是禁止制造、销售封建迷信的殡葬用品；二是禁止在实行火葬的地区出售棺材等土葬用品。

制造、销售殡葬用品的单位或个人，应当到工商行政管理部门登记注册，领取营业执照后，在规划区域内经营。

3. 遗体处理规定

处理遗体是殡葬活动的关键步骤，也是全部殡葬过程的中心环节。

为规范遗体运输和遗体火化活动，加强卫生防疫，保护环境，防止意外事故以及毁尸灭迹等犯罪行为的发生，《条例》要求进行遗体处理必须遵守下列规定：运输遗体必须进行必要的技术处理，确保卫生，防止污染环境；火化遗体必须凭公安机关或者国务院卫生行政部门规定的医疗机构出具的死亡证明。

4. 殡葬活动管理

殡葬管理的方针是：依法规范殡葬活动，提高服务水平和质量，积极地、有步骤地实行火葬，改革土葬，节约殡葬用地，破除丧葬陋俗，提倡文明节俭办丧事，推动殡葬事业健康、有序、和谐发展。《条例》针对改革开放后一些地方存在的丧事大操大办、破坏正常的交通和生活秩序、影响社会主义精神文明建设的现象，规定：办理丧事活动，不得妨碍公共秩序、危害公共安全，不得侵害他人合法权益。

二、墓地设施管理法规相关知识

墓地设施分为专门用以集中埋葬遗体或者集中埋葬骨灰的城市墓地设施和农村墓地设施两大类。公墓是指专供公众埋葬遗体或骨灰的场地。公墓按兴建的时间可分为古代公墓和现代公墓；按性质可分为遗体公墓和骨灰公墓；按管理方式可分为公益性公墓、经营性公墓和中外合资公墓；按造型可分园林式公墓和果园式公墓；等等。

墓地设施的管理是指国家运用行政和法律手段来指导、规范、监督墓地设施的营建与使用活动。墓地设施管理应本着"因地制宜，合理规划，正确引导，加强管理"的方针。

1. 墓地规划管理

国家对墓地设施实行规划管理。制定墓地设施规划，应当根据本行政区域内殡葬事业的发展、人口密度、殡葬服务范围等，科学确定殡葬设施的数量、布局和建设规模。墓地设施的规划方案，由县级人民政府和设区的市、自治州人民政府民政部门提出，经省、自治区、直辖市人民政府民政部门审核后报同级人民政府审批，向社会公布。县级人民政府和设区的市、自治州人民政府应当将墓地设施的建设纳入当地城乡建设规划。严格按照墓地设施规划建设殡葬设施。非殡葬设施规划布局的地点，不得设置墓地设施。

火葬区可以兴办骨灰安葬公墓，土葬区建立遗体安葬公墓。所有公墓均应利用荒山荒地或不宜耕种的土地，不准占用耕地，也不准建在风景区。

公墓单位根据墓区范围的大小应设置管理机构，或聘用专职管理人员负责墓地的建设、管理，维护墓地的整洁和肃穆。

2. 墓地运营管理

公墓墓区土地所有权依法归国家或集体所有，丧主不能转让或买卖。

农村墓地设施只对本乡镇辖区村民或者本村委员会村民提供墓地，只准从事公益活动，严禁经营。城市墓地设施和骨灰安放设施的经营者一次性收取墓位、骨灰安置格位的管理费不得超过10年。10年后需要续租的，应当在期满前60日内办理续租手续。未办理续租手续的，经向社会公告180日后，由殡葬服务机构深埋处理。严禁炒卖、传销墓位和骨灰安置格位。

农村墓地设施擅自改变公益性质从事经营活动的，由县级人民政府民政部门查处，责令限期改正，没收违法所得，并处违法所得1倍以上3倍以下罚款。

将承包的土地以出租、出借、出售或者其他任何形式转让给他人建造坟墓的，由县级以上地方人民政府国土资源行政主管部门依法查处，责令其恢复土地原状，没收违法所得，并处1万元以下罚款。

严禁在公墓内建家族、宗族、活人坟和搞封建迷信活动；严禁在土葬改革区经营火化区死亡人员的遗体安葬。

公墓年度检查制度是民政部门根据公墓年度检查验收标准，一年一次对公墓的建设、管理、运行的情况进行检查并验收的制度。公墓年度检查的具体内容包括公墓的审批手续、墓穴用地、服务状况、文明经营情况等。

三、烈士纪念建筑物管理保护法规的相关知识

学习并掌握烈士纪念建筑物管理保护法规的相关知识，不仅有利于加强烈士纪念建筑物中有关墓地的管理工作，还能从法规、政策的角度准确把握在城镇墓地和农村墓地修建烈士纪念建筑物的有关问题。

1. 烈士纪念建筑物管理保护的相关法规

1963年12月20日，《国务院批转内务部关于烈士纪念建筑物修建和管理工作报告的通知》发布。1980年7月30日，《中共中央关于坚持"少宣传个人"的几个问题的指示》中指出：除非中央有专门决定，一律不得新建关于老一代革命家个人的纪念堂、纪念馆等建筑。1986年10月28日《民政部、财政部关于对全国烈士纪念建筑物加强管理保护的通知》明确了民政部门作为烈士纪念建筑物的主管部门，要积极发挥职能作用，严格管理，规范服务。1987年2月23日，《民政部关于对全国重点烈士纪念建筑物保护单位设置保护标志的通知》决定对全国重点烈士纪念建筑物保护单位统一设置保护标志。1988年8月31日，《中共中央办公厅、国务院办公厅关于重申严格控制建立纪念设施的通知》再次重申：建立纪念设施必须从严控制；建立纪念设施，必须严格按照规定程序报批；经过批准修建纪念设施的费用，要从严掌握，并纳入当地基本建设的审批项目，严格按照基建程序办理。1995年7月20日民政部发布了《革命烈士纪念建筑物管理保护办法》，共18条，其目的是缅怀革命先烈的光辉业绩，加强对革命烈士纪念建筑物的管理，向公民进行爱国主义、国际主义和革命传统教育，促进社会主义精神文明建设。1996年2月17日《中共中央办公厅、国务

院办公厅关于严格执行建立纪念设施有关规定的通知》再次强调指出：建立纪念设施必须报经党中央、国务院批准；建立纪念设施必须严格按照规定程序报批；经党中央、国务院批准建立的纪念设施，要纳入基本建设审批项目，严格按照基建程序办理并从严掌握经费开支。

2. 烈士纪念建筑物的保护

（1）烈士纪念建筑物的管理规定。《革命烈士纪念建筑物管理保护办法》对烈士纪念建筑物的管理作出规定：各级革命烈士纪念建筑物保护单位，应当根据需要设立相应的管理机构或者配备管理人员；革命烈士纪念建筑物及其周围的建筑应当纳入当地城乡建设总体规划，绿化美化环境，实现园林化，使革命烈士纪念场所形成庄严、肃穆、优美的环境和气氛，为社会提供良好的瞻仰和教育场所；革命烈士纪念建筑物保护单位，可以因地制宜地开办方便群众瞻仰凭吊的服务项目，优化观瞻环境，增加自我发展能力。

《革命烈士纪念建筑物管理保护办法》对烈士纪念建筑物的保护也作出规定：全国重点革命烈士纪念建筑物保护单位，由省、自治区、直辖市人民政府的民政部门负责划定保护范围，设置保护标志，建立资料档案。

（2）烈士纪念建筑物的保护原则。《革命烈士纪念建筑物管理保护办法》对烈士纪念建筑物的保护原则有明确的阐述。

革命烈士纪念建筑物保护单位范围内的土地，任何单位和个人不得侵占。在革命烈士纪念建筑物保护单位范围内进行其他建设工程的，应当经原批准公布的人民政府和上一级人民政府的民政部门同意。在全国重点革命烈士纪念建筑物保护单位范围内进行其他建设工程，须经省、自治区、直辖市民政厅（局）报经民政部同意。

任何单位和个人，未经主管部门许可，不得迁移革命烈士纪念建筑物。因建设工程必须迁移的，地方各级革命烈士纪念建筑物保护单位，须经原批准公布的人民政府和上一级人民政府的民政部门同意；全国重点革命烈士纪念建筑物保护单位，须经省、自治区、直辖市人民政府报国务院批准。

3. 烈士纪念建筑物的维修

《革命烈士纪念建筑物管理保护办法》对烈士纪念建筑物的维修作出规定：革命烈士纪念建筑物由所在地人民政府负责管理保护。所需维修经费由地方各级财政安排解决。全国重点保护单位的革命烈士纪念建筑物，由中央财政拨给维修补助费。各级革命烈士纪念建筑维修费，由同级人民政府的民政部门掌握使用。未列为县级以上保护单位的革命烈士纪念建筑物所需维修费，由建设单位负责筹集。

思考题

1. 墓地的社会地位和作用有哪些？
2. 结合当地的实际情况，谈谈墓地有哪些可挖掘的功能。
3. 通过本章的学习，谈谈现代墓地管理者的责任。
4. 简述墓地管理与和谐社会建设的关系。

第二章 墓地规划与设计

> **学习目标**

1. 知识目标
- 掌握公墓规划的理念和方法。
- 了解墓地与环境之间的关系。
- 了解公墓的设计理念,结合竖向工程设计方法进行公墓设计。
- 掌握墓碑的设计方法,了解墓碑安装环节的注意事项。
2. 技能目标
- 能进行简单初步的公墓整体规划。
- 掌握墓碑的设计方法,能够完成墓体三视图的绘制。
3. 素质目标
- 能与逝者家属进行有效沟通。
- 在墓碑设计中融入对生命的理解和尊重。

第一节 生态公墓规划

近些年,随着国民经济的快速发展,人们在物质生活水平提高的同时对精神生活的需求也日益迫切,这就为园林绿化的发展提供了良好的社会环境。而作为园林景观规划设计的一个分支——公墓规划设计,也逐渐受到了广泛的重视。公墓规划设计有其特殊性,但也结合了时代特征,如人文纪念园、公园等设计理念被融入其中。

一、墓地与环境景观

墓地作为中国传统文化的一个载体,记录着源远流长的中华文化。随着时代的变迁,人民群众对墓葬文化,特别是对墓地的审美发生了很大变化。这要求墓地设计在继承优秀传统文化的前提下,不仅要结合现代社会的人文理念,还要为墓地持续发展作出科学规划,设计出富有中国特色、符合市场需求、契合时代精神的墓地作品。

中国延续了数千年的墓葬形式,归根结底就是追求师法自然、和谐共生。这其中首要的核心理念就是和谐。和谐理念认为,世间万物在保持其独特性、多样性的基础上可以形成良性互动循环,达到"和而不同"的境界。这是中华文明在各个层面、各个领域的共同理念和价值取向。

墓地的和谐理念主要体现在对自然和社会的适应上,体现在墓碑、园林等各个方面。这种传统的和谐理念,是可供现代墓地设计借鉴的宝贵财富。要将和谐理念与现代科技和环保观念紧密结合,设计出富有文化底蕴和时代精神的墓地,这要求设计师充分发挥墓地的地域性、文化性、时代性、传播性,从而使墓地设计更具独特风格和文化魅力。比如可以用一座座雕塑来诠释一段历史或一位名人的一生，让更多的后人来此瞻仰，既能丰富文化内涵，又带来了可观的经济效益。

国外很多知名的墓地，如俄罗斯莫斯科的新圣女公墓、德国汉堡的奥尔斯多夫墓园等，它们既是墓地，也是艺术的殿堂。不同的墓碑均雕刻精美、造型迥异，向人们讲述着不同的生命创造的鲜活故事。墓地规划设计既要体现传统文化，又要与市民旅游休憩、城市绿化等功能结合，以使墓地成为城市中一道独特的风景。

二、公墓的规划

（一）公墓的布置特点

1. 对称的几何布局

几何布局的特点是具有严谨的布局形式、严格的中轴对称。整个布局中，高大庄严的纪念建筑宏伟而精致，中轴线两侧依自然地形合理地安排对称的墓碑群。

2. 自然胜地般的环境感观

拥有蓝天、草地和小鸟啼鸣的幽雅环境，能让置身其中的人们沉思，并得到心灵的慰藉。如果墓碑雕刻与建筑相得益彰，再加上每一个墓碑都承载着的一段感人的历史故事，那么墓地就能够成为人们游玩、旅游的胜地。

3. 艺术博物馆式的文化内涵

以建筑、雕刻、园林与人类相邻并存的墓园，不仅是安放亡者、抚慰生者的宁静园林，更是教育与启迪后人、流传于后世的艺术博物馆。

（二）公墓的规划内容

1. 功能布局

总体平面布局分为三大主功能区，包括骨灰安置区、办公区和公共服务区。

① 骨灰安置区，指墓位，在类型上分为单人墓位、合葬墓位和生态葬墓位。
② 办公区，主要为行政办公建筑、综合服务建筑等。
③ 公共服务区，是园区营造的主要环境，如三生池、祈福泉等。

总体规划布局将根据具体场地的实际情况和相应规定指标进行规划，做到因地制宜（图2-1）。

2. 交通规划

交通规划应包括固定的停车场和临时性停车场在内，道路分为入口主路、支路、小路。浏览动线上有主轴景观区作为有仪式感的形象路，也有穿梭林间的漫步道及功能性纪念道。由于墓园的性质较为特殊，访客量在平时与高峰期会有较大差距，同时人们的行为模式与平时不一样，因而对园内交通系统有着不同的需求。

在平时，车辆可以进入墓园，便捷地到达目的地；在人流量高峰时，墓园内部禁止私家车通行，在墓园外部停车，并进行交通管制。规划时，应根据墓位数测算墓园高峰期访客数。一般祭拜时间将集中在清明节前后，因此为实现园区正常运营，满足接待能力，应将停车规划分为三个层次：正常时段停车、高峰时段停车、高峰时段应急停车。

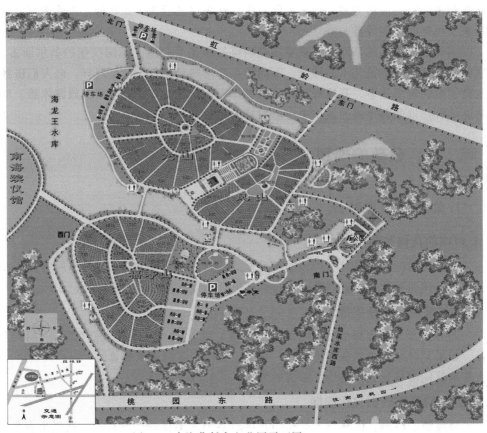

图 2-1　南海华侨永久墓园平面图

3. 景观营造

以山地景观项目为例，入口山门作为整个墓区"区域范围"的起始，象征着已经进入墓区范围，并对人们产生心理暗示，墓区肃穆的气氛也得以体现，指引人们带着祝福向前行进。

景观元素的选取以"生命"为主题元素，进行图腾雕刻，体现生命的庄严与肃穆。结合水体，打造生命纪念广场。泉水涓涌而出，形似喷珠吐玉，逝者福居其中，尽享安眠。另外，人们可以在此对逝者进行怀念并祈福，祭拜至此处休息时，人们也可对准泉眼，投掷一两枚钱币，以示祈福。

景观空间设计上采用台地式展现，大小景观各依地势而立，尊重地理原貌，以显自然景色之美。最高平台上放置日晷雕塑，结合石刻浮雕，渲染了纪念氛围，并起到让人珍惜生命、爱惜时间的作用。

景观节点设置上，在墓区设计福荫台，绿树成荫，藏风聚气，是思亲祭祖的必经点。在此设置无烟祭拜的祭坛，供人们缅怀停留。人们可顺着阶梯登高到达朝祖台，休憩望远，两侧都为墓葬区，攀爬的过程更能让人体会对亲人的思念和对生命的珍惜。利用山涧溪流，开渠引水，设置休息平台，让人们可以停留休息。另外，设置放生台，通过放生加强人们生命的意识和慈悲之心。

4. 绿化配置

植物规划原则以生态为先导，要求保护生物资源和物种多样性，植物尽量选择当地的乡土树种。充分利用当地丰富的乔木、果树等植物资源来美化墓区环境，创造环境效益、经济效益、生态效益多赢的局面。植物配置要整齐划一而又疏密有致、多样统一。

全园要以春、秋景为主，兼顾四季。以灌木为主体，辅以地被植物，突出中轴线上的鲜花和观叶植物。使用低位灌木为骨干树种，主要是从逝者福位方面考虑。墓区边缘道路的两侧以常绿乔木为主。观赏游览区和艺术墓区应以自然式种植为主，乔木、灌木、草本植物高低错落，落叶植物与常绿植物搭配，注意植物色彩变化和林冠线的变化。

其他配套设计也将根据墓区特有的需求满足不同功能的使用。项目建设内容包括骨灰存放楼、商业配套楼、事迹展览馆、综合服务建筑、公共厕所以及配套建设的道路、广场、电气、给排水、绿化等。

【技能拓展】

结合已经学习的内容，分析图 2-2 中某公墓总平面图的规划方案，谈谈你在公墓布局形式、总体规划方面有哪些想法和思路。

图 2-2 某公墓总平面图（注：图中字符存在不规范之处）

第二节 公墓工程设计

公墓可以被认为是城市生态系统的组成部分之一。公墓在承担安葬功能的同时，需要配置绿地来满足美化与观赏的需要，使其成为城市的一处景观。设计时需要运用园林景观学等理论，使墓园建筑与自然相协调，进而成为城市居民休闲和游览的场所。

一、公墓的设计理念

（一）园林设计理论基础

现代园林已超越传统园林，具有更深层次的意义。不仅满足了人类的审美需要，而且成为历史的载体，同时为人类提供了高品质的生存空间。现代园林是在艺术及其他学科的基础上建立与发展起来的，包括生态学、环境行为学、环境美学、人体工程学等学科。

1. 生态学

运用生态学的目的并不是为了顺应自然，而是为了处理好人与自然生态之间的协调关系。通过对资源的合理运用与调整，建立起和谐、良性的城市生态系统。

2. 环境行为学

空间环境的安全性问题、可识别性问题的不断暴露，促使现代园林从人的空间知觉、领域感等方面入手来创造新型空间，进而影响园林的发展方向。

3. 环境美学

人类不断地破坏自然环境，导致生存空间出现危机，因此对自身生存空间的美化与再创造成为人类生存的必然。人类依托园林，将环境科学与美学有机结合，用以实现"回归自然"这一目标。

4. 人体工程学

园林艺术设计已经不仅仅是艺术上的创作，设计方法也逐渐从经验、感性上升到了系统、理性的层次。人体工程学通过对各种因素的分析，寻找人与环境最佳的协调数据，为设计提供依据。

（二）园林设计原则

1. 功能性原则

现代园林设计作为一种艺术活动，具备不同的表现形式，但是必须满足一定的功能要求，这样才能具有实际的意义。一般来讲，任何一个园林都具备物质功能、精神功能及审美功能，并且根据园林设计的目的不同，其侧重点也有所不同。

现代园林是城市人群进行户外活动必需的空间，最基本的物质功能便是满足人们基本的户外活动需要，从组成要素到空间布置都必须以人为本，使人置身其中行动自如、安全方便。

现代园林在满足物质功能的基础上，还需要表达一些特定的意义与内涵，使人心旷神怡或者给人带来精神上的寄托。例如，日本的枯山水庭院（图2-3）体现出佛教文化的意境，别有一番风味。

图 2-3　枯山水庭院

审美功能是指那些能够使人们心情愉悦、产生美的享受的形式与形态，审美功能往往在人实现物质需要或精神需要的同时被满足。例如，银杏作为行道树在承担遮阴的物质功能的同时，也带给人们美的享受（图2-4）。

图2-4　银杏落叶美景

图2-5　现代膜材料凉亭

2. 艺术与科学相结合的原则

现代园林承载了现代社会文化，体现了现代人类的社会生活方式与科技水平。当下，先进的科学技术已成为现代园林设计中必不可少的条件，为现代造园提供了更先进的技术，丰富了造园的形式与风格，并且解决了很多造园中面临的难题。园林设计的艺术性与科学性是密不可分的，通过科学技术的运用，可以使园林的艺术表现更富有感染力，满足高科技时代人们的精神需求（图2-5）。园林设计必须重视也必须运用当代科学技术的成果，创造出更具时代性、更符合人们需要的园林艺术。

3. 时代与历史并重的原则

在人类社会的发展中，物质与精神都具有历史的延续性，园林同样承担了历史延续的功能。不同时期的园林反映了不同时代的社会生活与精神生活特征。现代园林需要追溯时代、尊重历史，通过运用不同的地理环境、文化体系、民风民俗等来实现历史文脉的延续。现在已有的一些具有古典风格的现代园林就很好地做到了这一点（图2-6）。

图2-6　仿古风格园林

4. 可持续发展原则

园林是以自然要素的组合为基础，进行自然环境再创造，应避免出现不合理的生态环境，以便在运用自然资源美化环境的同时，取得良好的生态效益。造园过程应尽可能地利用自然状态，在不破坏自然状态的前提下，进行充分的改造，合理地利用自然生态环境，保护自然生态系统的完整性。

（三）园林艺术的表现法则

1. 统一与多样

达到统一与多样的效果就会产生和谐，和谐正是一切美的基础。当不同要素或不同部分之间存在相互关系时,各要素及各部分结合就会产生协调的整体性感受,从而达到和谐的要求。然而和谐关系中的多个事物并不是完全相同和一致的,彼此之间存在着局部的差异。若差异过于强烈和明显,和谐就会趋向对比,即一切事物之间存在的矛盾必须服从一定的规律,不能杂乱。画面构图过于多样,就丧失了统一性,会显得一片狼藉、杂乱无章;若完全统一,没有了多样性,就会变得死气沉沉、枯燥无味。

在园林设计中,由于各设计要素之间本身存在着必然的不同,多样化是客观存在的。然而如何在复杂的多样化中寻找统一性,或是将复杂的多样化事物通过不同的形式和方法布置成统一的格局,正是在设计过程中要努力学习的方向。以求得合理地布置多样性的设计要素,实现整体统一。

某公墓中的墓位(图2-7),墓碑高度一致,采用大小相近的造型,外观上的制作方式略有不同,这就在统一的格局中体现了元素的多样性,显得生动而又有秩序,很好地体现了统一与多样的法则。

图 2-7 某公墓效果图

2. 主要与次要

在多个元素和部分组成的有机整体中,各个元素的不同比重和地位都会对整体的统一性产生影响。若所有元素之间不分主次,占有相同的比重,处于同等的地位,就会削弱整体的完整性。因此,组成整体的各个部分需要区别对待,使其主次有不同的比重,有主从地位之别。

园林设计过程中也需要确定主从关系,不同景区、不同景点、不同建筑、不同树种等等之间都存在主从关系。西方园林"主从分明、重点突出"的特点十分明显,不同元素之间关系明晰,空间界限明确,使人产生井然有序的感受,如图2-8所示。

3. 均衡与稳定

均衡与稳定是为了使不同体量、质感的元素组成的园林景物给人以完整感和安全感。稳定是就园林布局的上下关系而言的,均衡是就园林布局前后、左右各部分之间的关系而言的。

园林设计源于生活,服务于生活。因此景物的体量关系需要符合人们平常形成和需要的安定感,除非其他特殊情况,一般设计都需要达到均衡的效果。均衡包括对称均衡和非对称

图 2-8　某公墓一处景观小品

均衡两种类型。

对称均衡是指在构图和布局中存在明确的轴线，整个布局依轴线对称。这种布局手法能够产生肃穆、庄重、沉稳的效果，在规则式的园林绿地中非常常见。小到行道树的对称、花坛的对称、水池的对称，大到整个园林绿地和道路的对称、空间的对称，这些都是对称均衡的体现。对称均衡一般来说比较严肃而不够活泼，比较呆板而不够亲切。

不对称均衡其实是要在景物不对称的情况下达到均衡的效果。在自然式的园林中，由于地形、功能等限制，几乎无法做到绝对的对称，而常常采用不对称均衡的手法。通过利用不同园林设计元素的虚实、色彩、质感、疏密、线条、体形、数量等产生不同的体量感，实现画面均衡。

稳定是园林布局中上下位置的建筑、山石、植物之间所呈现出的轻重感与稳固感。园林设计中往往采用使体量下面大、上面渐尖缩小的方法增加稳固感。在建筑和山石处理中，也利用材料和质地所具有的不同的重量感，来实现稳定的需要，避免给游人带来头重脚轻的感觉，影响园林景观效果。

某公墓（图 2-9）中用汀步连接石桥和花架。花架庞大的体量与远处的石桥彼此形成呼应，气势贯通，实现构图上的均衡与稳定。

4. 对比与调和

对比与调和强调了事物存在的两种矛盾状态。对比是强调事物的差异性，而调和是强调事物的相似性。

相对或相反的园林元素会产生对比，形状、色彩、体量等都通过对比产生强烈的突变，形成一种紧张感、刺激感。如明暗对比、体量对比、方向对比、虚实对比、色彩对比、质感对比、疏密对比等。具有强烈反差的园林元素布置在一起，能给人带来鲜明、强烈的感官刺激，但是画面的整体性和统一性并未被打破，就是成功的对比。

调和与对比相反。性质相近的园林元素之间相互搭配，视觉上的近似产生了调和的效果，使整体构图呈现出安静的感觉。

图 2-9　某公墓一处绿地景观

设计中应当做到对比和调和同时存在，共同配合。主体部分使用调和，局部使用对比，体现既调和又对比的效果。某公墓中，高耸的松树和修剪成形的柏树，在植物造型上形成鲜明的对比，立式墓碑与卧式墓碑也形成鲜明的对比，能够吸引人们的视线（图 2-10）。

图 2-10　某公墓一处墓区

5. 韵律与节奏

韵律与节奏是指在设计中统一的园林元素有规律、有秩序地连续重复出现而产生的律动感。韵律可分为连续韵律、渐变韵律、交错韵律、起伏韵律等类型。园林设计中经常能够在植物布局上发现韵律和节奏的特点，不同的植物通过不同的间距呈现出连续起伏的变化状态，以避免单调，表现出活泼与生机。

在园林布局中，常使同样的景物重复出现。某公墓的草坪墓区以造型统一、节奏规律的设计方式，形成自由流畅、有韵律的布局（图 2-11）。

图 2-11　某公墓草坪墓区

6. 比例与尺度

比例主要反映整体或部分之间的长短、高低、宽窄关系。比例包括两个方面：一方面是指园林景物、建筑物整体或者它们的某个局部构件本身的长、宽、高之间的大小关系；另一方面是园林景物、建筑物整体与局部，或局部与局部之间空间形状、体量大小的关系。园林要素本身、要素之间、要素与整体之间都在比例关系上存在一定的制约，人们的审美观会对园林景物的比例提出要求，个体与个体、个体与整体之间的比例都应当符合人们的审美习惯，这样园林设计就能够产生和谐的美感。然而具体的比例关系并不能做到明确的量化。

尺度虽然涉及实际尺寸大小，但往往并不是指真实尺寸，而是指景物给人们带来的感觉上的大小与真实大小之间的关系。景物在不同的环境中应有不同的尺度，其尺度应与环境的整体要求相匹配，景观的实际大小与它给人带来的印象大小相符合才能使人感到亲切舒适。如皇家园林的建筑和植物均比较高大雄伟，而江南私家园林的建筑和植物的尺度要小很多，这就是园林要素与环境之间比例和尺度的和谐。

某公墓在神道正中修建了景观碑，两旁种植了生长缓慢的圆柏，通过植物衬托出景观碑的高大，尺度非常合适（图 2-12）。

图 2-12　某公墓神道景观

（四）公墓设计原则

1. 公墓公园化的原则

现代公墓设计要摒弃以往那种阴森、恐怖的感觉，重新赋予公墓一种祥和、宁静的氛围。公墓公园化的理念在于把公墓做成一个大公园，通过墓碑的合理摆放、园道的曲折布局、绿化的自然遮掩、园林小品的有机结合，建一座公墓"公园"。让先辈和故人安静地置身于这样的公园中，每逢祭扫之日，后人可以在这种祥和、宁静的氛围中缅怀他们。

2. 因地制宜的原则

在整个公墓基地中，要根据具体情况来制定合适的设计方法，即根据客观环境形势的具体情况，因山就势、因高就低、随机应变。依据选址，采取切实有效的方法进行自然改造、自然修饰、自然深化，从而达到对自然风景资源的保护和对公墓环境的优化。

3. 消除压抑的原则

进入公墓，首先看到的不应该是"排排坐"的墓碑，而应是草坪、鲜花、河流，以及与之相协调的建筑（艺术雕塑中心、业务房）、园林景观小品等。人们耳边传来悠扬的音乐，看到天上的飞鸽、水中的游鱼，从而消除了传统意义上公墓给人们带来的心理压抑感。

4. 坚持现代式风格的原则

以现代式风格为主的公墓，规划设计中全部采用现代的亭、廊、桥，大量运用现代的景观元素，如亲水平台、溪坑石跌水等。主体建筑（业务房）都可采用钢结构、大玻璃钢结构的现代式风格，与传统公墓刻板、压抑的特点相比，更能给人们一种耳目一新的感觉。

5. 以人为本的原则

考虑到来客扫墓、祭扫的需求，要在布局、绿化、人员流向和车辆流向等方面作充分的考虑。

6. 可持续发展的原则

公墓的建设与一般的房地产建设不同，是以"逐步建设、滚动开发"的模式运作的。建设一块，销售一块，这样可保持公墓的可持续发展。将地区位置相对较普通的区域先进行开发，逐步形成大的区域性的规模，再将拥有规模优势的较好区域作开发，这样既避免了一哄而上浪费土地资源，同时也获得较高的经济回报。

公墓的设计与建设也可遵循这一可持续发展的原则，先将基地外围的土地进行开发。这样若干年后将形成中心湖区景观带与周边墓区相结合的格局，此时再开发中心湖区，将获得高利润的回报。

二、公墓工程设计步骤

（一）准备工作阶段

对规划建设用地范围内的现有地形地貌、水系水体、建筑物、构筑物、植被、地上地下管线设施等进行调查和评价，提出处理意见。对需要保留的管线和设施，如在附近进行各种工程作业，应提出对原有物的保护措施和施工要求。

规划设计人员要综合考虑当地现状和未来的发展概况，需要对建设单位、社会环境进行调查，掌握当地社会、历史、人文、自然等方面的资料，展开实际调查与分析。

1. 建设单位的调查

① 了解建设单位的性质和历史施工情况。
② 了解建设单位的具体要求、标准的高低。
③ 了解建设单位的经济能力，如投资限额、材料、资料。
④ 了解建设单位的管理能力、技术人员情况、施工机械状况等。

2. 社会环境的调查

① 社会规划、经济开发规划、社会开发规划、产业开发规划。
② 公墓使用效率的调查（如居民人口、服务半径、人流集散方向）。
③ 交通条件（如铁路、公路、水路、桥梁、码头、停车场、航线等条件）。
④ 与周围环境（城市中心、近郊工矿业企业区、风景旅游区）的关系。
⑤ 环境质量（如水、气、噪声、垃圾）。
⑥ 设施情况（如给排水的地下系统、公共设施、景观设施、原有建筑的情况）。
⑦ 社会管理法令、社会限制等。

3. 历史人文资料的调查

① 地区性质（如农村、渔村、未开发地、大小城市、人口、产业、经济区）。
② 历史文物（如文化古迹、历史遗迹）。
③ 居民生活情况（如传统纪念活动、民间特产、历史传统、生活习惯等）。

4. 用地现状的调查

① 核对、补充所收集到的墓区图纸资料。
② 了解土地所有权、墓区边界线、四周环境。
③ 了解墓区所在的方位、地形、坡度。
④ 了解建筑物的位置、高度、式样。
⑤ 调查周围植物，特别是应保留的古树。
⑥ 调查墓区土壤、地下水位、遮蔽物、恶臭、噪声、道路、煤气、电力、上水道、排水、地下埋设物、交通量、景观特点、障碍物。

5. 自然环境的调查

① 气候，包括气温（平均、绝对最高、绝对最低）、湿度、降雨量、风速、风向、风力无霜期、结冰期、化冰期、冻土厚度、有云天数、日照天数及特别的小气候。
② 地形地貌，包括地形起伏度，谷地开合度，山脉走向和倾斜度，以及沼泽地、低洼地、土壤冲刷地、土石情况等。
③ 地质条件，包括地质构造、断层母岩、表层地质。
④ 土壤，包括种类、分布、性质、侵蚀度、排水性、肥沃度、土层厚度、地下水位。
⑤ 水体情况，包括河川、湖泊，涉及水的流向、径流量、流速，水质（化学分析、细菌检验），水深，常水位，供水位，枯水位，相关水利工程特点。
⑥ 生物，包括植物和野生动物数量、生态、群落，古老树的生长情况、年龄、特点、分布、健康状况。
⑦ 景观，包括类型、方位、价值、航空照片及景观照片等。

6. 实际调查

① 定性调查，包括与建设场地有关的统计材料，如公园需要关于游人数量、覆盖面积的统计，公墓则需要关于当地人口数量、死亡率的统计等。
② 定量调查，包括与设计量有关的内容，如空间的最大、最适合、最小的使用单位及利用面积。

7. 调查资料的分析与利用

对资料的选择、分析、判断是规划的基础。把收集到的上述资料做成图表，并在一定的方针指导下进行分析、判断，选出有价值的内容。依据地形、环境的变化，勾画出大体的骨架，进行造型比较，决定出大体的形式，作为规划设计的参考。

对规划本身来说，不一定要把全部的调查资料都用上，但要把最突出、最重要、效果最好的资料整理出来，以便利用。在分析资料时，要着重考虑采用性质差异大的资料。

8. 设计图纸的准备

（1）现状测量图。包括位置、比例尺、所在方位、土地红线、范围、坐标数据、地形、等高距、坡度、路线、地上物情况、产权等；近邻环境情况、主要单位、居住区位置、主要道路走向、交通量、该区今后发展情况；煤气、能源、水体利用；建筑物位置、式样风格，表示出保留、拆除、利用、改造意见；现有树木种类、高度；道路分布、断面；现有设施基础、排水、溢水情况。

（2）总体设计图纸。不同面积和不同地形所选择的比例尺与等高距也不同。

① 小面积范围（8公顷以下）比例尺为1∶500。

平地坡度为10%以下，等高距为0.25m；坡度为10%及以上，等高距为0.5m。

丘陵坡度为25%以下，等高距为0.5m；坡度为25%及以上，等高距为1～2m。

② 中等范围面积（8～100公顷）比例尺为1∶1000或1∶2000。

大比例尺，等高距可小一些；小比例尺，等高距可大一些。如比例尺为1∶1000，坡度为10%以下时，等高距为0.5m；坡度为10%～25%时，等高距为1m；坡度为25%以上时，等高距为2m。

③ 大范围面积（100公顷以上）比例尺为1∶2000或1∶5000，等高距根据地形坡度可用1～5m。

(3) 技术设计测量图纸。比例尺为1∶5000；方格网测量距离为20～50m；等高距间隔为0.25～0.5m；测出道路、广场、水面、地面、各建筑物的地面高度；绘出各种公用设备网、地形、水面、乔木和灌木群位置；绘出要保留的建筑的平面位置、内外标高、立面、尺寸、色彩。

(4) 施工所需测量图（精细设计的部分）。比例尺为1∶200；方格网大小视平面大小和地形而定；测量距离在20～50m，平地可大些，复杂地形可小些；等高线间距为0.25m，重要地点的等高距为0.1m；画出原有主要树木及品种、树形大小、树群、孤立木、花灌木丛轮廓面积、建筑、山石、泉池等；可以入园者，应画出借景方向。

当然，任何工程的调查项目范围都不是千篇一律的，也不能认为关系不大的项目就不去调查。条件不同的地区，项目的重点也可以不同。

9. 参考殡葬相关法规

对墓区进行规划设计时必须参考国家及当地颁布的《殡葬管理条例》《公墓管理暂行办法》等相关政策法规中的规定，一般对修建公墓有以下要求。

① 禁止在铁路、公路（国道、省道）、通航河道两侧、水库及河流堤坝附近、水源保护区、文物保护区、耕地、风景名胜区、开发区、住宅区、森林公园和自然保护区内新建农村公益性公墓或其他坟墓。

② 选址应避免毗邻各类水源地，特别是饮用水水源。

③ 选址应因地制宜，结合地形，原则上以山（坡）地为主，不占或少占基本农田，与周边环境相协调。

(二) 编写计划任务书阶段

计划任务书是进行某项工程规划设计的指示性文件。

① 要明确项目规划设计的原则。

② 弄清该项目在相关城市绿地系统中的地位和作用，以及地段特征、四周环境、面积大小和访客容纳量。

③ 设计功能分区和活动项目。

④ 确定建筑物及各分区的项目、容量、面积、材料要求。

⑤ 拟定规划布置在艺术、风格上的要求，以及园内公用设备和卫生要求。

⑥ 分析出近期、远期的投资以及单位面积造价的定额。

⑦ 制订地形、地貌的图表和水系处理的工程方案。

⑧ 拟出墓园分期实施的程序。

（三）总体设计方案阶段

计划任务书经上级同意后，就可以根据计划任务书的要求进行总体设计。在总体设计方案阶段，需完成如下图纸。

1. 主要设计图纸内容

（1）位置图（比例尺为1∶5000或1∶10000）。要表现该区域在城市中的位置、轮廓、交通情况和与四周环境的关系。

（2）现状分析图。根据现状资料进行分析与整理，形成现状分析图，对现状作综合评述。可用圆圈或抽象图形将其概括地表示出来。在现状分析图上，可分析该区域设计中有利和不利因素，以便为功能分区提供参考依据。

（3）功能分区图。根据规划设计原则和现状分析图确定该区域分为几个空间，使不同的空间有不同的功能，既要形成一个统一的整体，又能反映各区内部设计元素间的关系。

例如，可根据访客年龄段、兴趣爱好，以及不同的建设风格，确定不同的分区，划分出不同的空间和区域来满足不同的功能要求，并使功能与形式尽可能统一。

此类图有示意和说明性质，可以用抽象图形或圆圈等图案予以表示。如图2-13所示。

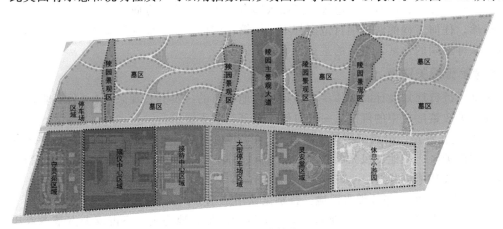

图2-13 某公墓功能分区图

（4）总体设计方案平面图（比例尺1∶500、1∶1000、1∶2000）。根据总体设计原则、目标，总体设计方案平面图应包括以下内容。

① 该场地与周围环境的关系，如界线、保护界线、所在街道的名称、街道宽度，周围主要单位名称或居民区等，若周围园界是围墙或透空栏杆要明确表示。

② 该场地主次出入口位置、道路、内外广场、停车场。

③ 该场地的地形总体规划、道路系统规划。

④ 该场地建筑物、构筑物等布局情况，平面图要能反映总体设计意图。

⑤ 该场地植物设计图，图上要反映出密林、疏林、树丛、草坪、花坛、专类花园等植物景观分布情况。

⑥ 准确标明指北针、比例尺、图例等内容。

一般，建设面积在100公顷以上，比例尺多采用1∶2000或1∶5000；面积在8～100公顷，比例尺用1∶1000；面积在8公顷以下，比例尺可用1∶500。图2-14、图2-15为两个公墓总平面图。

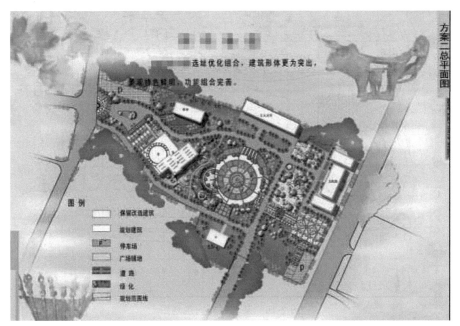

图 2-14　某公墓总平面图 1

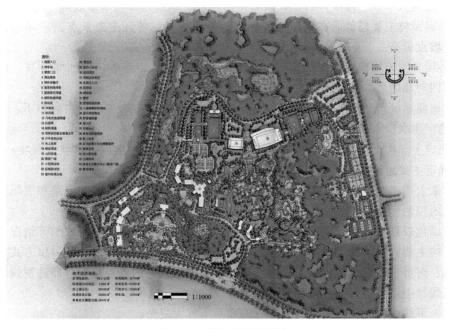

图 2-15　某公墓总平面图 2

(5) 竖向规划图。地形是全园的骨架，要求规划图能反映出该场地的地形结构。用不同粗细的等高线表示高度，用不同样式的线条或色彩表示出图面效果。如图 2-16 所示。

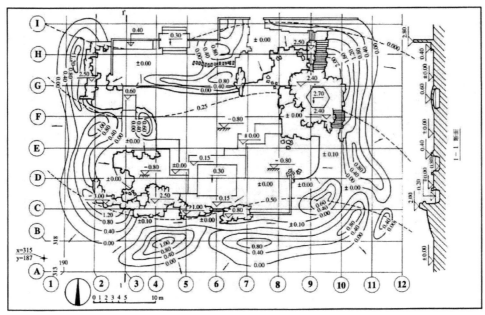

图 2-16　某地区竖向规划图

① 根据项目规划设计原则以及功能分区图，确定需要分隔遮挡或通透开敞的地方。

② 根据设计内容和景观需要，绘出山脉、丘陵、缓坡、平原、小溪、河湖等陆地及水体；水体要表明最高水位、常水位、最低水位线。

③ 要注明入水口、排水口的位置（总排水方向、水源地及雨水聚散地）等。

④ 确定园林主要建筑所在地的地坪标高、桥面标高，各区主要景点、广场的高程，以及道路变坡点标高。

⑤ 必须表明该场地周边市政设施、马路、人行道以及邻近单位的地坪标高，以便确定该场地与四周环境之间的排水关系。

(6) 道路系统规划图。它可协助修改竖向规划图并使其有合理性，内容如下。

① 确定主次出入口、主要道路、广场和消防通道的位置。

② 确定主、次干道等的位置，以及各种路面的宽度、排水坡度（纵坡、横坡）。

③ 确定主要道路的路面材料和铺装形式。

在图纸上用实线画出等高线，再用不同粗细的线条表示不同级别的道路和广场，并标出主要道路的控制标高。

(7) 绿化规划图。根据规划设计原则、总体设计方案平面图及苗木来源等情况，安排全园及各区的主要树种，确定不同地点的密林、疏林、林间空地、林缘等的种植方式，以及树林、树丛、树群、孤立树和花草的栽植点等。还要确定最好的景观位置（即透视线的位置），应突出视线集中点上的树群、树丛、孤立树等。

图纸上可按绿化设计图例表示，树冠的表示不宜太复杂。

(8) 园林建筑规划图。要求在平面上反映出总体设计中的建筑在全园的布局，以及各类建筑的平面造型。

除平面布局外，还应画出主要建筑物的平面、立面图，以便检查建筑风格是否统一、与景区环境是否协调等。

（9）电气规划图。以总体规划方案及绿化规划图为基础，规划出总用电量、利用系数、分区供电设施、配电方式、电缆敷设方式、各区各点的照明方式、广播通讯设置等。可在绿化规划图的基础上用粗线、黑点、黑圈、黑块等表示。

（10）管线规划图。以总体规划方案及绿化规划图为基础，规划出水源的引进方式，总用水量，消防、生活、造景、树木喷灌管网的大致分布、管径大小、水压高低，雨水、污水的排放方式，等等。如果工程规模大、建筑多、冬季需要供暖，则需要考虑取暖方式、负荷量、锅炉房的位置等。在绿化规划图的基础上用粗线表示，并加以说明。

2. 表现图

表现图包括全园、局部中心主要地段的断面图和主要景点鸟瞰图，要表现出构图中心、景点、风景视线、竖向规划、土方平衡和全园的鸟瞰景观，以便检验或修改竖向规划、道路规划、功能分区图中各因素间的矛盾，检验景点有无重复等。

3. 设计说明书

设计说明书主要是说明设计者的构思、设计要点等内容。具体包括如下内容。
① 园区位置、现状、范围、面积、使用人口。
② 工程性质、规划设计原则。
③ 设计的主要内容（地形地貌、空间围合、水系、出入口、道路系统、竖向设计、建筑布局、种植规划、园林景观小品等）。
④ 功能分区（各区内容）。
⑤ 管线、电器说明。
⑥ 管理机构说明。

4. 工程总匡算

按总面积、规划内容，凭经验粗估；结合分期建园计划，按工程项目、工程量，分项估算并汇总。

5. 模型与效果图

按总体规划做成模型，主要景点应附有彩色效果图，一并拍成彩照。图纸和照片全部交付甲方审核批准。

（四）局部详细设计阶段

详细设计也称为技术设计。根据总体规划设计要求，进行每个局部的技术设计。它是介于总体规划阶段与施工设计阶段之间的设计。平面图比例尺用 1∶100 或 1∶500。具体包括如下内容。
① 墓园出入口设计（建筑、广场、服务设施、管线、照明系统、停车场）。
② 各分区设计（主要道路分布、走向、宽度、材料、曲线转弯半径，以及行道树、透景线）。
③ 主要广场的形式、标高。
④ 建筑及景观小品（包括大小、位置、标高、平立剖图、主要尺寸、坐标、结构、形式、主设备材料）。
⑤ 植物的种植池，花坛和花台的面积大小、类型、标高。
⑥ 水池范围、驳岸形状、水底土质处理、水面标高。
⑦ 假山的位置、面积、造型、标高、等高线。

⑧ 地面排水设计（分水线、江水线、江水面积、明暗沟、进水口、出水口、窖井）。
⑨ 主要工程的序号。
⑩ 给水、排水、管线、电网的尺寸（埋在地下的深度、标高、位置、长度、坡度）。

如用方格施工，依据基桩测量，每隔20～50m画出方格。另外，根据艺术布局中心和最重要的方向，做出断面图或剖面图。包括主要建筑的平面图、立面图、剖面图、鸟瞰透视图，以及说明书、初步预算等。

（五）施工设计阶段

根据已批准的规划设计文件、技术设计资料和要求进行设计，技术设计中未完成的部分都应在施工设计阶段完成，并作出施工组织计划和施工程序。

在施工设计阶段要做出施工总图、竖向设计图、道路和广场设计、种植设计、水体设计、园林建筑设计、给排水及暖通管线设计、电气管线设计、山石设计，做出苗木表、工程量统计表、工程概算表等。

1. 施工总图（放线图）

施工总图表明各设计元素的平面关系和它们的准确位置。图上标出放线的坐标网、基点、基线的位置。其作用：一是作为施工的依据，二是作为平面施工图的依据。

图纸包括如下内容：设计坐标网及其与城市坐标网的换算关系；用地红线、道路红线；建筑退缩线、用地四邻原有及规划道路的位置；设计园林建筑、构筑物、园林小品名称或编号、设计标高；设计广场、停车场、园路、排水沟、挡土墙、护坡、水体、园桥等的名称或编号、设计标高；标明保留的建筑、地物（包括地下建筑、构筑物）、植被的名称或编号、标高；采用等高线和标高表示设计地形；标明植物种植的设计区域；必要的设计说明等。

2. 竖向设计图（高程图）

竖向设计图用以表明各设计元素的高差关系。如山峰、丘陵、高地、缓坡、平地、溪流、河湖、岸边、池底、各墓区的排水方向、雨水的汇集点，以及建筑、广场的具体高程等。一般绿地坡度不得小于0.5%，缓坡坡度在8%～12%，陡坡坡度在12%以上。图纸包括如下内容。

（1）平面图。应以总平面图为依据绘制竖向总平面图，对于复杂工程，可分项目（地形、园路广场、水体）绘制竖向平面图；标明用地四周和范围内的现状及高程；标注规划道路、水体、地面的关键性标高点、等高线；标明设计地形的等高线；水体驳岸标高、等深线、常水位、高水位、低（枯）水位及水体底标高，设计等高线高差为0.20～1.00m；标明设计园林建筑室内外地面设计标高，构筑物控制点标高；标明园路、排水沟的起点、变坡点、转折点和终点的设计标高、纵向坡度和排水方向；标明入口广场、广场、停车场的控制点设计标高、坡度和排水方向；标明花池、挡墙、假山、护坡的顶部和底部关键点的设计标高；细部竖向应单独绘制。

（2）剖面图。地形复杂的工程应绘制地形竖向剖面（断面）图；竖向剖面图应绘出场地内地形变化最大部位处的剖面图；并标明建筑、山体、水体等的标高；还应标明设计地形与原有地形的高差关系，并在平面图上标明相应的剖线位置；简单工程的竖向平面图可与总平面设计图合并绘制。

3. 道路和广场设计

主要表明园内各种道路、广场的具体位置，道路宽度、高程、纵横坡度、排水方向；路面做法、结构、路牙的安装与绿地的关系；道路和广场的交接点、拐弯、交叉路口，不同等级道路的交接点、铺装大样、回车道、停车场等。图纸包括如下内容。

(1) 平面图。依照道路系统规划，在施工总图的基础上，用粗细不同线条画出各种道路、广场、台阶、山路的位置。在主要道路的拐弯处，注明每段的高程、纵横坡的坡向（细箭头表示）等。主路纵坡坡度宜小于8%，横坡宜小于3%，粒料路面横坡宜小于4%，纵、横坡不得同时无坡度；支路和小路，纵坡宜小于18%，纵坡超过15%的路段，路面应作防滑处理，纵坡超过18%，宜按台阶、梯道设计，台阶踏步数不得少于2级。

(2) 剖面图。比例尺一般为1:200。首先画一段平面大样图，表示路面的尺寸和材料的铺设方法，然后再在其下方作剖面图，表示路面的宽度及具体材料的拼摆结构（面层、垫层、基层等）厚度、做法。每个剖面都编号，与平面图配套。

另外，还应作路面交接示意图，用细黑线画出坐标网，用粗线画出路边线，用中等线条画路面内铺装材料的拼接、摆放等。

4. 种植设计图（植物配植图）

主要表现树木及花草的种植位置、品种、种植方式、种植距离等。图纸包括如下内容。

(1) 平面图。根据树木规划，在施工总图的基础上，用设计图例画出常绿树、阔叶落叶树、针叶落叶树、常绿灌木、花灌木、绿篱、灌木篱、花卉、草地等的具体位置，以及品种、数量、种植方式、距离等。至于如何搭配，同一幅图中树冠的表示不宜变化太多，花卉、绿篱的表示也应统一，针叶树可着重突出，保留的树与新栽的树应区别表示。复层绿化时，可用细线画大乔木树冠，但不要树冠下的花卉、树丛、花台等。树冠尺寸以成年树为标准，如大乔木5～6m，孤立树7～8m，小乔木3～5m，花灌木1～2m，绿篱0.5～1m。树种名、数量可在树冠上注明。如果图纸比例小，不易注字，可用编号的形式，在图旁要附上编号、树种名、数量对照表。成行树要注明株距，同种树可用直线相连。

(2) 大样图。包括重点树群、树丛、林缘、绿篱、花坛、花卉及专类园等，可附大样图，比例尺用1:100。要将组成树群、树丛的各种树木位置画准，注明品种及数量，用细线画出坐标网，注明树木间距。在平面图上方作出立面图，以便施工参考。

5. 水体设计图

表明水体的平面位置、形状、大小、深浅及施工方法。

(1) 平面位置图。以竖向规划、施工总图为依据，画出泉、小溪、河、湖等水体及其附属物的平面位置。用细线画出坐标网，按水体形状画出各种水的驳岸线、水底线，和山石、汀步、小桥等的位置，并分段注明岸边及池底的设计高程。最后用粗线将岸边曲线画成折线，作为湖岸的施工线，并用粗线加深山石等。

(2) 纵横剖面图。水体平面及高程有变化的地方都要画出剖面图，通过这些图表示出水体的驳岸、池底、山石、汀步及岸边之间的关系。

(3) 进水口、溢水口、泄水口大样图。如暗沟、窨井、厕所粪池等，还有池岸、池底工程做法图。

(4) 水池循环管道平面图。在水池平面图的基础上，用粗线将循环管道的走向、位置画出，标明管径、每段长度、标高以及潜水泵型号，并加以简单说明，确定所选管材及防护措施。

6. 园林建筑设计图

表现墓区园林建筑的位置及建筑本身的组合、尺寸、式样、高矮、颜色及做法等。如以施工总图为基础画出建筑的平面位置、建筑底层平面、建筑各方向的剖面、屋顶平面、必要的大样图、建筑结构图，以及建筑庭院中的活动设施、设备、装修设计。画这些图时，可参考《建筑制图标准》。

7. 给排水及暖通管线设计图

在管线规划图的基础上，表现出上水（消防、生活、绿化用水）、下水（雨水、污水）、暖气、煤气等各种管线的位置、规格、埋深等。

（1）平面图。在种植设计图的基础上，表示各种管道井的具体位置、坐标，并标明每段管的长度、管径、高程以及如何接头等，每个井都要有编号。原有干管用红线或黑细线表示，新设计的管道检查井，则用不同符号和黑色粗线表示。

（2）剖面图。画出各号检查井，用黑粗线表示井内管线及阀门等交接情况。

8. 电气管线设计图

在电气规划图的基础上，将各种电器设备、绿化灯具位置及电缆走向位置表示清楚。在种植设计图的基础上，用粗黑线表示出各路电缆的走向、位置，以及各种灯的灯位、编号、电源接口位置等。注明各路用电量、电缆选型及敷设、灯具选型及颜色要求等。

9. 山石设计图

做出山石施工模型，便于施工时掌握设计意图，参照施工总图及水体设计图画出山石平面图、立面图、剖面图，注明高度及施工要求。

10. 苗木表及工程量统计表

苗木表包括苗木的编号、品种、数量、规格、来源以及其他相关的备注等；工程量统计表包括项目名称、数量、规格、备注等。

11. 工程概算表

包括土建部分（按项目估出单价，按市政工程预算定额中的园林附属工程定额计算出造价）和绿化部分（按基本建设材料预算价格计算出苗木单价，按建筑安装工程预算定额的园林绿化工程定额计算出造价）。

【知识拓展】

公墓作为城市生态系统的组成部分，必须以生态学原理为指导，科学系统地进行公墓绿化。一方面构成墓园自身生态的良性循环系统；另一方面成为城市生态系统的组成部分，实现对土地的改造和再利用，从而实现对墓地的永续利用。

植物景观，主要指植被、植物群落、植物个体所表现出的一种感性的美的状态。植物造景就是应用乔木、灌木、藤本及草本植物来创造景观，通过艺术手法，充分发挥植物本身形体、线条、色彩等自然美，配植成一幅幅美丽动人的画面，供人们观赏。

对植物景观的欣赏与评价，世界不同地区的人们有不同的爱好和观点。欧洲大部分国家的古典园林中的植物造景是以规则整齐的形式展现出来的。植物被修剪成各种规则的造型或具象事物，以体现人类的意志。在总体布局上，这些规则式的植物景观与规则式的建筑的线条、外形乃至体量较为协调一致，有很强的视觉冲击力和很高的艺术价值。法国凡尔赛宫是此类的代表（图2-17、图2-18）。

图2-17　凡尔赛宫草坪的修剪形式

图 2-18　凡尔赛宫植物的修剪形式

图 2-19　承德避暑山庄的一处自然景观

　　另一种是自然式的植物景观，人为地仿照自然生长的森林、草原、草甸、沼泽等景观及农村田园风光，结合地形、水体、道路来组织植物景观。这能体现植物本身所具有的个体美及群体美，人们可以进行从色彩的季相变化到枝、叶、花、果、刺等的细致欣赏。自然式的植物景观容易展现出宁静、深邃、活泼、随和的氛围。随着社会进步和经济发展，人们的艺术修养和审美观念不断提升，希望回归质朴，渴望浑然天成的自然美。同时，不再投入大量的成本进行植物造型的维护，逐渐创造自然的植物景观已成为在植物造景方面的新潮流。我国植物造景一直追求师法自然的境界，承德避暑山庄的植物景观能体现出这一特点（图 2-19）。

　　植物本身具有的观赏性能够给人们提供美的享受，更重要的是植物对环境保护和生态稳定具有重要意义。当今世界科技水平和经济水平的高速发展和高度发达，除了带来更加方便舒适的生活条件外，还有日益恶化的生态环境。人口数量过多、工业发展过快、环境污染过重，这些导致温室效应、极端天气、臭氧空洞等大量危及人类生存的自然灾害频频发生，整个地球的生态平衡已经到了很难维持的地步。越来越多的有识之士认识到必须停止对植物资源的砍伐和破坏，必须通过保护植物、恢复植被等途径挽救被破坏的生态系统，从而达到人与自然的和谐共处，实现人类社会的可持续发展。现在越来越多的国家从国土规划开始就注重植物景观，时刻思考如何保护并恢复自然植被，恢复生态平衡，挽救人类生存环境。

　　当今世界对园林这一概念已不仅局限在一个公园或一处景点上，而是从国土规划的宏观角度关注植物景观。首先考虑保护自然植被，并有目的地规划和栽植大片绿带。一些新城镇建立之前，先在四周营造大片森林，创造良好的生态环境，然后在新城镇附近及中心进行重点美化。

第三节　墓碑设计、制造与安装

一、墓碑设计思路

由于各国家与地区的信仰、风俗习惯等的不同，墓体也有各自的地域性特征与样式。随着时间的推移，古代与现代的文化、信仰、艺术审美等发生了很大变化。与人们密切相关的殡葬行业也走进了一个崭新的时代，墓碑在设计、加工上也发生了很大的变化，传统墓和现代墓特征变化的距离逐渐拉大。

（一）传统墓

传统墓的外形特征包括：碑两边或后面有云柱、莲花柱、栏板、抱鼓；碑耳朵或两边有石狮之类的东西；碑上面有碑帽，在雕刻上多用龙凤图案，在造型上用直线和少量的曲线进行构图，写实性很强。这种外形特征是我国殡葬文化的一种传承和延续，极具民族特色，体现了厚重、深远的内涵（图2-20）。

图2-20　某公墓内传统墓碑

（二）现代墓

现代墓主要包括以下类型：普通墓、草坪墓、树墓、花坛墓、壁墓、艺术墓。

1. 普通墓

在公共墓中，普通墓最为常见，墓穴的大小、外观尺寸为统一标准，无法更改。墓穴一般在中间，有一定高度的基础，在墓穴后面立碑并配有适当的绿化，碑文也有统一的标准和格式。普通墓跟墓地的整体规划设计相协调，就好像一排排列队整齐的士兵一样。从整体上来看整洁、美观，规律性很强。

现在也有越来越多的人开始选择西式墓碑，西式墓碑在外形上摒弃了我国传统墓碑的诸多元素，以简洁大方为主，而且与我国传统墓碑造型基本都是立式的特点不同，西式墓碑有很多卧式造型，而且给人的感觉不会像中式墓碑那样压抑、沉重（图2-21）。

2. 草坪墓

这种墓是把骨灰盒放入墓穴中，上面盖上石碑，石碑稍高出地面一些，一般高出地面20cm

图2-21　某公墓内普通墓碑

左右。石碑平置或斜置,石碑上面再刻碑文,周围种上绿草,整个墓地看上去就是绿草一片。草坪墓简洁、美观、经济,属于环保型墓(图2-22)。

图 2-22　某公墓内草坪墓碑

3. 树墓

这种墓是将骨灰盒放入墓穴中,盖上寿箱盖,立上碑,在碑的后面种上一棵树,一般以柏树最为常见。种树是寄托生者对逝者的像树一样万年常青、永存不变的思念之情。树墓的外观与样式有很多,图2-23为其中一种。

图 2-23　某公墓内树葬墓碑

4. 花坛墓

花坛墓是用花坛代替墓穴，将骨灰盒放入花坛中，花坛上种植花朵，并将逝者姓名刻在纪念碑上或墓碑上。此方式改善了环境，节约了土地。骨灰盒若是可降解的，土地可循环使用，其特点是骨灰与自然完全融合，再覆盖新土后种植鲜花，极大地节约了土地和安葬费用，占地面积比树葬更少，更能营造良好的观感（图2-24）。

图 2-24　某公墓内花坛墓区

5. 格位葬（壁墓）

壁墓，顾名思义是将骨灰盒嵌在墙壁内的一种葬式。壁墓墙和普通墙高低相仿，但略厚一些。墙体的正面分存着井字形的壁墓格，大小可放入骨灰盒，壁墓口用石材封死，石材表面当作墓碑，刻碑文。一堵墙可安置几十个甚至几百个骨灰盒，存放量极大，能够节约土地。壁葬是国家殡葬改革所提倡的一种葬式。壁墓虽然嵌在墙壁内，但是墙壁的建筑形式还是十分丰富的，有回廊式、亭子式、四合院式和多屋式等（图2-25）。

图 2-25　某公墓内壁墓区

图 2-26　某公墓内艺术墓碑

6. 艺术墓

近年来，人们的消费意识、审美观念不断提高，各地悄然兴起的个性化艺术墓开始被越来越多的消费者所接受。因为墓碑极具个性化和艺术性，为公共墓地的墓碑样式锦上添花，使其独树一帜。此种碑能体现逝者生前的喜好、身份和独特的经历等，如图2-26所示。

所谓艺术墓,就是个性化,不与其他的墓型重合、重复。可见个性化设计在艺术墓中有举足轻重的地位。艺术设计可分为三个主要方面:造型个性化、碑文个性化、材料选择与搭配个性化。

首先,造型个性化。造型是墓碑最直观的表现,造型独特、切合墓主人的人生经历、符合客户(服务对象)的要求,是艺术墓设计成功的关键所在。造型个性化也不是刻意地追求造作的与众不同,设计要量体裁衣,充分表现墓主人的人生经历,力求表现墓主人的人生闪光点。同时设计方案还要得到客户的认同。

其次,碑文个性化。每个人的一生都是一本书,而碑文正是这本书浓缩的精华。做好碑文的设计,不仅是对墓主人和客户的尊重,更能让墓碑锦上添花。要做到这点,就需要与客户进行广泛接触,掌握墓主人的人生经历、爱好、特长等。例如,一位老干部去世,家人要求建造艺术墓,碑文是不可缺少的,但若刻上一生的经历,就太落于俗套。细心的设计师在与家人的交流中得知,老人有一张周总理签发的任命书,于是就动员其家人把它刻在墓碑上,如此既突显出老人的功勋,又显得与众不同。

最后,材料选择与搭配个性化。设计千差万别,石料选择尤为重要,设计方案的个性化不但从造型上表现出来,也从各种石料的特性、材质上表现出来。

艺术墓可分为具象和抽象两类。具象艺术指艺术形象与自然对象基本相似或极为相似的艺术。具象艺术作品中的艺术形象都具备可识别性。这里指通过墓体造型要素真实明确地再现逝者的身份、生平等(图2-27)。

抽象艺术指艺术形象大幅度偏离或完全抛弃自然对象外观的艺术。"抽象"一词的本义是指人类对事物的非本质因素的舍弃和对本质因素的抽取。抽象艺术中的形象与自然对象较少有或完全没有相近之处。抽象艺术墓指墓体造型要素没有与逝者产生明确的关系,不存在一定的象征意义(图2-28)。

图 2-27 某公墓内具象艺术墓碑

图 2-28 某公墓内抽象艺术墓碑

(三)墓体设计的形态要素

形态要素研究的是存在于环境空间中的形态物象。形态就是指一个物体所呈现出的形状和表现。"形"指的是有形有体的实体,"态"指的是状态或存在方式。

1. 基本形态要素

形态要素是立体造型中最重要的因素,无论是简单还是复杂的物体,其形态都是由最基本的形态要素点、线、面、体构成的。

(1)点。点在几何学中被定义为"空间中只有位置,没有大小的图形",其作用是标识空间位置,存在于线段的两端、线的转折处、三角形的角端、圆锥形的顶角。

然而在立体构成中,点是具有形状,具有体积的。打在窗户上的雨滴、远去的背影、夜晚闪烁的星星,都能给人带来点的实际感受。

点具有空间位置,随着面积的变化,其形象与特性也会发生变化。点具有空间性,大小不同的点集合在一起,其体积的变化会产生不同的空间状态和空间感受,如点的扩散、渐变、虚化等。点具有相对性,不同的参照物会使点具有不同的空间性质,如太阳、地球、月亮之间的对比体现了点与参照物的空间关系,这样的相对性是辩证的。

点虽然是造型上最小的视觉单位,但因为点具有凝聚视线的特点,所以往往成为整体造型中的重要因素。

(2)线。几何学中的线是指"点任意移动所构成的图形",因此线只具有长度和方向,并不具有宽度和厚度。然而在立体构成上,虽然不是几何意义上的线,但只要它的粗细限定在必要的范围之内,与周围其他视觉要素比较能充分显出连续性质,并能表达长度和轮廓特性,都可以称为线。钢索、铁轨、发丝、树枝、筷子都带给人们线的实际感受。

线具有相对性,长度与宽度的不同会使线有长短和宽窄之别,线本身的长短和宽窄也是相对的,当线的宽度过大时,线的形态会逐渐向面发展。线具有空间性,线环绕并组合在一起时,就会产生空间感,尽管线所构成的空间是透明的,但线与线在结构上形成的距离和空隙,使空间具有了交错、环绕等形式美。线在立体构成中起着重要的作用。

(3)面。在几何学中,面是指"线移动所构成的图形",是线运动的轨迹。面在造型理论中是具有位置、长度、宽度的一种"形",但是并不具有厚度。在立体构成上,只要其在厚度、高度和周围环境比较之下,显示不出强烈的实体感觉,它就属于面的范畴。一扇门、地面、桌面、叶片都带给人们面的实际感受。

面有直面、曲面、异形面、几何形面等多种类型。立体构成中的面是具有厚度意义的,所以面有了实际空间感和体积质量感。面并不是单纯指平面,通过叠加、组合、旋转、扭曲等方法,面的造型得到了极大的丰富。

(4)体。在几何学中,体是指若干几何面围成的封闭立体,具有长度、宽度、高度。实际上,任何形态都是一个"体",体是有实际体积、有实际空间的,是真实存在的。

体在造型学上有三个基本形:球体、立方体和圆锥体。而根据构成的形态区分,又可分为半立体、点立体、线立体、面立体和块立体等几个主要的类型。半立体具有凹凸层次感和各种变化的光影效果;点立体具有玲珑活泼、凝聚视觉的效果;线立体具有穿透性、富有深度的效果,通过直线、曲线以及线的软硬程度可产生刚强、柔和、纤弱等不同效果;面立体可以分离空间,产生或虚或实、或开或闭的效果;块立体则有厚实、浑重的效果。

体是完全依靠点、线、面来完成体的形象的。在平面表现上,体本身就是虚幻的,但是在立体构成上,所有的体都是具有空间实质的,有确定的长、宽、高,是客观存在的物体。体有相对性,构成体的线的粗细、面的颜色都存在对比。在立体构成中,根据需要恰当地运用各种立体,能使作品的表现力大大增加。

2. 形态的类型

（1）自然形态。自然形态是存在于自然界中，不经人为加工而形成的造型形态，是自然生成的形态。自然形态可以分为原始自然形态和裂外自然形态。原始自然形态是指事物在本身的生命周期内成长而形成的形态，如树木、花草等；裂外自然形态是指具有原始自然形态的事物经过分化、腐朽，由本身的自然形态转变为另一种不原始的、不是本来具有的形态。

自然形态也可以分为自然有机形态和自然无机形态。自然有机形态是指有生命属性的动植物所具有的形态，这些不同的动植物，按照各自的生长规律和特性，构成了有机形态的各种类型。自然无机形态是指没有生命周期、没有生命体征的事物所具有的形态，这些事物的形态也在变化，但是没有生命，所以是无机形态。无机形态的生成是偶然的、无规律可循的。

不论何种自然形态，都是组成人类生存的自然界的庞大而有秩序的生态系统的一部分。自然形态也是由点、线、面、体构成的。在自然规律的组合中，找出形态的生成要素，总结其变化规律，就可以运用到创造形态过程中去。

（2）人为形态。人为形态是指完全由人设计、制造、加工而成，没有丝毫自然因素的造型形态，是人类有意识地从事视觉要素之间的组合和构成等活动所产生的形态。

人为形态可以分为人为具象形态和人为抽象形态。人为具象形态是人们可以直接感受的、客观的、看得到的、摸得着的事物。人为抽象形态是指经过主观思维的提炼、变化和夸张手法处理的形态。

具象形态和抽象形态在立体构成中是可以相互转换运用的，由于每个人认识和理解事物的角度不同，对具象和抽象的判定也有所不同，因此具象和抽象的界定还存在着相对模糊的范围。

（四）墓体设计的美学原则

墓体设计需要遵守立体构成的一些要求，必须要符合立体构成的美学原则。立体构成的形式美法则与园林设计的形式美法则类似。

1. 单纯化原则

单纯不等同于简单，事物经过了"省略、归纳、净化、夸张"等处理手段后，保留下来一些带有倾向性和明确性的特征。如果仅具有明确性，就会产生简单、僵硬的感受。

立体构成中单纯化是很必要的，往往贯穿始终。因为观察者的需求是单纯的，在墓体设计中尤其体现这一点，而且构造简单的形象是容易被识别、被长期记住的。单纯化原则就是尽可能地用简单的结构去认识并创造具有丰富的生命力的形态。

单纯化的立体构成构成要素少，构造简单，形象有倾向性和明确性，形状方便机械加工，成本也比较低廉。

2. 对称与均衡

对称与均衡在立体构成中是动力与重心两者矛盾统一所产生的形式，是达成安定感的一种法则。对称和均衡都是一种平衡的形式，对称是轴线两侧同形且等量的平衡，均衡是轴线两侧等量但不同形的平衡。

在立体造型作品中，把握和处理好体量的虚实、结构、色彩与其他造型要素之间的关系，是体现均衡效果的关键。

3. 对比与调和

对比与调和在立体构成中，是多元与统一的具体体现。对比是形态的差异性共存时所呈现的现象，调和是形态的差异性被调节到一个适度的状态时带给人的心理体验。

对比是指在造型中强调其差异性，即在造型中包含有相对的或矛盾的要素，使造型充满活力和动感。对比具有强调的作用。造型中可以有形的对比、色的对比、质的对比、实体和空间的对比。

调和是指造型要素在形、色、质等方面实现了统一和协调。在形态方面，有点、线、面、体之间的调和；在色彩方面，有邻近色与对比色的调和；在材质方面，有软硬、粗细、轻重的调和等。调和也有形的调和、色的调和、质的调和、实体和空间的调和。通常，通过质的调节、量的调节，介入具有转化或过渡作用的因素，可以化解双方的矛盾关系，达到调和的效果。运用调和可以使复杂凌乱的事物变成简单有序的事物。

4. 节奏与韵律

节奏是指事物有丰富的变化并且连续不断地往复发生，形成有规律的节拍。韵律是指在连续不断的节奏中，蕴含着高低起伏、抑扬顿挫、短促悠扬的变化，并赋予节奏一定的乐感或情调。

节奏与韵律是形式美法则中的重要因素。立体构成作品中，应当充分体现出节奏、韵律的和谐之美。节奏与韵律蕴含的形式美中，应包含着渐变、发射、重复、特异等形式因素，同时也应体现出虚实、疏密、聚散、松紧等构成关系。

节奏与韵律是艺术作品的生命。它在立体构成作品中是无形、无声、无实体可察的，它存在于作品的秩序形式中。

5. 变化与统一

变化是事物不断更替、不按规律发展的现象。统一是纷繁复杂的事物在区别中寻求和谐一致的大同。

把变化与统一这一矛盾对立的双方有机地融合在作品中，用丰富的变化来表现作品的多样，用统一来表现作品的完整性，包容作品变化带来的凌乱、破碎等，使变化寓于作品中，可以起到和谐的效果。

变化与统一，虽然是矛盾对立的，但是在形式美法则中双方能互相转化。两者是一个依存体，是不可分割的，尤其是在造型作品中，这两个对立的因素不断促进主题的深化。变化是相对于整体而言的，要在整体中求变化，而变化不能破坏整体，所有的变化都应统一在造型的整体形式中。

总之，对形式要素的认识与利用，在立体构成设计中具有相当重要的指导作用。形式美法则为设计者提供了审美依据和发挥想象力、创造力的空间。因此在墓体设计中，必须参照并利用形式美法则。

二、绘制墓体三视图

画法几何是研究在平面上用图形表示形体和解决空间几何问题的理论和方法的学科，是机械制图的投影理论基础。它用投影的方法研究多面正投影图、轴测图、透视图和标高投影图的绘制原理，其中多面正投影图是主要内容。画法几何的内容还包含投影变换、截交线、相贯线和展开图等。

画法几何主要有以下两方面的任务：研究在二维平面上表达三维空间形体的方法，即图示法；研究在平面上利用图形来解决空间几何问题的方法，即图解法。

（一）立体的三面投影

一般来讲，投影不具有可逆性，即不能依据投影推断出空间中物体的形态及位置，但是在工程实践中被广泛应用的物体三面投影图是具有可逆性的投影图，即可以依据投影推断出空间中物体的形态及位置。它是利用平行投影中的正投影法画出来的。

空间中的物体，一般来说有正面、侧面和顶面三个面的形状，具有长度、宽度和高度三种尺寸。为了反映物体三个面的形状，可以采用三面投影的方法。

选定三个相互垂直的平面作为投影面，其中水平放着的，叫作水平投影面，用字母 H 表示；立着的正面叫作正立投影面，用字母 V 表示；立着的侧面叫作侧立投影面，用字母 W 表示。被投影的物体放在这个投影面所组成的空间里。分别向物体的这三个投影面作正投影：在 H 面上的正投影叫作水平投影；在 V 面上的正投影叫作正面投影；在 W 面上的正投影叫作侧面投影。

当物体三个方向的平面都平行于投影面时，从它的三面投影就可以读出它的原形。水平投影反映了物体的顶面形状和长、宽两个方向的尺寸；正面投影反映了物体的正面形状和长、高两个方向的尺寸；侧面投影反映了物体的侧面形状和高、宽两个方向的尺寸。

这三个面在投影时分别画在三个相互垂直的投影面上，但实际作图时只能在一个平面上进行。因此，需要把三个投影面转化为一个平面。

按照规定，在三面投影体系上，V 面不动，H 面绕横轴向下旋转 90 度，W 面绕竖轴向右旋转 90 度，这样 H 面和 W 面就同 V 面重合在一个平面上了。

可以看出，立体的三面投影两两之间都存在着一定的关系：正面投影和侧面投影具有相同的高度，水平投影和正面投影具有相同的长度，侧面投影和水平投影具有相同的宽度。

在作图过程中，画上水平联系线，以保证正面投影和侧面投影等高；画上铅垂联系线，以保证正面投影和水平投影等长；画上 45 度联系线，以保证水平投影和侧面投影等宽。

(二) 绘制墓体三视图的具体方法

在绘制的过程中一定要遵守画法几何的相关规则，在定制的纸张幅面上完成图形绘制。绘制前必须先设计好比例尺，并计算好物体呈现在图纸上的尺寸。

此处以一个非常简易的墓体为例，讲解绘制过程。物体Ⅱ与Ⅰ中心对齐，Ⅱ与Ⅲ之间距离 155mm，Ⅳ与Ⅲ中心对齐。如图 2-29 所示。

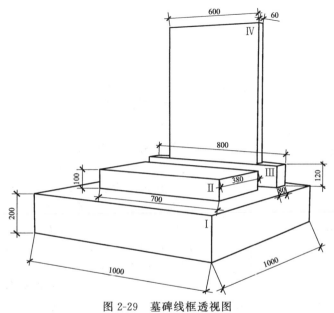

图 2-29　墓碑线框透视图

开始绘制墓体三视图之前先在图纸上完成 V，H，W 三面投影体系的绘制。首先利用辅助线将图纸均匀等分。辅助线绘制完成后得到如图 2-30 所示的效果。

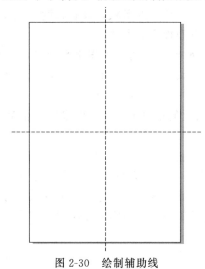

图 2-30　绘制辅助线

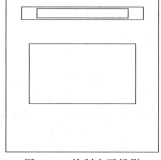

图 2-31　绘制水平投影

1. 绘制水平投影

绘制过程中每一段线条都应该按照比例尺计算后的长度进行绘制。在水平投影区域内，先绘制一个边长为 100mm 的正方形，即墓体的基座；然后再绘制一个 70mm×38mm 的矩形，即墓穴的盖板；再绘制一个 80mm×8mm 的矩形，即碑座。绘制时注意与之前绘制的基座竖直方向和水平方向的位置对应。

再绘制一个 60mm×6mm 的矩形，即碑身，与之前绘制的碑座在水平和竖直方向上均居中对齐。如图 2-31 所示。

此时水平投影绘制完成。若墓体有栏板、柱子等装饰物，绘制方法基本一样，也是绘制出投影形状后，再使用对齐与分布工具、微调工具将其摆放在适当的位置。

2. 绘制正面投影

画法几何的三个投影面是存在着必然联系的，因此绘制正面投影时，需要先用辅助线将物体的边界线标记出来。如图 2-32 所示。

在正面投影区域，在与基座边缘重合的两条辅助线内绘制一矩形，高为 20mm，这就是基座的正面投影。在与碑座边缘重合的两条辅助线内绘制一矩形，高为 12mm，这是碑座的正面投影。碑座的下边缘与基座的上边缘重合。

在与盖板边缘重合的两条辅助线内绘制一矩形，高为 10mm，这是盖板的正面投影。盖

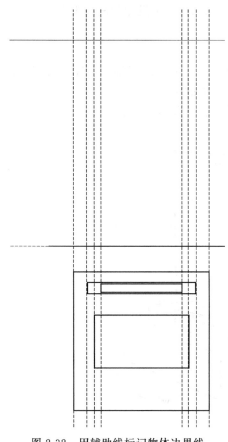

图 2-32　用辅助线标记物体边界线

板的下边缘与碑座的下边缘重合。在与碑身边缘重合的两条辅助线内绘制一矩形，高为75mm，这是碑身的正面投影。碑身的下边缘与碑座的上边缘重合。如图2-33所示。

3. 绘制侧面投影

在绘制完成水平投影和正面投影之后，侧面投影可以不按照上面描述的过程绘制，只需要利用辅助线的相交，即可完成绘制。但是必须注意辅助线的准确性以及辅助线交点的准确性。过程不再赘述，如图2-34所示。

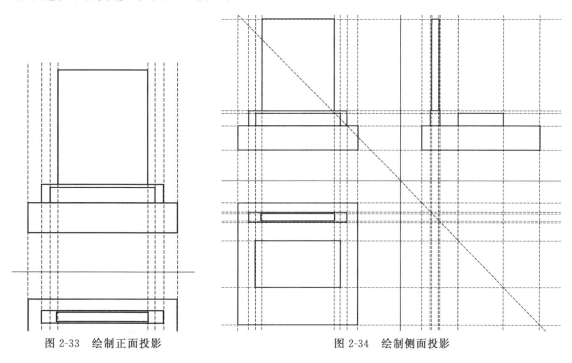

图 2-33　绘制正面投影　　　　　图 2-34　绘制侧面投影

三、墓碑材料的选择

墓地艺术是通过建墓材料来直观表现的，因此建墓材料对墓体设计与制造的质量，乃至墓体的整体艺术风格都是至关重要的。

建墓材料是指建墓施工中所应用的材料，通常分三大类：一是矿物材料，包括天然石材、烧土制品、无机胶凝材料（石灰、水泥等）、混凝土及砂浆等；二是有机材料，包括沥青、高分子材料等；三是金属材料。

（一）石材基础知识

1. 常用墓体石材种类

石材在地质学上叫岩石，在花纹、线条、硬度等许多方面均有其独特的装饰性。墓石制作首先要根据设计的要求来选择石材，同时也需要了解和把握石材的内在品质。

现今常用的天然石材种类分为三大类：火成岩、沉积岩和变质岩。

火成岩是岩浆侵入地壳或喷出地表后冷却凝固所形成的岩石，如微结晶体的玄武岩、粗结晶体的花岗岩，主要的火成岩有辉长岩、闪长岩、花岗岩、流纹岩等。

沉积岩是由原生的岩石经过侵蚀、分解形成碎屑再被冲进海底、湖床，和其他物质一层一层堆积在高压下形成的岩石,主要的沉积岩包括砂岩、石灰岩、砾岩等。

变质岩原本就是岩石,因长期深埋于地下深处,受到高热、高压、岩浆活动等作用改变了结晶的排列、形状而形成新的岩石。如板岩原本是由黏土质等沉积岩变质而成,石英岩是砂岩经变质作用形成的,大理岩则是重新组成的石灰岩,主要的变质岩有大理岩、千枚岩、石英岩等。

岩石是矿物的集合体,矿物是地壳中具有固定化学成分的化合物经过各种地质作用所形成的相对稳定的自然产物,岩石性质是组成该岩石的矿物性质的综合表现。矿物中绝大部分都是结晶质和化合物,有其比较固定的化学成分和内部结构,如方解石是 $CaCO_3$、石英是 SiO_2、白云石是 $CaMg(CO_3)_2$、钙长石是 $Ca(Al_2Si_2O_8)$、钾长石是 $K(AlSi_3O_8)$ 等。

常用的墓石包括大理石和花岗石。

2. 大理石和花岗石的性能

石材性能的测试绝大部分属于物理性质方面的内容,如颜色、光泽、硬度、弯曲强度、抗剪强度、耐磨强度、体积密度、导电性、吸水性、放射性等。这些性质实际上是由组成岩石的矿物性质决定的。大理石和花岗石之所以能够用作墓石,很大程度是由其优异的物理性能决定的。它们具体的物理性能对比如表 2-1 所示。

表 2-1 大理石、花岗石物理性能对比表

类别	大理石	花岗石
化学成分	方解石 $CaCO_3$、白云石 $CaMg(CO_3)_2$	石英 SiO_2、钙长石 $Ca(Al_2Si_2O_8)$、钾长石 $K(AlSi_3O_8)$
莫氏硬度	3~4	6~7
体积密度/(g/cm³)	2.7~2.8(2.6 以上)	2.56~3(2.5 以上)
变色性	易变色	不易变色
耐风化程度	易风化	不易风化
吸水率/%	≤0.75(≤0.5)	≤0.75(≤0.6)
干燥压缩强度/MPa	≥20(≥50)	≥60(≥100)
弯曲强度/MPa	≥7.0	≥8.0
放射性	不作要求	不作要求
使用寿命/年	50~80	170~200

注:括号内为国家建材行业标准要求。

大理石是大理岩的俗称,分纯白或杂色,它是石灰岩经过地壳内高温、高压作用形成的碳酸盐岩或镁制碳酸盐岩以及有关的变质岩,主要矿物为方解石和白云石,属于中硬石材。由于方解石和白云石都容易与空气中的二氧化碳作用生成石膏,或是与水作用形成碳酸氢钙,经过这些变化,原来经过抛光的大理石的晶体磨光面将不复存在。

大理石的品种有汉白玉、雪花白、黑云石等。大理石的优点为色泽艳丽、美观典雅。大理石的缺点为不耐酸碱、易老化,在空气中易受二氧化碳、硫化物及酸雨的侵蚀而造成气化和溶蚀,其表面在一到两年内就会失去光泽。更为严重的是,经过日晒雨淋,石材的表面会产生裂纹。用几滴稀盐酸滴在其表面,可见到气泡。所以,除了汉白玉等个别品种外,大理石一般不用于室外的墓碑工程。

花岗石是花岗岩的俗称,属于深层火成岩,是岩浆岩和以硅酸盐矿物为主的岩石,其主要矿物组成为石英、斜长石和钾长石,一般为深颜色。花岗石是火成岩中分布最广的岩石,其岩质坚硬密实,耐酸碱、耐老化,表面不易气化和变质。因其耐腐蚀的特性,磨光后的外

观、色泽可以保持几十年不变。建墓用的花岗石是由天然花岗石荒料经锯切、研磨、抛光及切割而成的。

花岗石的优点为结构致密、抗压强度高；材质坚硬，耐磨性很强；孔隙度小，吸水率低，耐冻性强；化学稳定性好，抗风化能力强；耐腐蚀性和耐久性强。经磨光处理的花岗石板质感坚实，晶格花纹细致、色彩斑斓，有华丽高贵的装饰效果。花岗石的缺点为自重大，会增加建筑物或者墓体的质量；硬度大，给开采和加工造成困难；质脆，耐火性差。

不过，人们更看重花岗石色调鲜明、庄重大方的特点而常把它用在建墓工程中。尤其是经过研磨抛光的花岗石（即镜面花岗石），在墓体装饰中更给人以肃穆和庄重之感。

花岗石的品种可分为国产和进口两大类。国产花岗石主要有福建白、四川红、浙江青、山西黑、中国红等品种。比较常用的有山西黑、浙江青、福建白等。进口花岗石主要有印度红、巴西红、印度黑金等品种。比较常用的有印度红等。

（二）墓体石材质量鉴别

1. 大理石和花岗石的工业技术要求

建材行业标准《天然大理石荒料》（JC/T 202—2011）对天然大理石荒料的具体要求如下。

① 荒料必须具有直角平行六面体的形状。

② 荒料的规格尺寸要求：长度≥100cm，宽度≥50cm，高度≥40cm。

③ 外观质量要求：同一批荒料的色调、花纹应基本一致；荒料的缺角、缺棱、裂纹等外观质量等级应符合规定。

④ 物理性能要求：体积密度≥2.60g/cm³；吸水率≤0.75%；干燥压缩强度≥20.0MPa；弯曲强度≥7.0MPa。

对工艺雕刻用大理石质量要求如下。

要求大理石结构致密，颗粒均匀不易脱落，无裂隙，无包裹体，颜色、花纹、块度、形状符合造型要求，一般要求大于0.15m³。如用于室外，不需岩面新鲜，但要求抗风化性好，吸水率低。

建材行业标准《天然花岗石荒料》（JC/T 204—2011）对天然花岗石荒料的具体要求如下。

① 荒料必须具有直角平行六面体的形状。荒料的大面应与石材的花纹或劈理方向平行。

② 荒料的规格尺寸要求：长度≥65cm，宽度≥40cm，高度≥70cm。

③ 外观质量要求：同一批荒料的色调、花纹、颗粒结构应基本一致；缺角、缺棱、裂纹、色线、色斑的质量要求应符合规定。

④ 物理性能要求：密度≥2.50g/cm³；吸水率≤1.0%；干燥压缩强度≥60.0MPa；弯曲强度≥8.0MPa。

2. 评定石材质量的方法

（1）大理石板材的质量评定方法。具体有以下几种。

判定花纹色调。在光线充足的条件下，将已选好的板材和同一批其他要选购的大理石板材同时平放在地上，站在距离它们1.5m处仔细目测。要求同一批大理石板材的花纹色调应基本一致。

检查表面缺陷。在光线充足的条件下，将板材平放在地面上，站在距离大理石板材1m处观察看不见缺陷视为没有缺陷；站在距板材1m处可见而在1.5m处不明显可见的缺陷视为无明显缺陷；站在距板材1.5m处明显可见的缺陷视为有缺陷。具体观察的缺陷有：板材翘曲；板材表面上有无裂纹、砂眼、异色斑点、污点；凹陷现象。

查看标记。大理石板材的标记顺序为：名称、类别、规格尺寸、等级、标准编号。大理石板材命名顺序为：荒料产地地名、花纹色调特征名称、大理石。大理石板材按矿物组成分为：方解石大理石（代号为 FL）、白云石大理石（代号为 BL），蛇纹石大理石（代号为 SL）。按形状分为：毛光板（代号为 MG），普型板（代号为 PX），圆弧板（代号为 HM），异型板（代号为 YX）。按表面加工分为：镜面板（代号为 JM），粗面板（代号为 CM）。大理石板材有三个等级：优等品（代号为 A），一等品（代号为 B）和合格品（代号为 C）。等级划分依据是板材的规格尺寸允许偏差、平面度允许极限公差、角度允许极限公差、外观质量和镜面光泽度。

例如，用房山汉白玉大理石荒料加工的 600mm×600mm×20mm 普型、A 级、镜面板材的标记为：房山汉白玉大理石（或 M1101）BL PX JM 600×600×20 A CB/T 19766—2016。大理石板材在出厂时应注明：生产厂名、商标、标记。通过查看标记，可以对板材的总体外观、质量有所了解。

（2）汉白玉石材的质量评定方法。因墓体中使用的大理石基本上都是汉白玉，在此单独介绍汉白玉的质量评定方法。

首先，汉白玉石质的好坏主要在于它的密度和二氧化硅纯度。

其次，质量好的汉白玉几乎不透明，通体晶莹纯洁，色白，内含闪光晶体，熠熠生辉。

最后，质量好的汉白玉表面光洁度高、石质细密、色泽美观、棱角整齐，表面没有隐伤、风化、腐蚀等缺陷。

（3）花岗石石材的质量评定方法。评定方法具体分为以下几种。

色线、色斑的鉴别。花岗石石材中的色线、色斑是岩石在形成过程中或在后期作用过程中，由于某些矿物的局部富集或被其他矿物包裹而形成的，在花岗石石材中表现为条带状或结核状。色线、色斑除在极少的情况下可以构成某些特殊的图案而被人们所利用外，在石材中因为其与石材的花色不同而形成缺陷。如果在装饰中使用带色线、色斑的石材，会严重影响装饰效果，同时由于色线、色斑的两侧或周围形成应力集中的区域，石材在这些地方容易产生裂纹和破碎，或根本无法产生光面而凹凸不平。所以在石材的质量评价中，色线、色斑是需要先评定的，而且也是最容易根据以上特征鉴别的。

花岗石石材的分级。花岗石石材的荒料分别取自岩体的不同位置，在岩体不同位置的岩石由于所经受的各种地质作用的强弱不同，在成岩后发生的作用也各不相同。一般来讲，同一种花岗石石材根据石材荒料长度、宽度、高度的级差及外观质量可分为若干个等级。相同品种的花岗石的不同等级之间，石材的质量和价格相差非常悬殊，所以石材的分级在石材选购中十分重要。区别不同等级的石材最有效的方法是比较，单独观察同一等级的石材很难看出优劣来，但是把不同等级的石材放到一起就很容易区分出孰优孰劣。应当选购材质较新鲜、颜色较鲜艳、结构较致密的石材。

磨抛质量的评价。饰面石材的光泽度是评价石材的一个重要标准。光泽度的高低一方面取决于组成岩石的各种矿物的折射率的大小，另一方面与石材表面的微观结构密切相关。同一种花岗石石材其矿物组成是一定的，表面越光滑，凹凸缺陷越少，石材的光泽度就越高。石材表面的微观结构是由磨抛加工的质量决定的，所以在选购花岗石石材时，对石材磨抛质量的辨别至关重要。那些无规则的细小的凹坑可能是由石材组成矿物自身的一些缺陷造成的，可以不去考虑，而如果在石材的表面发现一些有规律的条痕，则是加工质量较差造成的，选购时应尽量避免这样的石材。

石材表面打蜡的鉴别。一些小型的加工厂，既想节省成本，又要使自己的石材达到高光泽度，于是一方面减少石材的磨抛加工工序，缩短加工时间；另一方面在石材抛光加工结束后在石材的表面打上薄薄的一层石蜡，这样就可以把石材表面的一些凹坑和条痕等覆盖，增加了石材表面的光洁度，从而提高石材的光泽度。然而这种经过打蜡的石材在使用中很快就会露出加工粗糙的原貌，影响其装饰效果。那么如何辨别这种经过打蜡的花岗石石材呢？一种方法是通过手摸，打过蜡的石材表面有一种油腻感；另一种方法是点燃一根火柴放在石材表面烘烤，打蜡的石材表面会有小滴的液状石蜡出现。

染色石材的分辨。在饰面石材中，石材的花色是决定品质的一个重要方面。目前在市场上经常可以看到经过染色的石材，而且有的技术几乎能达到以假乱真的程度。分辨这种染色石材的方法主要是仔细观察，由于花岗石石材多是由几种矿物构成的，矿物与矿物之间往往有明显的缝隙，在这种缝隙中很容易造成颜料的富集，如果在矿物之间发现了这种富集的颜料，那必是染色的石材。石材板材的侧面一般为白色，而经过染色的花岗石石材的侧面多呈现所用颜料的颜色。另外，染色石材的颜色总显得不太自然，给人矫揉造作的感觉。

3. 成品饰面石材的鉴别

加工好的成品饰面石材，其质量好坏可以从以下四方面简单地进行初步鉴别。

一观，即肉眼观察石材的表面结构。一般来说结构均匀的石材具有细腻的质感，为石材之佳品。粗粒及不等粒结构的石材其外观效果较差，力学性能也不均匀，质量稍差。另外天然石材中由于地质作用的影响，常在其中产生一些细脉和微裂隙，注意检查有无裂纹（裂纹小于2cm不计），有无色线、色斑（也称色胆），有无色差及晶洞。

二量，即量石材的规格尺寸。以免影响拼接或造成拼接后的图案、花纹、线条变形，影响装饰效果。

三听，即听石材的敲击声音。一般而言，质量好的、内部致密均匀且无显微裂隙的石材，其敲击声清脆悦耳；相反若石材内部存在显微裂隙或细脉，或因风化导致颗粒间接触变松，则敲击声粗哑。

四试，即用简单的试验方法来检验石材的质量好坏。通常在石材的背面滴上一小滴墨水，如墨水很快四处分散浸入，即表示石材内部颗粒较松或存在显微裂隙，石材质量不好；反之则说明石材致密，质量好。

另外，在制作一套墓体的过程中，运用某一种石材要考虑同一块石料或同一批石料。这样就会避免因为荒料和半成品板材不是出自同一个矿区，而造成石材花纹和色调出现很大差异的情况，否则做出的墓体在外观上就存在质量问题。

 ## 四、验收与安装墓碑

(一) 墓碑石构件安装方法

墓体附属构件多为石质，因而要严格按照石构件工艺要求进行。

1. 石构件的安装程序

石构件的检查、弹线→石构件的连接→校正→固定。

2. 石构件的安装要领

（1）构件检查。石构件在连接前要先进行构件检查，检查内容包括：石构件外观质量的检查，连接部位的检查，石构件强度的检查。

（2）弹线准确。弹线完毕要进行反复校核，所有石构件均应按线安装。

（3）铺灰均匀。由于石构件不易拆卸，当灰浆厚薄不合适时不易调整。可先将石构件垫好，再从侧面将灰浆灌入。

(4) 安放平稳。石构件在安放时，要按线找平、找正、垫稳。

(5) 灌浆饱满。灌浆时要注意确保灌浆饱满，以达到固定的目的。

(6) 灌浆的清洗。4小时后，将灌浆污染的部位清洗干净。

(7) 构件找平。安装完毕后，局部如有凸起不平，可进行凿打或斧剁，将石构件表面找平。

3. 安装墓体附属构件的注意事项

安装墓体附属构件容易出现的问题：弹线不准确，灌浆不密实，石构件表面不平整，石构件各部位连接不牢固。

安装时应严格按照施工操作规范施工，防止出现一些不安全因素（如砸伤等），注意安全，文明施工，确保客户满意。

（二）墓碑石材规格尺寸验收方法

1. 砌筑用石材规格尺寸的验收方法

（1）规格尺寸。用刻度值为1mm的钢卷尺测量石材长、宽、高方向的最大尺寸和最小尺寸。分别用最大尺寸和最小尺寸的差值来表示长度、宽度、高度的尺寸极差。读数准确至1cm。

（2）平面度。将直线度公差为0.1mm、长度1m的钢平尺放在被检平面上，用钢卷尺量尺面与平面的最大间隙。用各面中最大的测量值来表示石材的平面度极限公差。读数准确至1cm。

（3）角度。用垂直度公差为0.13mm，内角边长为450mm×400mm的90度角尺测量石材相邻面的夹角。取石材较平整的一个面为基准面，将角尺一边紧靠基准面，用钢卷尺测量角尺另一边与被测各面间的夹角间隙。当被检角大于90度时测量点在角尺根部；当被检角小于90度时，测量点在距根部400mm处。以各夹角中最大的测量值来表示石材的角度极限公差。读数准确至1cm。

2. 墓体地上部分石材规格尺寸的验收方法

（1）规格尺寸。用刻度值为1mm的钢直尺测量石材的长度和宽度；用读数值为0.1mm的游标卡尺测量石材的厚度。长度、宽度分别测量三条直线，厚度测量四条边的四个中点。分别用差的最大值和最小值来表示长度、宽度、厚度的尺寸偏差。用同块石材上厚度偏差的最大值和最小值之间的差值表示石材上的厚度极差。读数准确至0.2mm。

（2）平面度。将直线度公差为0.1mm的钢平尺贴放在被检平面的两条对角线上，用塞尺测量尺面与石材平面间的间隙。当被检面对角线长度大于1m时，用长度为1m的钢平尺沿对角线分段检测。以最大间隙的塞尺片读数表示板材的平面度极限公差。读数准确至0.05mm。

（3）角度。用内角边长为450mm×400mm、垂直度公差为0.13mm的90度角尺，将角尺长边紧贴石材的长边，短边紧靠石材短边，用塞尺测量石材与角尺短边之间的间隙。当被检角大于90度时，测量点在距根部400mm处。当角尺长边大于石材长边时，用上述方法测量石材的两对角；当角尺的长边小于石材长边时，用上述方法测量石材观赏面的四个角。以最大间隙的塞尺片读数表示石材的角度极限公差，读数准确至0.05mm。

3. 墓碑石的形位尺寸验收方法

（1）轮廓度。轮廓度是指加工轮廓与图样的吻合性。将造型对称件放在同一水平台面上拼合组装，用塞尺测每个造型轮廓与样板靠模之间的最大间隙。

(2) 平面度。将平面度公差为 0.1mm 的钢平尺自然贴放在被检平面的两条对角线上，用塞尺测量尺面与被检面的间隙，钢平尺的长度应大于被检面对角线的长度。当被检面对角线长度大于 1000mm 时，用长度为 1000mm 的钢平尺沿对角线分段检测。以最大间隙的测量值表示工件的平面度公差。测量值精确至 0.05mm。

(3) 直角度。用垂直度公差为 0.13mm、内角边长为 500mm×400mm 以上的钢直角尺，将角尺短边紧靠被测面的短边，长边紧靠被测面的长边，用塞尺测量工件与角尺长边之间的最大间隙。当工件的长边小于或等于 500mm 时，测量工件的任一对对角；当工件的长边大于 500mm 时，测量工件的四个角。测量值精确至 0.05mm。

(4) 倒角。用游标卡尺测量倒角面的宽度，测量值精确至 0.02mm。

(5) 外形尺寸。用游标卡尺或能满足精度要求的测量器具测量工件的长度、宽度和高（厚）度。长度、宽度，分别在板材的三个不同部位测量，高（厚）度，测量四条边的中点。分别用偏差的最大值和最小值表示长度、宽度、高（厚）度的尺寸偏差。测量值精确至 0.1mm。

（三）墓碑石材质量验收标准

由于大理石类石材存在一定的缺陷，所以花岗石类石材成为建墓材料的上乘品，多数墓地管理单位也积极迎合客户的消费心理，逐渐减少大理石石材在墓地中的应用，而更多地选用花岗石石材。因而国家发展和改革委员会制定了《天然花岗石墓碑石》（JC/T 972—2005）建材行业标准，墓地管理员可根据此标准进行有关墓碑石的质量验收，也可据此处理有关因石材质量问题而引起的客户纠纷。

1. 石材质量

花岗石墓碑石的石材质量主要包括以下内容。

锈斑：指石材表面存在的黄褐色斑迹。

色差：色调、花纹的差异。

2. 加工质量

花岗石墓碑石的加工质量主要包括以下内容。

烧痕：加工过程中湿度超过临界点所出现的表面烧伤。

划痕：抛光面上存在的划伤的痕迹。

磨痕：抛光面上存在的磨削痕迹。

水波纹：因加工质量问题而在抛光上形成的一种波浪纹缺陷。

轮廓度：加工轮廓与图样轮廓的吻合性。

3. 理化性能

花岗石墓碑石的理化性能主要包括以下内容。

风化：由于长期的风吹日晒、雨水冲刷、生物破坏等作用，天然石材受到的破坏或发生的变化。

抗风化性：天然石材具备承受风化作用的能力。

抗冻系数：冻融循环后压缩强度值与水饱和状态下压缩强度值的百分比。

（四）建墓石材质量验收方法

1. 建墓石材质量验收要求

验收项目应包括石材质量、加工质量、形位尺寸极限偏差等。

同一品种、类别、等级的墓碑石为一批，有不符合规定的，可以更换工件后进行重新组合。墓碑石的验收为全数检验。单套墓碑石的所有检验结果均符合技术要求中相应等级时，则判定该套产品符合该等级，否则按最低等级判断。

2. 砌筑用石材的外观质量验收方法

对色调、花纹、风化情况、硬质矿物进行目测检验。用钢卷尺测量缺角、缺棱处的长度、宽度和深度。裂纹用目测、水浇法（观察水渗透情况）或锤击法，必要时将荒料支空听其声音来确定裂纹是否存在。用钢卷尺测量裂纹顺延方向的长度。用卷尺测量色线的长度及色斑的面积。

3. 墓体地上部分石材的外观质量验收方法

（1）缺陷。将板材平放在地面上，距板材 1.5m 处明显可见的缺陷被视为有缺陷；距板材 1.5m 处不明显但在 1m 处可见的缺陷被视为无明显缺陷；距板材 1m 处看不见的缺陷被视为无缺陷。将平尺紧靠有缺陷的部分，用刻度值为 1mm 的钢直尺测量缺陷的长度、宽度，坑窝在距离 1.5m 处目测。

（2）缺棱掉角。用刻度值为 0.5mm 的钢直尺测量其长度和宽度。

（3）花纹、色调。将选定的协议板材与被检板材同时平放在地上，在距 1.5m 处目测。

【知识拓展】

各种艺术创造中呈现的所谓"美"，不论通过何种表现形式和表现方法，其内容都有相通的一面，也就是说，美的内核即精神是共同的，但因各有其特异的审美追求而别具风采。正是这种特异的审美追求使艺术园地愈来愈绚丽多彩，也使人们的艺术体验和享受愈来愈多样、愈来愈丰富。

碑文是对逝者生平的一个记录。好的碑文除了在视觉上给人一种美的享受外，更重要的是减轻客户失去亲人的痛苦，记录逝者的生平事迹，反映亲人对逝者的无限思念，更为后人留下宝贵的精神财富。现在的碑文是从墓志铭中逐渐演变、发展来的。

墓志铭是古代文体的一种，通常分为两部分：第一部分是序文，记叙逝者世系、名字、爵位及生平事迹等称为"志"；后一部分是"铭"，多用韵文，表示对逝者的悼念和赞颂。墓志是存放于墓中载有传记的石刻；铭文是记载、镂刻在石碑、金属板等器物上的文字，或以称功德，或引申借鉴，逐渐演变成独立的文体。也有只有志或只有铭的情况。墓志铭可以是自己生前写的，也可以是别人写的，主要是对逝者一生的评价。

发展至今，墓志铭已经几近消亡，即使存在关于生平记述的文字，也并不存放于墓中，而是刻于碑身背面或其他位置；铭文也很少见到，而且格式也变得不再严谨，更多的是以一些纪念性的词句镌刻在墓碑上，表达对亲人的思念之情或情感寄托。这些纪念性的词句可以认为是碑铭发展和变化的产物（图 2-35）。

碑铭在写作上的要求是叙事概括，语言温和，文字简约。撰写碑铭，有两大要点不可忽视，一是概括性，二是独创性。

图 2-35　某墓碑上的墓志铭

碑铭最好由逝者家属提供，因受墓碑空间的限制，篇幅不能冗长，应使用简洁明了、概括力强的短语，不一定是一个完整的句子，也可以是字、词、成语等。内容可以是逝者对人生与社会的体验，可以是逝者临终前对儿孙们的教诲，可以是儿女们对故去父母的追忆，也可以是继往开来、子承父业的决心，等等。

某鲜姓老人的碑铭："参加过二万五千里长征，爬过雪山，走过草地，为创建新中国流过血，淌过汗。这就够了。一生无憾。"十分朴实的字眼讲述了老人跌宕的经历和充实的一生，表达了老人乐观豁达的人生观。

某黄姓老人的碑铭："示儿：为善最乐，为恶难逃。——母留"。老人留给儿孙后辈的"警世恒言"，字字珠玑。

碑铭可以说是留给后人最宝贵的财富，寄托了亲人真挚的情感，但是很多丧家在进行碑文设计时，过分追求传统墓碑的样式，一定要在墓碑上写满"故显考妣""生卒年月""亲属姓名"，却忘记了传统丧葬文化中最重要的碑铭。这种本末倒置的做法，影响了殡葬文化的传承和发展。

思考题

1. 如何认识墓地与环境之间的关系？
2. 如何理解墓地与文化之间的关系？
3. 公墓工程设计包括哪些步骤和具体内容？
4. 谈谈如何在实际工作中运用墓地的设计理念。

第三章 公墓商品营销

学习目标

1. 知识目标
 - 了解公墓市场的特征。
 - 了解公墓市场调查及预测的方法。
 - 了解公墓商品的营销策略。
2. 技能目标
 - 能正确进行公墓市场调查和预测。
 - 能正确运用营销策略进行公墓商品销售。
3. 素质目标
 - 树立科学的殡葬服务理念。
 - 具备爱岗敬业、诚实守信的职业素养。

第一节 市场营销的概念

一、市场营销的基本概念

市场营销是企业以顾客的需要为出发点，综合运用各种战略和策略，把商品和服务整体销售给顾客，尽可能满足顾客的各种需求，并最终实现企业自身目标的经营活动。

从以上含义可以清楚地看到市场营销的三个要点。

一是出发点：顾客需要。

二是方式和手段：运用各种营销战略与策略。

三是最终目标：满足顾客需求和实现企业自身目标。

二、市场营销的核心概念

市场营销涉及其出发点，即满足顾客需求；还涉及以何种产品来满足顾客需求，如何才能满足顾客需求，即通过交换方式，产品在何时、何处交换，由谁来实现产品与顾客的连接。可见，市场营销的核心概念应当包括：人类需求及相关的欲望和需要；产品及相关的效用和价值；交换及相关的交易和关系；市场、市场营销及市场营销者。

三、市场营销的新发展

（一）直复营销

直复营销是一种互动的营销系统。它使用一种或多种广告媒体，以实现在任何地方都有可衡量的回应并达成交易的目的。它是一种相互作用的市场营销系统，其基本精神是"广告信息的双向交流"，通过双向交流，将营销者与目标顾客连成一个有机整体，使二者相互作用，提高营销效率。它为每个顾客提供向营销者回复和反映信息的工具，如免费电话、免费传真、贴好邮票的信封、购物优惠券等，为目标顾客及其信息反馈提供方便。

（二）关系营销

关系营销是把企业的营销活动看成是企业与顾客、供应商、分销商、竞争者、政府机构及其他公众发生互动的过程，企业营销活动的核心是建立并发展与这些组织和个人的良好关系。无论在哪一个市场（包括全球市场）上，关系无处不在，有的甚至成为企业市场营销活动成功的关键，因此关系营销日益受到普遍的关注和重视。

（三）文化营销

文化营销旨在赋予商品和企业更浓厚的文化内涵，以满足顾客对商品的文化价值需求的营销方式。文化营销包括三个层次：产品文化营销、品牌文化营销和企业文化营销。文化营销的核心就在于，把顾客所接受的价值信条作为立业之本，从而促进顾客对整个企业和其产品的认同。文化营销是有意识地构建核心价值概念的营销活动。越来越多的顾客逐渐在消费行为中追求文化价值取向，因此企业必须增加营销的文化价值内涵，以便与顾客形成共鸣，达到促销的目的。

（四）整合营销

整合营销是一种通过对各种营销工具和手段的系统化结合，根据环境进行及时性的动态修正，以使交换双方在交互中实现价值增值的营销理论和营销方法。它突破了传统营销理念的框架，要求公司的所有活动都必须整合和协调起来，为发挥工作动力和团队精神奠定基础，使公司沿着计划的道路向目标前进。

（五）绿色营销

绿色营销是指个体或企业在顾客利益、环保利益和自身利益有机统一的基础上，制造和发现市场机遇，采取相应的市场营销方式以满足顾客需求，并从中获得利益和发展的过程。绿色营销具有全球性，已成为21世纪营销的主流之一。

（六）网络营销

网络营销是企业整体营销战略的一个组成部分，是为实现企业总体经营目标所进行的以互联网为基本手段来营造网上经营环境的各种活动。网络营销的职能包括网站推广、网络品牌、信息发布、在线调研、顾客关系、顾客服务、销售渠道、销售促进八个方面。

第二节 公墓市场

公墓市场是社会经济发展和殡葬改革的产物，也是公墓经营者和墓葬消费者之间的桥梁和纽带。分析公墓市场的特点，明确公墓市场的作用，对公墓市场进行调查和预测，是做好公墓经营的有效措施。

一、公墓市场的特征

公墓市场是公墓供求交换的场所,也是公墓经营者的竞争场所。它是公墓商品生产和再生产得以顺利进行的必要条件,公墓经营者通过公墓市场的活动,可以了解公墓市场的信息,做好公墓经营。公墓市场与一般商品市场相比,具有以下特点。

(一) 公墓市场三要素的有机结合

人们对公墓商品的需求、公墓商品购买意向、公墓商品购买能力是构成公墓市场的三要素,它们相互联系、相互作用、相互制约,共同构成公墓市场的有机整体。公墓市场的形成和发展取决于这三要素的有机结合和整体发展。

(二) 公墓市场需求的综合性

公墓市场需求的综合性表现在墓葬消费者的需求本身就是一种综合的需求。随着人们生活水平和文明程度的不断提高,墓葬消费者对公墓物质商品的需求不断变化的同时,也对公墓所提供的精神商品提出了更高的要求。

1. 消费者的基本需求

殡葬是人类文明的产物,其存在的目的在于保证人类正常的生存活动。可以说,人类的殡葬需求与人类的衣、食、住、行等基本需求是一致的。

2. 消费者的社会需求

公墓是人们进行殡葬活动的公共场所。人们在殡葬活动过程中,可以与亲朋好友交流感情,同时也希望得到社会的尊重。这些需求的社会属性为公墓经营者提供了新的服务范围和服务项目。

3. 消费者的精神需求

人类殡葬活动是精神的物化,即通过有形的殡葬活动,体现出对逝者的怀念,表达人们传统的伦理、道德、孝道等观念。

(三) 公墓市场产销的直接性

公墓商品的消费,往往是墓葬消费者从生产者(或提供服务者)手中直接获得,并且在特定的地点直接消费。这些商品包括有形的实体商品,如公墓墓穴、墓碑、殡葬活动环境等,也包括无形商品,如公墓经营者提供的高雅文化氛围、温情服务等。

 ## 二、公墓市场的调查和预测

(一) 公墓市场调查

公墓市场调查是指运用科学方法,有目的地、系统地对公墓市场供求两个方面的各种资料和发展趋势进行搜集、整理、分析和研究的过程。其为公墓生产经营决策提供了可靠的依据。

1. 公墓市场调查的内容

一是墓葬消费者需求的调查:包括消费者心理、消费者购买力、消费者购买行为、消费者需求的变化、引起需求变化的客观因素等。二是公墓市场经营条件的调查：包括公墓市场自然资源、经济资源、技术资源等。三是公墓市场商品的调查：包括消费者对商品的评价、意见和要求，以及对商品价格的反应、适应程度等。四是公墓市场整体环境的调查：包括自然的、政治的、经济的、文化的环境现状和趋势。

2. 公墓市场调查的方法

（1）观察法。观察法又称实地观察法，是观察者根据研究目的，有组织、有计划地运用自身的感觉器官或借助科学的观察工具，直接搜集当时正在发生、处于自然状态下的市场现象有关资料的方法。该方法具有直观、可靠、适用性强、简便、灵活等优点，但观察活动必须在市场现象发生的现场，观察易受时空限制，调查时间较长且耗资较大。

（2）询问法。将已拟好的调查事项，以询问的方式来搜集资料，以当面或书面等方式询问被调查者，以便获得所需的资料和信息。面访调查是调查人员直接向被调查者进行口头提问，并当场记录答案的一种面对面的调查。入户调查是指调查人员直接深入到事先抽中的家庭或用适当的方法选定的居民户，再依据问卷或调查提纲进行面对面的调查。个别采访是指调查人员就某一个专门的问题，有目的地选择一些在这方面有特殊经历或特殊经验的人进行访问，以获取比较详尽和丰富的资料。

（3）文案调查法。又称间接调查法，是市场调查人员利用企业内部和外部、过去和现在的各种信息、情报资料，对调查内容进行分析研究的一种调查方法。其优点是不受时间和空间的限制，不受调查人员和被调查者主观因素的干扰，花费的时间、费用较少。但存在时效性差、缺乏一致性、利用率较低等局限性。

（4）实验法。是指在既定条件下，通过实验对比，对市场现象中某些变量之间的因果关系及其发展变化过程加以观察和分析的一种调查方法。实验法的特点是通过实地实验调查取得的资料客观、实用，排除了人们主观估计所产生的偏差；调查人员可以针对调查事项的需要进行合理的实验设计，有效地控制实验环境，有意识地使调查对象在相同条件下重复出现，反复进行实验，使调查的结果更为精确；调查人员可以主动地引起国际市场因素的变化，并通过控制其变化来研究该因素对国际市场产生的影响，而不是被动、消极地等待某种现象的发生，这是其他调查方法无法做到的。

此外还有网络调查法、小组座谈法、专家咨询法等。

（二）公墓市场预测

公墓市场预测的主要目的是，了解对未来的经营活动与决策有重要意义的各种不确定因素和未知事件，为决策提供可靠的依据。

1. 公墓市场预测的基本程序

（1）分析过去的资料并作出预测。收集整理过去几年的资料时，要分析、辨别不同因素引起的变化，把它们区分出来。一是趋势的变化，即随时间推移而发生的增减变化，在短期内可以假定这种趋势呈直线。二是季节性变化，即每 12 个月重复一遍的循环方式。三是随机的变化，即用趋势和季节性变化不能解释的其他变化。然后用预测方法作出估量。

（2）计算预测误差。将每次预测应与实际结果进行比较，便能从中得到误差的大小。如果认为预测的准确度不足，就要改变预测方法及数学模型。即使已知的一种预测方法能得到所需要的准确度，仍要不断检查预测的误差。

（3）充分考虑外加因素。上述预测是以过去资料的数学模型在未来继续存在为前提而确定的。实际预测应考虑其他可能发生的因素，如重大政策的改变、公墓的布局调控、多种成分的公墓机构的发展等。

2. 公墓市场预测的方法

（1）定性预测。定性预测是指不依托数学模型的预测方法。这种方法在社会经济生活中有广泛的应用，特别是在预测对象的影响因素难以分清主次，或其主要因素难以用数学表达式模拟时，预测者可以凭借自己的业务知识、经验和综合分析能力，通过对有关资料进行分析和研究来判断未来市场的发展趋势和状态。定性预测方法适用于预测对象受不可控因素影响较大，而又缺乏详细可靠的统计数据的情况下所进行的预测。定性预测的主要方法有指标法、专家预测法、销售人员意见综合法和消费者购买意向调查法等。

（2）定量预测。定量预测是根据市场调查取得的数据资料和经济信息，运用统计方法和数学模型，对市场未来发展的规模、水平、速度和比例关系进行测定。定量预测主要包括时间序列预测和回归预测两大类。

时间序列预测方法是收集与整理预测事物的过去资料，将历史数据按照时间顺序排列为时间序列，分析数据随时间变化的趋势，并利用趋势外延的方法来估计和推断预测对象未来的变动。时间序列预测常用的方法有移动平均法、趋势延伸法、季节指数法等。

回归预测又称因果预测，它是依据数理统计的回归分析理论和方法，找出因变量和自变量之间的依存关系，建立一个回归方程，通过输入自变量数据来预测因变量的发展趋势。回归预测按自变量的多少分为一元回归和多元回归，按自变量与因变量的关系又分为线性回归和非线性回归。

（3）预报法。预报法包括特尔斐法、市场调查法和周期类比法。特尔斐法是指依靠市场专家，征求他们的意见，利用专家的知识、经验、智慧等无法数量化的带有很大模糊性的信息，通过不同方式进行信息交换，逐步取得较为一致的意见，做出集体预报方案，达到预测的目的。市场调查法是一种企业组织有关人员进行市场调查分析，以确定促销效果的方法。这种方法比较适合评估促销活动的长期效果。它包括确定调查项目和调查的实施方式两方面内容。周期类比法是将一类事物的某些相同方面进行比较，以另一事物的正确或谬误证明这一事物的正确或谬误。这是运用类比推理形式进行论证的一种方法。

三、公墓市场的消费

（一）墓葬消费的特点

墓葬消费与一般消费相比，具有以下特点。

1. 墓葬消费的特定性

墓葬消费实际上是活着的人为死去的人消费。墓葬是一次性消费，墓地的消费需求直接与死亡人数有关，并且与死亡人的直系亲属的居住地有关。

2. 墓葬消费的间歇性

随着城市生活节奏的加快和人们观念的更新，墓葬消费的季节性会有所改变，但传统习俗导致的季节性消费仍是墓葬消费的主流。比如，清明节、寒衣节、冬至以及春节等是墓葬消费的旺季。

3. 墓葬消费的相对稳定性

由于墓葬消费都是以骨灰保存等一次性殡葬消费为基础，因而由此衍生的经常性墓葬消费是长期的、稳定的。

（二）墓葬消费的行为类型及个体差异

1. 墓葬消费者的行为类型

按照墓葬消费者的心理特征和消费方式，其消费行为可以分为以下类型。

（1）习惯型。是指依照过去的墓葬消费经验和消费习惯进行。这类墓葬消费者的墓葬消费多是基于对墓葬形式、公墓服务机构的信赖和喜爱。一般中档墓地多采用这种类型。

（2）随意型。墓葬消费者事先没有明确的墓葬消费目的，因受墓地价格、环境及营销沟通等因素的影响，临时决定墓葬消费。这样的消费者在办理丧事时没有一定的模式，特定的环境下会演变成特定类型的消费者。工作人员在处理此类消费者的问题时一定要小心，因为他们的可变性很强。

（3）理智型。这类消费者消费时细心、谨慎，很少受外界环境的影响，不会因为工作人员对殡葬服务单位等的介绍而作出好或者坏的决定。

（4）冲动型。墓葬消费者对墓葬消费或服务不作分析和比较，不考虑自己的需求和墓葬消费能力等因素，仅凭感觉而决定墓葬消费，易受广告、营销人员或他人影响。

（5）疑虑型。墓葬消费者在办理丧事时一般谨小慎微、反复洽谈、仔细询问，对墓葬消费信息的内容或来源有疑虑，缺乏判断力和决断力，往往要经过较长时间的思考和比较才能最终决定是否进行墓葬消费。工作人员应当协助消费者消除思想疑虑。

（6）任务型。墓葬消费者一般是逝者单位的工作人员，这类消费者的特征是办理丧事只是为了完成上级交代的任务，所以这样的消费者一般只求达到完成任务的效果就可以了，对殡葬服务项目不会有太多的要求，也不会有太多的期望。

2. 墓葬消费者的个体差异

墓葬消费者有着共同的心理活动和一般的心理活动特征，但由于每个人所处的环境不同，在心理活动和需求动机方面有其特殊性或差异性，通常表现在以下几方面。

（1）国籍与民族差异。不同国家、不同民族、不同宗教有不同的殡葬方式，在不违反国家有关法律、法规的前提下，应该尊重不同国家与民族的传统文化、风俗习惯。中国目前已颁布的有关殡葬的法律法规对外籍人士、华侨、少数民族等都作出了特殊规定。

（2）个性差异。个性是一个人比较稳定的、经常影响人的行为和与别人有所区别的心理特征的总和。由于人们接触的外界刺激不同，各自的生理活动和神经系统活动的特点不同，因而表现出个性差异。这些差异也决定了消费者会选择不同的葬式、不同的公墓服务机构、不同的公墓商品等。

（3）年龄与职业差异。年龄与职业的差异不仅会影响葬式，也会影响墓碑的样式或碑文的内容，更会影响人们对公墓商品的选择。比如年龄大的逝者大多选择双穴，未婚的逝者大多选择单穴。

（4）社会地位与经济水平的差异。各人根据不同的经济能力进行殡葬消费，形成多元的消费格局，这是市场经济的通用规则。一个人的社会地位与经济水平通常是正相关的关系，在任何一个墓地，都能看到不同人群对公墓商品消费形成的明显差异。

第三节 公墓商品的营销

一、公墓商品的概念

广义的公墓商品是指公墓能满足客户各种需求的所有物质与服务。对墓葬消费者来说，公墓商品应该包括有形利益（如实体商品所提供给消费者的基本功能和利益）和无形利益（如优质服务和后续服务给消费者带来的利益）。

如果把公墓商品的结构比喻为一个同心圆，那么公墓商品的结构从内向外为：核心商品、基础商品、期望商品、附加商品、潜在商品。

核心商品是最本质的核心利益，是消费者真正购买的基本服务或利益，如人们购买公墓商品是为了表示对逝者的哀悼、体现亲情等；基础商品是核心利益的物化形态，如墓碑、随葬品、祭奠品等，也包括公墓地段、种类和结构特点等；期望商品是指消费者购买商品时通常希望和默认其带有某种属性和条件，如墓碑坚固、耐风化等；附加商品是指增值的服务和利益，这是企业的特质所在，如公墓单位推出的个性化葬礼服务、代客祭奠服务等；潜在商品是指公墓商品最终可能实现的全部附加部分和新转换的部分，如公墓单位推出的网络祭奠。

二、公墓商品的生命周期与相应的营销策略

公墓商品的生命周期是指公墓商品从投放市场开始，到被市场淘汰为止所经历的时间，一般公墓商品要经历投入、成长、成熟、衰退四个阶段。

（一）投入期公墓商品特点与营销策略

投入期是从公墓商品的设计到商品开发成功并销售的时期。此阶段消费者对新商品的认识和了解少，销量低，成本高，利润偏低甚至是负数。此期的目标消费者是创新者，即倾向于购买和使用新商品的消费者。此期的营销重点在于推介新商品并提高新商品的知名度，主要采取以下策略。

一是促销策略。运用专家评论、现场演示等方式增加消费者对新商品的认知。

二是渠道策略。由于购买新商品的人不多，渠道的选择宜精，并逐步扩展，以免因流通不当造成不必要的浪费。

三是定价策略。主要采取双高策略、双低策略、高价低促策略、低价高促策略等。

（二）成长期公墓商品特点与营销策略

公墓商品在市场上经过一段时间的销售后，知名度、销量、利润都快速增长，竞争者也增多。此阶段面临着越来越多的竞争者，抢夺市场占有率和保持高利润成为主要目标，采取的策略主要有：提高商品质量，增加商品特色和式样，开发新的流通渠道，利用各种媒体增加品牌的知名度和信誉度，从关注商品形象转向关注企业形象，适时降价。

（三）成熟期公墓商品特点与营销策略

成熟期是市场成长趋势减缓或达到顶点，商品已被大多数消费者所接受，利润达到顶点

后出现缓慢回落的时期。此时期是市场竞争最激烈的时期，企业需投入大量的营销费用才能保持商品的市场地位。主要策略有：商品调整策略，如通过调整商品质量、特色、式样等，以吸引新的客户；市场调整策略，如增加现有市场消费者的使用频率、使用量等；调整营销组合策略，如降价销售、开拓新的流通销售渠道；合并策略，寻找同行业的企业进行合并，通过做大、做强来增加市场效力。

（四）衰退期公墓商品特点与营销策略

此时期商品销量显著下降，利润大幅度滑落，市场竞争者越来越少。营销策略主要是减少支出，加快回收，获取任何可能产生的利润，有计划地逐步缩短、撤出商品线，处理存货，考虑商品的再利用，推出新商品问世。

三、公墓商品的销售渠道及销售方法

（一）销售渠道

随着墓葬消费者的需求不断变化和提高，公墓商品销售渠道变得越来越多样化，越来越灵活。

1. 直接销售渠道

直接销售渠道指公墓商品的生产者或服务供应者直接将商品或服务提供给消费者，没有任何中间环节的流通形式。如消费者直接到公墓订购墓穴，消费者直接到墓地进行有关的祭扫活动等。

2. 间接销售渠道

间接销售渠道是指在公墓商品的生产者将其商品销售给消费者的过程中，加入了中间环节（中间商）的销售渠道形式。不同的中间商执行着不同的职能。比如有生产并销售墓穴的，有提供祭扫交通运输服务的，有专门提供文化服务的，有专门提供网络服务的，等等。

3. 代销渠道

代销渠道指生产者和消费者之间有代理商为其服务的销售渠道形式。代理商与生产者之间并不是商品的买卖关系，在公墓商品的流通中它不属于中间环节，而只是接受顾客的委托，办理代购、代销、代运、代存等业务，以佣金和手续费的方式赚取报酬，没有商品的所有权。

（二）销售方法

1. 传统的销售方法

传统的销售方法通过公墓设在殡仪馆和设在市区的销售机构，以及通过代理商直接或间接向消费者销售公墓商品或提供服务。传统销售方法的对象大都指公墓的基本商品或实体商品。随着人们生活水平的提高，成熟的消费者在寻找差异，促使公墓商品的种类多样化。

2. 社区及网络销售方法

社区是民众居住的载体，公墓商品的销售网络应延伸到社区，让消费者不出家门就可享受到传统销售方法所提供的公墓商品和延伸服务。比如，居民在社区里就可以选定公墓、准备祭扫活动、接受咨询等。网络销售不仅可以提高工作效率、方便消费者，而且可以节约资源和时间。

（三）销售方式

1. 不同商品的组合销售

当公墓商品多样化时，生产者为了获得利润最大化，就要优化商品组合。公墓生产者在决定商品组合时，要根据不同情况，选择不同的商品组合。

一是扩大商品组合。充分利用人、财、物资源，分散风险，增强竞争能力。近几年来，延伸的、期望的、潜在的公墓商品，都可以看成是在原商品——基本公墓商品的基础上开发出的新商品项目。如网上公墓、文化传承服务、代为祭扫服务、旅游休闲服务等，这些都可与基本公墓商品——墓穴一起，实现公墓商品结构的优化组合。

二是缩减商品组合。土地资源紧张或市场不景气时，从商品组合中剔除那些获利很少或者不获利的商品。如减少面积大的墓穴的销售，以节地式墓穴为主。

三是商品延伸。改变全部或部分的原有商品的市场定位，可以向上游延伸、向下游延伸和双向延伸，这里的"上游""下游"是指与原有商品有关的需求链的上游和下游。无论是向上延伸、向下延伸还是双向延伸，都是扩大经营者的市场份额，扩大经营范围，增加商品组合。

2. 祭扫与旅游观光的组合销售

祭扫是几千年积淀下来的习俗，这是一个巨大的潜在市场，应考虑引导、延伸出新的消费。清明期间正是踏青、观赏大自然的好时机，多数公墓处在远郊或城乡接合部，祭扫与旅游观光的组合销售延伸了传统的公墓服务范围，也促使了公墓的职能向多样化转移。

3. 网络祭扫与实地祭扫的组合销售

网络祭扫有两层含义。一是通过现代化的数字摄像或照相技术，将实地公墓的祭扫传播到互联网上。祭扫者不必到现场，只要在互联网或电话中提出祭扫鲜花、祭品的种类，逝者的亲人或朋友同样可以在互联网上观看到实地墓地的情况，怀念亲人。若有逝者的亲属、朋友到现场祭扫的，通过网络技术，把不到现场与到现场的亲属与朋友汇集在一起，可实现异地交流、异地同时祭扫。二是通过网上公墓（虚拟公墓）祭扫，使用现代化的网络技术，把逝者的公墓建在互联网上，配置音乐、鲜花、照片、生平、祭文、留言等功能，逝者的亲人或朋友无论何时、何地都可以在互联网上怀念亲人。

4. 基本公墓商品与售后服务的组合销售

传统公墓商品或者基本公墓商品是销售墓穴，对公墓经营者来说，一次性收入之后的经常性收入只是数量很少的墓穴管理费。因此，许多公墓经营者把销售的重点放在一次性收入上，应该在出售基本公墓商品时，同时推出售后服务的各种"菜单"，供消费者选择。

思考题

1. 试讨论，与一般的商品市场比较，公墓市场有哪些特点。
2. 谈谈进行公墓市场调查的主要内容和方法。
3. 谈谈公墓市场的销售方法。

第四章
接待与引导服务

> **学习目标**

1. 知识目标
- 了解接待与引导的基本礼仪和常识。
- 了解客户的殡葬心理和殡葬消费类型。
- 掌握引导服务的原则和要求。
- 掌握接待与引导客户的基本技巧。
- 掌握订墓的基本流程和主要内容。
- 掌握处理客户投诉的原则和方法。
2. 技能目标
- 能使用文明得体的礼仪迎送客户。
- 能为客户介绍墓地概况、墓园文化和相关殡葬政策。
- 能准确把握客户的殡葬心理和殡葬需求。
- 能与逝者家属进行有效的沟通。
- 能判断客户的殡葬消费类型,提出订墓建议,并引导客户完成订墓。
- 能妥善解决订墓过程中的纠纷。
3. 素质目标
- 树立民政为民、民政爱民的思想。
- 树立科学正确的殡葬服务理念。
- 培养爱岗敬业、诚实守信的职业素养。

第一节　接待服务

殡葬客户不同于一般商业意义上的客户,对需要殡葬服务的特殊群体,墓地管理员要做到换位思考、真诚相待。因为提供各种专项服务都离不开接待与引导,所以墓地管理员首先要掌握接待与引导客户的相关要求。

一、接待服务的要求

接待服务是墓地管理单位为客户服务的开始,是整个墓地管理与服务过程中的重要环节,也是墓地管理员和墓地管理单位的整体服务水平带给殡葬客户的第一印象。接待服务应当具备以下要求。

(一)服务机构的要求

提供墓地服务的机构应具有独立的法人资质,依法取得土地管理部门签发的用地性质为公墓用地的土地使用产权证，取得省级民政部门核发的公墓经营许可证。应当根据本机构的业务规模设置与业务规模相适应的接待服务场所，配备相应数量和等级的墓地管理员。

（二）服务人员的要求

1. 基本素质要求

墓地管理员应当具有高度的责任心和事业心，爱岗敬业，工作认真细致。严格遵守国家的相关殡葬政策，廉洁奉公、诚实守信，钻研业务，充分尊重客户的各种权益。团结协作、顾全大局，具有爱心和亲和力，能热情周到地为客户提供满意的服务。

2. 资质要求

墓地管理员应当接受相关专业和技能的培训，持有上岗证书或资格证书。具有一定学历，能使用普通话进行交流，具有自动化办公能力。

3. 行为规范要求

墓地管理员应当做到：仪容仪表规范，如容貌端正、修饰得体，佩戴饰品应当符合岗位要求，工作装整洁干净、搭配合理，佩戴工作牌；服务用语规范，应当遵守公认的语言规范，针对不同的客户使用不同的服务语言，服务用语符合特定的语言环境，应当使用普通话或对方易懂的语言，称谓恰当、口齿清楚、用语礼貌、多用敬语、谦语，不说粗话或行业忌语；服务态度温情、诚恳、语气平和、手势得当。

（三）服务质量的要求

1. 服务承诺

提供接待服务的机构应当制订清晰的工作服务流程和规定，在接待场所公示或以其他方式向社会公布其服务承诺。服务承诺至少应当包括：服务的起讫时间，服务项目，服务价格，咨询、投诉的途径和方法。

2. 服务费用

服务费用或价格的制定应当按照当地物价部门的规定，遵循合法、公平、诚实、守信的原则。公墓及与公墓有关系的营业网点不应恶意扰乱市场价格，损害其他经营机构和客户的合法权益。应当尊重客户的情感体验，在考虑客户经济能力的基础上提出服务建议。应当对可能产生理解差异的服务项目、产品及其费用作出解释，认真介绍有关的细节。

3. 服务信息的收集和管理

接待服务结束后，应整理收集到的有关证件和业务档案，定时归整到档案室。根据统计制度的要求，按时向各级管理部门报送统计报表和报告。

4. 客户信息保密

机构非经墓地订购者同意，不得公开或泄露其相关信息。接待人员与客户沟通时应当在适宜的场所进行，确保谈话的私密性。工作人员按公墓规定的查询流程查询客户信息。

二、接待服务的准备

接待服务需要墓地管理员切实强化服务意识，坚持"以人为本""为民服务"的原则，以优质的服务满足客户的需求。墓地管理员在提供接待服务前要做好充分的接待服务准备，不仅要注重自身的仪容仪表、素质修养,更要注重服务质量。

(一) 自身准备

墓地管理员接待与引导客户前首先要注意自身准备。自身准备是指墓地管理员根据工作岗位要求,在每天工作前进行有关自身方面的准备,包括塑造良好的职业形象,注重服饰美、语言美和行为美等,并在思想意识中强调"尊重"二字。尊重在接待服务过程中很重要,包括自尊自爱、尊重本职工作、尊重客户等。

1. 仪容仪表准备

墓地管理单位的形象取决于两个方面:一是提供的管理与服务的质量水平,二是墓地管理员的职业形象。墓地管理员塑造良好的自身形象是接待与引导客户的基础。举止得体、知识丰富、谈吐不俗、专业、自信的个人形象会受人尊重。

墓地管理员直接为客户提供服务,客户对墓地管理单位的"第一印象"至关重要,而"第一印象"的产生首先来自墓地管理员的仪容仪表。良好的仪容仪表会让人产生美好的第一印象,会对墓地管理单位有积极的作用,甚至能弥补管理与服务方面的不足。

2. 心理准备

墓地管理员工作的特点就是与形形色色的人打交道,工作时要谦虚自信、不卑不亢,因为所有人都是平等的,心态端正了,行为才能端正。

墓地管理员在工作前对自己的心理状态要进行调整,不能因为精神状态、身体状况、家庭问题、工作环境,以及个人的喜、怒、哀、乐等因素影响正常的工作。如果在上岗前产生了心理紧张,可以尝试用呼吸法对心态进行必要的调整,即通过减慢呼吸速度来平复心理状态的调整方法。

3. 提前到岗

墓地管理员为了不影响工作正常进行,不但要遵守工作单位的作息时间,而且每天应提前 10 分钟左右到岗,以便做好工作前的准备。

(二) 工作准备

工作准备是指墓地管理员在即将开始接待服务前,为更好地做好服务工作进行的各种有关工作准备。具体包括以下几方面。

1. 班前布置

很多墓园在班前都要进行各种工作的布置安排,墓地管理员这时一定要专心听、认真记,做到当天的岗位明确、责任明晰、任务清楚。

2. 工作环境准备

工作环境准备,是指墓地管理员按照工作惯例应进行工作前的环境准备。墓地管理员接待服务的工作环境主要是指墓地接待服务对象休息室、业务厅等。

墓地接待服务对象休息室、业务厅等服务环境状况,会给服务对象留下直观和深刻的印象。墓地管理员进行工作前的环境准备时,要做好清洁卫生,为房间通风换气,使室内空气清新、无异味;整理并清洁室内的物品,做到窗明地净,墙壁、办公桌无尘土。休息室和业务厅周边的环境卫生方面,要做到门前和附近的地面没有垃圾、杂物及污迹。接待服务场所应当设置外观标识。

3. 设施、用品的检查与准备

墓地管理员在工作前要对服务设施、用品等进行检查和准备。保证接待服务场所各类物品、设施的整洁有序，保持场所安静，并定期对接待服务场所的场地与设施进行消毒和维护。定期查看休息室和业务厅的灯光、空调机是否正常运行，墓园沙盘等设施是否能正常使用，计算机、电子收银机是否能正常使用，休息室的沙发、桌椅有无灰尘、破损，等等。一旦发现问题及时处理，或通知维修部门进行维修或更新，保证各项服务工作的正常开展。墓地管理员在提供接待服务工作前，要准备好用于介绍、宣传墓园内容的园区指南。指南应包括产品介绍及其价格、各类服务名称及其价格、图片、资料、光盘、价目表、殡葬服务行政主管部门的监督电话、本机构的投诉电话等内容。

墓地管理员要在服务总台配备物品，如公墓概况及服务内容简介、服务人员名片、雨具、便民医药箱、纸、笔、老花镜等，以供赠送给服务对象或其自行索取。在接待厅（室）配备物品，如休息座椅、意见箱、饮用水、垃圾桶、电脑、电话、打印机等相应的办公设施。

所有准备工作完成后，墓地管理员应处于规定的工作位置，恭候服务对象的到来，以便及时开展墓地接待服务工作。

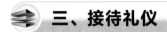

三、接待礼仪

（一）接待客户的仪表

仪表礼仪是指一个人的仪表要与他的年龄、职业和所在的场合吻合，表现出一种和谐，这种和谐能带给人美感，增进认可和好感。仪表即人的外表，包括人的形体、容貌、姿态、服饰、举止等方面。仪表是一个人精神面貌的外在体现，与一个人的道德修养、文化水平、审美情趣和文明程度有着密切的关系。墓地管理员端庄的仪表是对客户尊重的表现，也是自尊自重的表现。墓地管理员的仪表不仅反映个人的精神面貌，同时也代表着墓地管理单位的形象。

墓地管理员的职业形象是个人职业态度的体现，也是对墓地管理单位形象的展现。职业形象塑造运用专业素养以及化妆、服饰、礼仪等知识，通过对语言、着装和仪表的美化，辅以心理学、社会行为学、哲学、人际沟通等知识，充分发掘一个人的潜能，发挥其固有的优点，使其在社会活动中展示出最佳的精神面貌。良好的职业形象能够赢得客户的信任，为介绍墓园业务提供公信力，是无形的资源，使客户对墓园管理与服务水平产生较高的心理预期。

在工作岗位上，一般是通过内在的素质和外在的仪容仪表来表现从业人员的综合形象，所以墓地管理员要内强素质，外塑良好的个人形象。

1. 服饰要求

墓地管理员要按照单位规定着装，注意庄重、雅致、整洁，体现出成熟和稳重。墓地管理员在工作前要按单位规定穿好工作服。身穿工作服不但易于服务对象辨认，方便服务，使服务对象产生信任感，而且能提升个人形象与单位形象。因墓园服务工作的特殊性，工作人员穿的工作服不但要与自己的具体条件相适应，还必须考虑客观环境、场合对工作服的要求。工作服颜色要与墓园的环境相和谐，必须合身，熨烫平整，洁净无污渍，纽扣齐全无破损。穿西式工作服的工作人员，宜内穿白（灰、蓝）色衬衫，衬衫下摆要塞进裤腰内，领口、袖口要扣好。若佩戴领带，领带颜色与花色要与工作服、衬衫相和谐，领结应位于衬衫"V"字区中心，领结饱满，系正不歪。若使用领带夹，应夹在衬衫第三和第四颗纽扣之间。上衣外面的口袋和裤兜不宜装过多东西。不能穿外观不够整洁、布满褶痕或污渍、充斥着异味的工作服。女性墓地管理员不宜着裙装上岗，不宜穿凉鞋或长靴。墓地管理员宜穿黑色皮（布）鞋，皮鞋表面必须洁净光亮，布鞋表面必须清洁，不能穿有破损的皮（布）鞋。除了主体衣服之外，鞋、袜、手套等的搭配也要多加考究，如袜子以透明近似肤色或与服装颜色协调为好。男性墓地管理员的袜子应与鞋的颜色和谐，一般为黑（蓝、灰）色；女性墓地管理员的袜子宜与肤色相近，袜口不能外露。

2. 服务牌

墓地管理员在工作前要按单位规定佩戴服务牌。正确佩戴服务牌的方式有两种：一是将服务牌端正地别在左胸处；二是将服务牌端正地挂在胸前。墓地管理员不应将服务牌随意别在领子上、裤子上或将其套在手腕上，更不应将服务牌戴得歪歪扭扭，不能佩戴破损、污染、掉字或模糊不清的服务牌。

3. 饰物

墓地管理员在工作时不宜佩戴色彩艳丽、造型夸张的耳环、戒指（结婚戒指除外）、胸花、手镯、手链、项链等。

4. 面部修饰

墓地管理员在工作时面部要洁净，做到无灰尘、无汗渍、无分泌物和其他污垢。男性墓地管理员应将胡须剃净，修剪鼻毛，保持面部干净清爽；女性墓地管理员应化素雅的淡妆，不可浓妆艳抹，不宜用色彩夸张和气味浓烈的化妆品。

5. 口腔、手部、身体卫生

墓地管理员在工作前忌食异味食品，上岗前不能吃葱、蒜、韭菜、臭豆腐、榴莲等有异味的食物，要保持口腔清洁。保持手部清洁，经常修剪指甲，不应蓄长指甲，不应在手臂上刺字和刻画。女性墓地管理员不应涂有色的指甲油和在指甲上进行艺术彩绘。墓地管理员要勤洗澡、换衣，身上不能有异味。

6. 发部修饰

墓地管理员在工作前头发要整齐、干净、清爽、秀美，要根据自己的脸型、体形、年龄、发质、气质选择与自己职业和个性相配合的发型，以增强人体的整体美。墓地管理员的发型以短为宜，不得有头屑，不应剃光头发，不应留新潮、怪异的发型，不应染五彩斑斓的头发，不应将头发烫得过于繁乱、美艳。男性墓地管理员头发长度的具体标准为：前发不覆额，侧发不掩耳，后发不触领，不留长发、大鬓角和小胡子。女性墓地管理员的头发如果是短发，应前发不过眼，后发长度不过肩；如果是长发，不梳披肩发型，可将其束起来，宜选用黑色、藏蓝色无任何花色图案的发饰，避免使用色泽艳丽、形状怪异的发饰。

（二）接待客户的仪态

仪态即姿势、动作，包括人的站姿、走姿、坐姿、手势以及表情等。仪态美是人体具有造型要素的静态美和动态美。

1. 表情神态

眼神是墓地管理员接待客户时重要的表情神态。人们会自觉不自觉地用眼睛说话，如眼睛注视的位置、持续的时间、注视的方向、集中度等，这些细小变化和动作都能发出信息。墓地管理员可以正确地运用眼神与客户进行良好的沟通，通过眼神传达出对客户的尊重与理解。与客户沟通交流时，可全神贯注地平视和直视客户。眼睛注视的位置为客户脸上的三角部分，这个三角以双眼为底线，上顶角到前额。这样有利于把握谈话的主动权，让人感到严肃认真和诚意。而且眼神注视所持续的时间长也表明重视的态度。

真诚而亲切的表情，可以表达墓园温情服务、诚挚待人的理念，缓解客户悲伤情绪，有效地缩短人与人之间的距离，给客户留下美好的心理感受，从而形成融洽的交往氛围。

2. 站姿

人的仪表美，是由优美的姿态来体现的，而优美的姿态又以正确的站姿为基础。站姿的基本要领主要体现为：站立时，要注意肌肉张弛的协调性，挺胸、立腰、沉肩，两肩和手臂的肌肉放松，呼吸自然，面带微笑。优美的站姿表现在以下几方面。

① 头正、颈直，两眼平视前方，表情自然明朗，微收下巴，闭嘴。
② 挺胸，双肩平，微向后张，使上身自然挺拔，上身肌肉微微放松。
③ 收腹，可以使胸部突起，也可以使臀部上抬，同时大腿肌肉会出现紧张感，这样会给人以"力量感"。
④ 收臀部，使臀部略微上翘。
⑤ 两臂自然下垂，女士右手握住左手自然垂于体前，男士双手自然垂于体侧。
⑥ 两腿挺直，膝盖、脚跟相碰，两脚尖略为分开（大约一拳左右）。
⑦ 身体重心放在足弓处。

从正面看，全身笔直，精神饱满，两眼正视（而不是斜视），两肩平齐，两臂自然下垂，两脚跟并拢，两脚尖张开45度，身体重心放在足弓处；从侧面看，两眼平视，下巴微收，挺胸收腹，腰背挺直，手中指贴裤缝，整个身体端庄挺拔。

3. 坐姿

坐姿是一种静态造型。端庄优美的坐姿会给人以文雅、稳重、自然、大方的美感。坐姿的规范要领是：腰背挺直，肩放松。女子两膝并拢，男子膝部可分开一些，但不要过大，一般不超过肩宽。

① 正坐，其动作要领和应用范围如下。

动作要领：上身自然挺胸，立腰，两膝并拢，脚跟靠拢，小腿垂直地面或稍许内收，臀部坐于椅面的前二分之一处，两臂自然弯曲，手扶膝部，目光注视对方。

应用范围：与宾客面对面交谈时采用。

② 侧坐，分为左侧坐和右侧坐，其动作要领和应用范围如下。

左侧坐动作要领：在保持正坐姿势要领的基础上，左脚和臀部左摆45度；左摆移动时，两脚跟稍提，脚趾点地，左脚随腿左转，同时右脚原地向左转，两膝靠拢；左脚左转到位后，右手扶在左手背上，置左膝之上。

右侧坐动作要领与左侧坐要领相同，方向相反。

应用范围：分别与左、右侧宾客交谈时采用。

③ 启掖步坐姿，其动作要领和应用范围如下。

动作要领：臀部不得超过椅面的二分之一；右脚内收，左脚前伸，右膝迅速插入左膝下部或两膝内侧靠紧；头正，立腰，面带微笑；两臂自然屈肘，肘关节稍内收，左手放在右手上。

应用范围：与宾客面对面交谈时采用。

入座时走到座位前，转身后把右脚向后撤半步，轻稳坐下。坐在椅上，上身自然挺直，头正，表情自然亲切，目光柔和平视，嘴微闭；两肩平正放松，两臂自然弯曲放在膝上，掌心向下；两脚平放于地面。起立时，右脚先后收半步，然后站起。如果是穿裙装，落座时用手指指腹或手背捋裙子。

4. 走姿

优美的行走姿势有助于塑造体态美,缓解多余的肌肉紧张。行走姿势以轻巧、自如、稳健、大方为准。男性以便步式走姿为多,女性以一字步走姿为宜。

① 便步式走姿动作要领。行走时,假设前方有条直线,两腿交替踩迈,前摆腿屈膝程度不宜过大;脚跟先着地,然后迅速过渡到前脚掌,脚尖略向外,距离直线约为5cm,腿部具有力度感;上身自然挺拔,立腰,收腹,身体重心随脚前摆迅速跟上,勿落在后脚或两腿之间,身体保持平稳前移;头正,目光平稳,用眼睛的余光注意前下方,下巴微收,目的是使面部保持在垂直线上;肩平,肩峰稍后张,上臂带动小臂自然地前后摆动,肩勿摇晃;前摆时,手不得超越衣扣垂直线,肘关节微屈约30度,掌心向内,勿甩小臂,后摆时勿甩手腕。

② 一字步走姿动作要领。行走时,也假设前方有一条直线,两腿交替迈步,两脚交替踏在直线上;左脚前迈时微向左前方送胯,右脚前迈时微向右前方送胯,但送胯不能明显;两臂自然摆动,前摆臂时注意肩部稍许平送,后摆臂时肩部稍许平拉;上身基本保持站立的标准姿势,挺胸收腹,腰背笔直;两臂以身体为中心,前后自然摆动,手掌朝向体内;起步时身子稍向前倾,重心落于前脚掌,膝盖伸直;脚尖向正前方伸出,行走时双脚踩在一条线上。

5. 蹲姿

① 高低式蹲姿,男性选用这一姿势往往更为方便,女性也可选用这种蹲姿。

动作要领:下蹲时,双腿不并排在一起,而是左脚在前,右脚稍后;左脚应完全着地,小腿基本上垂直于地面;右脚则应脚掌着地,脚跟提起;此刻右膝低于左膝,右膝内侧可靠于左小腿的内侧,形成左膝高、右膝低的姿态;臀部向下,基本上用右腿支撑身体。

② 交叉式蹲姿,通常适用于女性,它的特点是造型优美典雅。基本特征是蹲下后双腿交叉在一起。

动作要领:下蹲时,右脚在前,左脚在后,右小腿垂直于地面,全脚着地;右腿在上,左腿在下,二者交叉重叠;左膝由后下方伸向右侧,左脚跟抬起,并且脚掌着地;两腿前后靠近,合力支撑身体;上身略向前倾,臀部朝下。

③ 半蹲式蹲姿,一般是在行走时临时采用。它的正式程度不及前两种蹲姿,但在应急时也可采用。基本特征是身体半立半蹲。

动作要领:下蹲时,上身稍许弯下,但不要和下肢构成直角或锐角;臀部务必向下,而不是撅起;双膝略为弯曲,角度一般为钝角;身体的重心应放在一条腿上;两腿之间不要分开过大。

④ 半跪式蹲姿,又称为单跪式蹲姿。它也是一种非正式蹲姿,多在下蹲时间较长或为了用力方便时使用。基本特征是双腿一蹲一跪。

动作要领:在下蹲后,改为一腿单膝点地,臀部坐在脚跟上,以脚尖着地;另外一条腿,应当全脚着地,小腿垂直于地面;双膝应同时向外,双腿应尽力靠拢。

(三) 接待客户的服务用语

语言是信息沟通的桥梁,是思想感情交流的渠道,在人际交往中占据着最基本、最重要的位置。语言作为一种表达方式,能随着时间、场合、对象的不同而表达出各种各样的信息和丰富多彩的思想感情。墓地管理员在接待时要运用符合殡葬服务规范的服务用语。

1. 礼貌服务用语

礼貌服务用语是指在殡葬服务过程中墓地管理员表示自谦和恭敬的服务用语,殡葬服务常用的礼貌服务用语有以下几种。

① 问候用语。墓地管理员在服务岗位上，适合使用问候用语的主要时机有五种：一是墓地管理员主动服务于办理丧事的客户时；二是办理丧事的客户咨询墓地管理员时；三是办理丧事的客户进入墓地管理员的服务区域时；四是办理丧事的客户与墓地管理员目光相对时；五是墓地管理员主动与办理丧事的客户进行联系时。

通常适合工作人员使用的问候用语"你好"在殡葬服务中要慎重使用。墓地管理员用"请您节哀"等问候用语比较合适。但由于多数公墓是用于安葬骨灰的，客户已经度过"居丧反应"的特殊阶段，也就是说其悲痛的心情已经趋于平缓，墓地管理员也可以用一些略带安慰的话语进行问候。

② 迎送用语。墓地管理员在服务岗位上迎接或送别办理丧事的客户要使用迎送用语。其主要分为以下两种。

第一种为迎接用语。可以采用问候用语和主动式征询用语来迎接办理丧事的客户。适合墓地管理员采用的迎接用语有："请您节哀！我是×××的墓地管理员，叫××，现在由我为您服务，我能为您提供什么帮助"等。

第二种为送别用语。通常适合工作人员使用的送别用语"再见""欢迎再来"在殡葬服务过程中显然也是不适宜的。比较适合墓地管理员采用的送别用语有"请慢走""请走好""请保重"。

③ 请托用语，指墓地管理员请求他人帮助时使用的专项用语。请托用语一般可分两种。

第一种为标准式请托用语。主要是一个"请"字，墓地管理员向办理丧事的客户提出某项具体要求时，加上一个"请"字，如"请您出示逝者死亡证明""请您稍候""请您再说一遍"等。

第二种为求助式请托用语。是指墓地管理员向办理丧事的客户提出某一项具体要求时使用的专项用语，比如请人让路、请人帮忙、打断对方谈话等。比较适合墓地管理员使用的有"劳驾""请借光""请关照"等。

④ 致谢用语，是用于办理丧事的客户为墓地管理员的工作带来方便时，本着感激的心情来使用的专项用语。致谢用语有两种形式。

一是标准式致谢用语。主要是"谢谢"，有时在其前后加上称呼或人称代词，这样做可以使办理丧事的客户更为明确，比如"谢谢您""谢谢王女士""谢谢张先生"等。

二是加强式致谢用语。墓地管理员使用加强式致谢用语得当，往往会令办理丧事的客户感动，比如"十分感谢""万分感谢""多谢多谢"等。

⑤ 征询用语。墓地管理员在服务过程中，需要用礼貌用语主动向服务对象进行征询时，要使用殡仪服务征询用语。墓地管理员在遇到以下五种情况时，应使用征询用语：一是墓地管理员主动提供服务时；二是墓地管理员了解服务对象的需求时；三是墓地管理员给予服务对象选择时；四是墓地管理员启发服务对象的思路时；五是墓地管理员征求服务对象的意见时。

正常情况下，墓地管理员使用的征询用语有三种形式。

一是主动式征询用语。墓地管理员使用主动式征询用语能直截了当地向服务对象提出征询意见。比如，"请问您需要帮助吗""您需要什么服务""您对我（们）的服务满意吗"等。主动式征询用语还适合在迎接服务对象时使用。

二是封闭式征询用语。这是墓地管理员向服务对象征求意见或建议时使用的用语。一般只给服务对象一个选择性的方案或建议，供其及时决定或采纳。比如，"您觉得这座墓碑怎么样""您是不是认为这个墓区还可以""您不介意我帮助您吧"等。

三是开放式征询用语。这是墓地管理员提出两种或两种以上的方案，供服务对象选择时使用的用语。比如,"您打算预订标准墓,还是艺术墓""请问您为逝者选择单穴墓,还是双穴墓"等。

⑥ 应答用语,这是墓地管理员回复办理丧事的客户的需求时使用的用语。一般情况下,墓地管理员使用的应答用语有三种形式。

一是肯定式应答用语。用于墓地管理员答复办理丧事的客户的请求,比如,"是的""我明白了""我会尽量按您提出的要求去做""好""我马上办理相关事宜"等。

二是谦恭式应答用语。当办理丧事的客户对墓地管理员提供的服务表示满意,直接对墓地管理员提出表扬或感谢时,应使用谦恭式应答用语,比如,"您不必客气""这是我应该做的""您过奖了"等。

三是谅解式应答用语。办理丧事的客户因故向墓地管理员致以歉意时,墓地管理员应及时应答并表示谅解,比如,"没关系""我不会介意的"等。

⑦ 推托用语,是墓地管理员因某些正当原因,婉转而艺术地拒绝服务对象提出的要求而使用的用语。推托用语使用得当,会淡化服务对象的失望心理,反之则会使服务对象不满和不高兴,甚至会酿成口角或动手伤人。在服务中,宜采用的推托用语有三种形式。

一是道歉式推托用语。当难以立即满足服务对象所需的服务要求时,墓地管理员应带着表示歉意的心情说"很抱歉""对不起让您久等了""真对不起"等。

二是解释式推托用语。是墓地管理员推托服务对象提出的要求时使用的专项用语。解释式推托用语应说明无法满足服务对象所提要求的具体原因,尽可能让服务对象理解所推托的内容是合情合理的。比如,"实在抱歉,您提出的×××服务项目,我们单位暂时没有开展,请您予以理解""对不起,您提出的×××服务项目,国家有规定不能提供"等。

三是转移式推托用语。是墓地管理员不直接推托服务对象提出的要求,而主动提出另外的要求,转移服务对象的注意力。比如,"您了解一下这项服务内容好吗""您看看这种款式的墓碑如何""请您看一下这种款式的随葬品"等。

⑧ 道歉用语,是墓地管理员因某些原因,在进行服务过程中出现失误时使用的语言。道歉用语比较多,墓地管理员在使用时,应根据失误的具体内容和情况、不同的场合、不同的服务对象,选择不同的道歉用语。服务常见的道歉用语有:"对不起""真对不起""抱歉""很抱歉""请原谅""不好意思""失言了""失礼了""失敬了""很过意不去"等。

2. 文明服务用语

文明服务用语是指在墓地服务过程中,墓地管理员从语言的选择和使用中所表现的文化素养和对办理丧事的客户的态度。运用文明服务用语要做到以下三个方面。

① 口齿清晰,要想口齿清晰要做到以下三点。

第一是做到语言标准。墓地管理员在服务过程中要发音正确和讲普通话。普通话是我国法定的现代汉语标准话,墓地管理员在服务过程中除与外国友人、个别少数民族人士和个别听不懂普通话的人士讲外语、少数民族语言和方言外,应讲普通话。

第二是做到语气正确。墓地管理员与办理丧事的客户讲话时在语气上要亲切、和蔼、有耐心。不能语气急躁或不耐烦,比如,"快点""想不想买"等;不能语气生硬或不够柔和,比如,"着什么急""别乱碰"等;更不能语气轻蔑或不尊敬人,比如,"你懂吗""你买得起吗"等。

第三是做到语调柔和。墓地管理员在服务过程中,与办理丧事的客户讲话时的具体腔调主要表现在讲话时的语音大小、语调高低、语速快慢上。如果墓地管理员讲话时语音过大、语调过高会使办理丧事的客户感到此人讲话生硬和粗暴;如果墓地管理员讲话时语音过小、语调过低会使办理丧事的客户感到此人讲话有气无力和被怠慢；语速过快，会使办理丧事的客户认为此人对他感到厌烦；语速过慢，会使办理丧事的客户认为此人对他漫不经心。

② 称呼恰当，具体分为以下两点。

第一要区分称呼对象。墓地管理员在提供接待服务时，办理业务的客户会因年龄、性别、民族、宗教信仰、职业等因素而有一定的差异。因此，在具体称呼办理丧事的客户时，墓地管理员应做到因人而异、有所区别。墓地管理员对客户可用尊称，比如，"女士""先生""同志"等；如果知道了客户的姓名、职务、职业或职称时，可用姓氏加职务、职业或职称进行称呼，比如，"张经理""王厂长""李老师""刘教授"等；客户如果年龄较大，可采用非正式、按辈分的称呼，比如，"老大爷""老大妈""老先生"等。

第二要考虑称呼习惯。客户会因地方风俗、语言习惯、文化程度等因素而有一定的差异，墓地管理员在提供接待服务时要加以考虑。比如，称呼办理业务的城市白领，采用"女士""先生"等称呼；称呼办理丧事的农民，采用"大爷""大妈""大姐""大哥"等称呼，会使客户感到亲切。

③ 善于沟通，优秀的接待工作人员是善于沟通的人。接待客户时应做到"五会"。一会问候：一天里，不同的时间有不同的问候语。问候要有顺序，一般来说，下级先问候上级，男士先问候女士。要注意称呼，通常称行政职务、技术职称、先生或女士等。二会握手：握手时要讲伸手的前后顺序，应根据尊者先出手的原则，一般要领导、长辈、女士先伸手。握手时不能伸左手，不能戴墨镜，不应戴帽子，一般不戴手套，与异性握手不能用双手。三会赞美：适当地赞美别人能够拉近彼此的距离，发自内心的赞美会使双方都心情愉快。每个人都希望得到别人的赞赏，希望得到他人的好评，适度的恭维在交际中必不可少。赞美有诚意，自然会博得对方的好感。注意赞美要适度，否则会适得其反。四会道歉：在接待服务过程中，如果自己的言行有失礼和不当之处，或是打扰、麻烦、妨碍了别人，最聪明、最得体的方法就是及时向对方道歉。道歉用语应当文明而规范，如果有愧对别人的地方，就应该说"深感歉疚""非常惭愧"；渴望别人的原谅，可以说"多多包涵""请您原谅"；有劳别人时，可以说"打扰了""麻烦了"，也可以讲"对不起""很抱歉""失礼了"等。五会礼让：礼让既是一种礼仪，也是一种美德。如先下后上、扶老让幼、礼让互助。

（四）接待客户的电话礼仪

1. 及时接听电话

电话接听应当及时，遵循"铃响不过三"的原则。墓地管理员要在电话铃响三声以内接听电话，并且用亲切、优美的声音自报单位名称，给对方留下好的印象，对方对其所在单位也会有好印象。因此要记住，接电话时应有"我代表单位形象"的意识。若电话中对方说的话很重要，最好准备好纸和笔放在旁边，同时对着听筒重复对方的话，以检验是否理解得正确。

2. 态度温和，声音清晰明朗

墓地管理员说话时声调要显得温和，打电话时要保持良好的心情，这样即使对方看不见自己，但是从亲切的语调中也会被感染，给对方留下极佳的印象。由于面部表情会影响声音的变化，所以即使在电话中，也要抱着"对方看着我"的心态去应对。打电话时绝对不能吸烟、喝茶、吃零食，即使是摆出懒散的姿势对方也能够"听"得出来。如果打电话的时候，弯着腰躺在椅子上，对方听到的声音就是懒散的；若坐姿端正，所发出的声音也会亲切悦耳，充满活力。因此在打电话时，即使看不见对方，也要当作对方就在眼前，尽可能注意自己的姿势，这样对方就会对通话人乃至该单位有好印象。打电话时，应自然发声，不故意做出嗲声嗲气的"假嗓子"，嘴要离开话筒约一小手指的距离。

3. 了解来电目的，认真清楚地记录来电内容

仔细倾听对方的讲话，把耳朵贴近话筒。为了表示在专心聆听并且已经理解，还要不时地称"对"道"是"，以给对方积极的反馈。清楚来电目的，有利于采取合适的处理方式。随时牢记"5W1H"技巧。所谓"5W1H"是指"When"（何时）、"Who"（何人）、"Where"（何地）、"What"（何事）、"Why"（为什么）、"How"（如何进行）。在工作中，这些资料都是十分重要的，对打电话、接电话具有相同的重要性。电话记录既要简洁又要完备，合理运用"5W1H"技巧。

4. 复述来电要点，礼貌结束

电话接听完毕之前，要复述来电要点，防止记录错误或偏差。例如，应对会面的时间、地点、联系电话等信息进行核查校对，避免出现错误。最后的道谢也是基本礼仪。来者是客，以客为尊，不要因为不直接面对客户而认为其不重要。工作人员对客户应该心存感激，向他们道谢并送出祝福。在通话即将结束时，应该礼貌地请对方先收线，让对方先结束电话，然后轻轻地把话筒放回原处，整个沟通过程才算圆满结束。

四、客户的殡葬心理抚慰

（一）殡葬心理

殡葬心理是指人们在开展殡葬活动时的心理过程，包括认识过程、情感过程和意志过程。生、老、病、死是人生不可避免的现象，人们面对亲人的死亡一定会觉得悲伤，但悲伤的程度和平复的时间则因人而异。殡葬心理又是一种自发形成的不系统、不定型的社会意识，表现为感觉、情绪、习惯、成见、思想和信念等，是具体的殡葬活动在人脑中的直接反映。墓地管理员懂得殡葬心理知识有助于接待客户和处理咨询工作。

1. 公众的殡葬心理

公众的殡葬心理反映的是社会殡葬心理，其内涵受时间和地域的限制，不同时间和不同地域的公众殡葬心理可能存在较大的差别。

（1）恐惧心理。人们的殡葬恐惧心理分为两个层面：一是害怕鬼魂；二是害怕自己死亡。害怕鬼魂，在社会上是普遍存在的，人类对鬼魂的恐惧从原始社会就已经存在了。死亡恐惧在社会上也是普遍存在的，当人们身处险境时，或者在懦弱、自卑和压抑状态下，常常存在不安全感或对死亡的恐惧感。

（2）神秘心理。殡葬神秘心理来源于人们对死亡乃至灵魂的不理解，对殡葬活动的不了解。在殡葬领域，直到科学高度发达的今天，也有诸如埃及金字塔（法老墓）在常规条件下肉身不腐之谜。从积极的角度看，殡葬神秘心理的存在，也能促使人们去揭示本领域的奥秘，有利于殡葬科学的发展。

（3）厌恶心理。人们历来对殡葬事宜都很忌讳，甚至不愿提及"死亡""尸体""殡葬""殡仪馆""火葬场"等专业词语，总想找出相关词来代替。在社会上，殡葬从业人员受歧视的现象时有发生。

2. 客户的殡葬心理

殡葬客户本身除了具有上述公众的殡葬心理外，在亲人去世的打击和办理丧事的多重压

力下，还会产生特定的殡葬心理。

（1）悲痛心理。人生的痛苦有多种，最大的痛苦莫过于失去亲人。至亲者的去世，犹如人自我生命的部分丧失，由此引发的悲痛是人间最为沉重的。这种痛不欲生的情绪会随着亲缘关系的远近而表现出不同的程度。

（2）报恩心理。殡葬活动中的报恩心理是指人们对抚育自己长大成人的祖父母、外祖父母和父母等长辈怀有一种送终报答的心理。殡葬活动中的报恩心理有时也会表现在曾经给自己很多帮助的师长和朋友等人身上。

（3）愧疚心理。人们的殡葬心理是非常复杂的，一般人听到亲人去世的噩耗后，都陷于极度的痛苦之中，严重者甚至感到麻木或昏厥。这种急性反应过后，有些人会因对逝者生前关心不够、爱护和回报不足，感到深深的愧疚。但随着时间的推移，痛苦和悲伤感会渐渐减轻。

（4）依恋心理。生者对逝者的依恋表现在感性和理性两个方面。一方面是对朝夕相处的亲人在感情上难以割舍的感性依恋，另一种是对人格、成就和学识等的崇拜而产生的理性依恋，这类依恋能催人奋进，是良性的心理表现。

（5）盲从心理。盲从心理是从众心理的表现，是指个人的观念与行为由于受到群体的引导或压力，而趋向于与大多数人一致的现象。例如每年的清明节期间，人们在盲从心理的支配下，纷纷焚烧纸钱，虽然有不相信烧纸就是给亲人送钱的说法的人，但是也只好跟着大家烧。

（6）炫耀心理。殡葬消费的炫耀心理，表现为殡葬产品或服务带给客户的心理优越感超过了其实用价值。正是在这种炫耀心理的驱动下，在目前社会经济并不发达的国内出现了高端殡葬市场。

（二）心理抚慰

世界卫生组织（WHO）给健康下的最新定义是：健康是指生理、心理及社会适应三个方面全部良好的一种状况，而不仅仅是指没有生病或者体质健壮。由此可见人的健康应为身体健康、心理健康和社会适应能力正常，一个人在这三个方面都健康才称得上真正的健康。

在开展殡葬活动期间，有相当一部分殡葬客户都处于非健康状态，需要在心理健康和社会适应能力方面进行调整。给这些特殊的人群以心理上的抚慰，这既是心理医生的工作，也是墓地管理员的职责之一。

1. 心理抚慰的基本概念

心理抚慰有时也叫心理慰藉，属于心理干预的范畴。心理抚慰是在心理学理论的指导下，对个体和群体的心理健康问题和行为施加策略性的影响，使其向预期目标变化的活动。同心理治疗相比，心理抚慰的抚慰者不一定是有职业资质的专业技术人员，多数情况下是殡葬领域有经验的工作人员，以及丧亲者的亲人、朋友、邻居、同学、同事、老师等。

（1）心理障碍。心理障碍是指心理活动中出现的轻度创伤，是在特定情境和特定时段由不良刺激引起的心理异常现象，属于正常心理活动中暂时性的局部异常状态。当人们遭遇重大打击、挫折或面临重大抉择时会表现出悲伤、恐惧、烦躁、焦虑、抑郁，有的表现为沮丧、退缩、自暴自弃，或者表现为愤怒和冲动报复。这往往是过度应用了防卫机制来进行自我保护，才表现出了一系列适应性不良的行为。如果持续性的心理障碍长期得不到适当的调整，就会导致各种精神疾病。

（2）应激反应。应激反应是指人的机体对各种内、外界刺激因素所作出的适应性反应的过程。应激反应是一种全身性的适应性反应，当人们受到外界环境变化的刺激时，会立即产生一种相应的反应，以逐渐适应新的环境。如果不能适应这种刺激，就可能在生理或心理上产生异常，引发疾病。

全身性应激反应包括警觉期、抵抗期和枯竭期三个阶段。当人们受到大的压力或刺激时，应先做自我调整，做好心理准备，如果事件来得太过突然，超过了人们的心理承受能力，则会给身体带来伤害，严重时会造成猝死。

（3）居丧反应。居丧反应是指亲人死亡后的一种悲伤性的应激反应。居丧反应有急性反应和慢性反应。

其一，急性反应。当看到亲人死亡或听到噩耗后，人就陷于极度的震惊和痛苦之中，也可能出现呼吸困难或痛不欲生的哭叫，严重者情感麻木、昏厥，直至猝死。

其二，慢性反应。居丧急性反应过后就进入了比较平缓的慢性反应期。一般情况下，与逝者关系越密切的人，产生的悲伤反应越重，持续的时间也就越长。如果亲人是猝死或是意外死亡，居丧慢性反应期会持续很长的时间。在慢性居丧反应期，通常出现一些焦虑、抑郁，或认为自己在逝者生前对他关心不够，而感到自责，脑子里常浮现逝者的形象或幻觉，难以进行正常活动，严重的人会产生厌世的想法。如悲伤或抑郁情绪持续 6 个月以上，并有明显的激动或迟钝性抑郁症状，就是病理性的居丧反应，应该针对具体情况进行心理治疗。

2. 心理抚慰的基本方法

心理抚慰是抚慰者鼓励抚慰对象谈出自己的心理问题，听其倾诉，然后提出建议，进行指导和劝告，帮助抚慰对象克服心理障碍的技术过程。

心理抚慰的目的是在心理上帮助抚慰对象解决目前的心理危机或障碍，提高其心理平衡能力，使其功能恢复到事件发生前的水平。为了达到这个目的，心理抚慰过程中所使用的实用技术，可根据抚慰对象的不同情况进行灵活把握。

一般来说，心理抚慰主要通过沟通、支持、干预等技术来完成。开展心理抚慰的步骤一般包括心理问题的评估、制订抚慰计划、心理干预和解决危机四个阶段。在心理抚慰初期，应全面了解和评估心理抚慰对象产生该心理状况的诱因，以寻找进行心理帮助的时机，建立良好的合作关系。然后针对具体问题和目前的心理危机水平制订抚慰计划。心理干预是处理心理危机的最主要阶段，因为绝大多数的心理危机者在面临重大的生活挫折时，缺乏应对、处理和解决问题的能力。解决心理障碍或危机要掌握正确的方法，否则可能适得其反。

五、客户咨询服务

（一）咨询服务的分类

按咨询服务的环境特点，可将咨询服务分为现场咨询、电话咨询、网络咨询等。

1. 现场咨询

现场咨询是墓地管理员在墓地现场解答服务对象问题的咨询服务方式。它有两个突出特点：一是直接，即服务对象与墓地管理员直接交流，因而信息反馈迅速，易于双方的沟通；二是直观，即服务对象提出的问题一般都是围绕墓地商品的。墓地管理员为服务对象提供咨询服务时，可以通过展示或演示样品，生动、直观地解答服务对象的疑问，使服务对象全面地了解墓地商品，对商品产生深刻印象。

2. 电话咨询

电话咨询是利用电话来解答服务对象问题的咨询服务方式。电话咨询的特点是迅捷、高效。电话作为一种通信工具，在墓地管理与服务工作中发挥着重要作用。它的不足是"只能听其音，不能观其形"，咨询服务对象与被咨询的墓地管理员之间不能见面，对双方的沟通有一定影响。

3. 网络咨询

网络咨询是利用网络平台来解答服务对象问题的咨询服务方式。网络咨询服务有系统自动回复和人工服务等。借助网络平台接待有不同咨询需求的客户，不受时空的影响，能提供更加直观、便捷和个性化的服务。

（二）咨询服务的内容

1. 为服务对象介绍墓地服务等相关内容

墓地管理员为服务对象讲解墓地的位置与交通、订墓的基本资格、订墓需要的相关手续和证件、墓地能够提供的服务与管理等内容。

2. 为服务对象介绍墓地商品的有关知识

墓地管理员为服务对象讲解墓地商品知识，帮助服务对象挑选、鉴别墓地商品是咨询服务工作的主要内容。

（1）介绍墓地商品质量。墓地管理员正确地介绍墓地商品的质量，可使客户相信所付出的货币的价值与其所得到的商品的质与量的价值相等，从而产生物有所值的满足感。墓地管理员不但要介绍商品的内在质量、外观质量、造型和规格，还应解释说明所介绍的商品的鉴定方法和质量标准。

（2）介绍墓地商品特点。墓地管理员要针对不同客户的需求，突出介绍墓地商品的特点，以激起客户的兴趣，满足客户需求。所谓商品特点，就是商品的个性，是某一商品区别于其他商品的突出标志。墓地管理员要刻苦钻研，反复比较，对各种商品的特点了如指掌。

（3）介绍墓地商品性能。墓地管理员首先要自己熟悉墓地商品的性能，才能如实地、正确地向客户作介绍；其次要了解客户的消费目的及使用要求，引导客户选择适合的墓地商品。墓地管理员应依据客户的使用要求，有针对性地介绍，帮助客户挑选和鉴别商品。

（4）介绍墓地商品的原料构成和生产工艺。商品的原料构成和生产工艺对商品的质量、性能及使用寿命都有很大影响。墓地管理员应掌握墓地商品的原料构成和生产工艺，能对原材料质地和工艺水平进行初步的鉴别和判断，并能正确地向客户进行介绍。

（三）咨询服务的技巧

1. 温情服务

墓地管理员要本着"民政为民，民政爱民"的工作理念，全心全意为服务对象提供满意的墓地商品和服务。

墓地管理与服务工作中会遇到很多情况，需要墓地管理员提供耐心温情的服务。比如退换墓位，对墓地管理单位来讲，退换会给墓地管理单位带来不必要的麻烦，但是服务对象不满意，墓地管理单位就有责任。退换墓地商品从长远看赢得了服务对象的信任，提高了墓地管理单位的信誉，更有利于单位发展壮大。因此，墓地管理员同样要为这些服务对象提供好服务。当服务对象提出退换墓地商品时，墓地管理员应首先弄清该墓地商品是否属于退换的范围，如果不属于退换范围，应委婉地告诉服务对象，"请您谅解，按照××规定，这种商品不能退换，实在对不起"。这样说更容易使服务对象理解和接受。

2. 认真负责

墓地管理员本着对本单位和服务对象负责的原则，既要维护本单位的利益，还要切实保护服务对象的利益,以热情而优质的服务赢得服务对象的信任。比如有客户提出在墓旁燃放鞭炮等要求,此时要认真讲解相关政策和规定,引导客户理解相关政策,采用其他文明的方式进行祭奠,例如采用鲜花祭奠的方式表达哀思。

3. 客户满意

要把服务对象的满意度作为工作的标准。若墓地管理员不得不把服务对象转送到另一部门,一定要打电话给负责此事的人员。之后再与服务对象联系,询问服务对象是否得到了满意的答复,并询问是否还需要其他帮助,如真的还需要,那就尽量做到服务对象满意为止。当服务对象讲述他们的问题时,他们等待的是富有人情味的明确反应,这就需要墓地管理员表明自己理解他们。若直接面对服务对象,最好先表示自己愿意为他提供服务或帮助,并明确告诉他将尽个人的努力,直到他满意为止。

六、接待客户时的沟通原则与方法

(一) 与客户沟通的原则

1. 真实性原则

真实性原则,即有效沟通必须是对有意义的信息的传递。一个良好的沟通过程,必须是对富有意义的信息的沟通,这是沟通能够存在、成立和有效的内容基础和首要前提。有效沟通的内容必须具有真实意义,沟通的内容与过程必须具有真实性,沟通的信息必须是能为客户提供有用和有价值的信息,比如墓园的基本情况介绍、订墓的价格、后续的服务等真实信息。

2. 信息传递完整性原则

墓地管理员需要将客户希望了解的信息完整无缺地传送给客户,此即沟通的信息传递完整性原则。由于各种原因的影响和各种因素的干扰,被传递的信息有可能在传递过程中被人为或自然地损耗或变形。为避免可能发生的沟通失误或误解的情况出现,墓地管理员在与客户沟通的过程中,需要强调和明确关键性的信息和客户关注的信息,以保证沟通的完整和有效。

3. 理解同一性原则

墓地管理员在和客户沟通时需要真正理解客户传达的信息的真正意义,同时要确保客户能够理解墓地管理员所传达信息的真正意义。因为客户都是独特的个体,他的经历、经验、知识、兴趣、期望都会左右他对所解读的信息的内在意义的理解,理解一旦产生偏差,沟通就会产生问题。因此墓地管理员需要对一些可能会让客户产生误解的信息加以正确的解读,以保证客户能够真正理解。

4. 连续性原则

墓地管理员为保证与客户的有效沟通,还必须注重时间、沟通内容与方式上的连续性,即有效沟通的连续性原则。比如可以在客户允许的情况下留下客户的电话或微信等联系方式,或客户认可的其他联系方式,便于更好地为客户服务。

5. 目标性原则

墓地管理员与客户的有效沟通也应该具有明确的沟通目的或目标,即有效沟通的目标性原则。没有沟通目标的沟通,很难把握与衡量其沟通效果不与沟通的本意相偏离。沟通目标、目的不明确,必将造成信息发送者所发信息混乱、模糊、含混不清。而且,不同的沟通目标,一般会对应不同的沟通方式和沟通行为。因此墓地管理员需了解客户的需求,根据客户需求有目标地进行沟通,并根据不同类型的客户选择与其相适应的沟通方式。

(二)与客户沟通的方法

与客户沟通是一门艺术。通过沟通,墓地管理员可以及时了解客户遇到的问题,迅速与客户沟通,帮助其解决,及时调整墓地管理与服务的内容,提高服务质量,在工作中减少阻力和不必要的麻烦。

1. 相互了解

在墓地管理与服务过程中,只有正确地理解服务对象,才谈得上以优质的服务去满足客户的实际需要。对墓地管理员而言,理解服务对象,就是要尽可能地掌握和清楚服务对象的实际情况与实际需要。

人类的殡葬需要存在一定的规律性。一类是人类的正常殡葬需要;另一类是人类特殊的殡葬需要。例如,在选择墓地时,有人喜欢位置显著、墓碑做工考究、材料上乘的墓地;有人却专找位置安静、墓碑简洁便宜的墓地。对人类皆有的正常需要相对而言比较容易把握,而对不尽相同的人类的特殊需要,了解起来则存在一定的难度。要想真正做好服务工作,对两者都必须给予重视,不可完全忽略,或者偏废其一。

2. 相互理解

在与服务对象交往中,要实现对服务对象的真正理解,必须将这种理解完全建立在相互理解的基础上。如果倾听者根本不了解所传递信息的真实含义,这种沟通效果会很差。任何成功的服务,都有赖于服务人员与服务对象彼此之间的相互理解,即双向沟通。在任何形式的人际交往中,包括服务人员与服务对象在服务过程中的人际交往,假如没有双方的相互理解,就很难使双方的交往成功。

3. 建立沟通

沟通渠道的建立,需要满足两个基本的条件。

第一,沟通渠道应当是约定俗成的。在人际交往中,某种沟通渠道往往是在一定的地域内,由人们经过长期的社会实践逐步认定、逐步习惯,并且相沿成习的。例如客户到墓地管理单位进行祭奠时,墓地管理员主动与客户打招呼"请问您需要什么帮助吗?"这种做法本身就是一种约定俗成的沟通渠道,意在向客户表示墓地管理单位的敬重之意,这是向客户表示敬意的一种沟通渠道。

第二,沟通渠道应当是相对稳定的。在沟通的过程中,如果客户已经听懂墓地管理员的陈述,但不赞同这种主张或见解,此时墓地管理员要注意不应简单叙述这种观点本身,而是要说服对方接受这种观点。比如客户要求在墓旁焚烧纸钱,墓地管理员应当让客户了解禁止在墓旁焚烧纸钱的原因,并引导客户采用文明的祭扫方式。在与客户沟通时,应保持适当的距离,与客户沟通时的自然距离可视沟通时的环境、话题,以及对方的年龄、性别、性格而确定,以沟通时双方心里感到舒适、方便为宜。

4. 注重技巧

就殡葬服务行业而言,服务礼仪完全可以被理解为一种服务人员与服务对象在服务过程之中实现双向沟通的常规渠道。服务礼仪就是一种沟通技巧。墓地管理员要能够换位思考,能够与客户建立信任关系,运用合理恰当的沟通技巧帮助客户完成墓地相关项目。

第二节　引导订墓服务

引导订墓服务即通过了解客户的殡葬心理、殡葬需求，判断客户的殡葬消费类型，采用合理得当的引导方式，帮助客户完成订墓并提供订墓后续服务。

一、引导服务的原则

（一）尽量满足合理要求的原则

对服务对象的合理要求，墓地管理员要全力帮助其实现，对需要协调的服务项目要做好交代、衔接与协助等工作。要做到客来有迎声，客走有送声，客唤有答声，客求有应声，客助有谢声，客怨有歉声，平时无吵声，忙时无喊声，委屈无怨声。

（二）耐心说服的原则

对服务对象提出的不合理要求或暂时不具备条件解决的问题，墓地管理员应正确引导、耐心解释和说服，以取得服务对象的支持和理解。

（三）及时办理的原则

坚持不拖不靠的办事精神，及时处理现场相关事宜，提高工作效率，当日能办理的事宜绝不延至次日。

（四）接受监督的原则

在开展服务的全过程中接受服务对象和社会的监督，提倡公开服务和阳光服务，做到知错必改，有错必纠。

墓地管理员在遵循上述服务原则的同时，要熟悉各项服务流程和业务工作概况，不断提高服务水平。

二、引导服务的要求

第一，墓地管理员要熟悉墓地的基本情况，了解有关的殡葬政策和墓地发展的基本趋势，积极主动地宣传墓地的主要功能和服务项目，正确解答客户提出的有关问题。

第二，恪守殡葬职业道德，热爱本职工作，有高度事业心和责任感，遵守各项规章制度，坚守岗位，工作认真负责。

第三，了解掌握墓葬市场营销的基本规律和当地民间习俗，正确地引导客户进行合理的墓葬消费。

第四，熟悉墓区分布、碑型特点、墓碑价格及其构成原料等具体情况，正确填写订墓通知单等相关单据。

第五，认真履行咨询义务，在咨询时应当全面宣传、突出重点、耐心细致、讲究方法，为客户提供优质的引导与咨询服务。

第六，衣着整洁，服务主动、热情、周到，态度和蔼，待人诚恳，举止大方。

三、殡葬消费心理的类型

墓地管理员在与服务对象洽谈时,要掌握服务对象的殡葬消费心理的类型。服务对象的殡葬消费心理主要包括以下几种。

(一)求实心理

此种消费心理在服务对象中最具有普遍性、代表性。办理丧事的主要目的是为了追求殡仪服务的实用价值。这类服务对象注重服务过程和殡葬用品的内在质量,对外在的形式和殡葬用品的外表则不十分挑剔,只要实用就满足了。

(二)求新心理

由于社会进步和风俗习惯的变化,服务对象在一些因素的影响下产生了在办理丧事时的求新心理。这种心理不仅青年的服务对象有,而且中年的服务对象也有这种消费心理。

(三)求名心理

有些服务对象追求隆丧厚葬,通过办理丧事,以达到表现自己财富、地位、能力的目的。

(四)从众心理

这种消费心理是指服务对象在办理丧事时自觉或不自觉地模仿其他办理丧事的行为,看到别人家怎么办他也怎么办。这类消费者往往有一种盲目心理。

(五)攀比心理

这种攀比消费心理是缘于服务对象的虚荣心,认为别人大办丧事很风光,自己不大办寒碜,怕别人笑话。

四、殡葬消费需求

因为服务对象的需求常常是多方面的、不确定的,所以需要墓地管理员去分析和引导。墓地管理员需要增强与服务对象主动沟通的意识,逐渐发掘服务对象的特殊需求。

(一)潜在的需求

殡葬服务潜在的需求是指服务对象陈述的一些问题,对现有服务项目和殡葬用品的不满,以及服务对象目前面临的困难。不管这些问题是墓地管理员发现的,还是服务对象发现的,对墓园来讲都算是潜在的需求,潜在的需求对墓园来说是一个提高的机会。如服务对象讲"我想选购×××墓碑""我找不到×××墓区"等,这都是服务对象对其需求的描述,这就是服务对象潜在的需求。潜在的需求通常同殡葬用品和殡仪服务的特色有关。

(二)明确的需求

明确的需求是指服务对象主动表达的各种需求。服务对象向墓地管理员表达明确需求的用语主要有"我想……""我希望……""我要……""我正在找……""我们对……很感兴趣""我期望……",例如,"我想在视野开阔的墓区里选购一处双穴墓""我们对艺术墓碑的设计有……要求"等。服务对象一旦表达了明确的需求,也就是表明对方的具体想法,这时墓地管理员的业务洽谈才会起作用。需要说明的是,服务对象产生了明确的需求,但并不表明服务对象清楚地知道他到底需要什么。所以,作为墓地管理员可以利用专业领域的知识,帮助服务对象做出正确的选择。

(三)基本型需求

基本型需求是指服务对象认为殡葬服务单位应该提供一些基本的服务。比如提供祭奠场所、销售殡葬用品、提供骨灰寄存和接待服务等。服务对象的基本需求,对应着殡葬服务单位应有的基本功能。如果殡葬服务单位没有满足服务对象的基本需求,服务对象就会不满意。相反,当殡葬服务单位完全满足服务对象的基本需求时,服务对象也不会表现得特别满意,因为服务对象认为这是殡葬服务单位的基本功能。

(四)期望型需求

期望型需求是指服务对象期望殡葬服务单位提供他所希望得到的服务。服务对象希望提供的服务项目实现得越多,殡仪服务对象就越满意;当没有满足这些期望需求时,服务对象就会不满意,这就需要殡葬服务单位通过殡仪服务员的不断调查,去了解服务对象的期望需求,不断改进服务。

(五)激动型需求

激动型需求是指服务对象在殡葬服务单位得到了意想不到的服务项目,比如个性化服务、延伸服务等。如果殡葬服务单位没有提供这些服务,服务对象不会不满意,因为殡仪服务对象通常没有想到这些服务。相反,当殡葬服务单位提供了这些个性化服务时,服务对象就会非常满意。

五、了解客户殡葬需求的技巧

(一)聆听

认真聆听是墓地管理员了解服务对象需求的最佳工具。一般情况下,墓地管理员不能一开始就向服务对象直接介绍殡葬用品、殡葬服务内容、服务价格,而要通过询问,认真听取服务对象的要求,再通过介绍去影响服务对象,解答有关问题,让服务对象作出选择服务项目的决策。墓地管理员在业务接待中,要真正了解服务对象的真实需求,有针对性地向服务对象提供服务项目的方案。因此,墓地管理员要学会聆听服务对象的心声,由此来发现服务对象真正的需求,帮助服务对象实现各自的目标。聆听是墓地管理员必须要掌握的一种技能,要提高聆听能力和掌握有效的技巧,墓地管理员应该做到下列四点。

一是明确聆听目的,墓地管理员是为了了解服务对象的需求而聆听。

二是要认真地听,墓地管理员为能全面掌握服务对象的需求,必须要认真地去听,随时了解服务对象在想什么。还要积极地听,如墓地管理员要学会必要的复述,把服务对象刚刚讲的重要的话按照自己的理解,用自己的话再简要地陈述一遍。

三是墓地管理员在体态语言上要进行配合,以提高聆听效果。如在聆听过程中,墓地管理员的身体要适当地向服务对象的方向倾斜,保持与服务对象的眼神交流等。同时还要注意服务对象的体态语言是什么样的,并给予及时的回应。聆听时,仔细观察服务对象流露出什么样的眼神,语气、语速、语调是怎样的,从而捕捉服务对象的想法并给予相应的回应。

四是要安静地倾听,不要随意打断服务对象讲话,否则会漏掉服务对象所谈需求的重点内容和相关信息。

(二) 询问

在服务过程中,询问和聆听好比两个支点,能架起沟通的桥梁。询问能使墓地管理员正确掌握服务对象的需求情况。墓地管理员为了解服务对象需求而与其沟通时,要时常询问,让服务对象参与到谈话中来。在和谐的双向沟通过程中了解服务对象明确的需求,挖掘其潜在的需求。对于不善言谈的服务对象,要询问一些问题,使其不得不参与谈话。墓地管理员要主动进行沟通,可采用这样的话,"据我的理解,您是指……""您主要想了解墓园里有哪些墓碑样式吧"。

1. 引出现有问题的询问

服务对象需求的产生是由于自身有需要解决的问题或者需要弥补的差距。在获得了服务对象的相关基本信息后,就需要知道现在服务对象对墓园的服务项目的态度,尤其是不满的地方,这样有利于后面进一步激发服务对象明确的需求。比如墓地管理员可以用"对现有服务项目您最不满意的地方在哪里"这类询问,既可发现一些问题,又能增强服务对象对墓地管理员的信任。

2. 激发需求的询问

当墓地管理员找到了服务对象对现状的不满之处后,通过提出激发需求的询问,可以将服务对象的这些不满转变成服务对象的期望性需求,引起服务对象的高度重视,提高服务对象解决这类问题的紧迫感。比如墓地管理员可以用"这个问题对您有什么影响"这类询问。

3. 引导服务对象解决问题的询问

当服务对象已经意识到现在所面临的问题的重要性后,墓地管理员可以通过引导服务对象解决问题的询问,让服务对象看到解决这些问题后所给他带来的积极影响,从而促使服务对象下决心行动。"这些问题解决以后对您有什么有利的地方?""您为什么希望解决这些问题呢?"以上的询问主要目的在于激发服务对象的各类需求,让服务对象的需求从潜在的需求转变为明确的需求。

4. 探询服务对象具体需求的询问

当服务对象向墓地管理员表达出明确的需求后,墓地管理员就要花时间尽可能多地了解服务对象更加具体的需求,同时也要知道需求产生的真正原因,以利于墓地管理员有针对性地介绍墓园服务项目和丧葬用品。

5. 引导服务对象做决策的询问

在业务洽谈中,墓地管理员从最初接触服务对象到与服务对象达成协议,这个过程中必须引导服务对象一步步往前走,墓地管理员不能被动地等着服务对象来做决策,而要帮助服务对象做决策。墓地管理员可以说:"如果我们墓园的服务可以满足您的要求,我们现在可以谈谈具体的细节吗?""您还有其他相关的需要吗?"

(三) 理解

墓地管理员对服务对象的需求要全面的理解,如服务对象讲"我们准备购买一座艺术墓碑"，这是一个具体的需求，但服务对象不清楚艺术墓碑的具体石材和款式。这就需要墓地管理员找到服务对象产生这种需求的原因，也就是真正驱使服务对象采取措施的动因，找到了这个动因，对墓地管理员引导服务对象下定决心做决策会很有帮助。墓地管理员所理解的服务对象的需求应是经过服务对象认可的，而不是墓地管理员自己的主观推断或猜测。回答服务对象时，尽量不用"但是""可是""不过"等词语，可以采用这样的话"我完全同意您的看法，同时有另外一种看法是这样的……"（尽量引用第三者的语言）。

六、判断客户的殡葬消费类型及引导方式

墓地管理员在接待客户时应当主动观察和了解不同客户的消费类型和消费心理。墓园客户的消费类型主要有以下几种。

（一）冲动型客户

1. 服务对象的特点

这种类型的客户会很快地作出选择或决定，但多急躁、无耐心、容易冲动，有时会突然停止购买行为。客户在来墓园前一般只有一个较模糊的殡葬消费需求，如只是想购买墓地，但是对墓型等情况不太熟悉。

2. 墓地管理员的引导方法

墓地管理员在接待与引导冲动型客户时，要注意这种类型客户无耐心的特点，直截了当并迅速了解清楚使客户作出购买决定的关键因素究竟是什么。还要注意的是，在引导时一定要按照客户的要求来确定墓型、墓区等。尽量避免讲话过多，多聆听和理解，认真了解服务对象作出购买决定的关键因素是什么，并根据其殡葬需求提出针对性的建议和意见。

（二）果断型客户

1. 服务对象的特点

这种类型的服务对象的主要特点为懂得并明确自己的殡葬需求，确信自己的选择是正确的，对其他的见解不感兴趣。客户在来墓园前就基本确定了墓碑款式等方面的购买意向，一般不会轻易地接受墓地管理员的推荐。

2. 墓地管理员的引导方法

墓地管理员在接待与引导这种类型的服务对象时，墓地管理员应不打折扣地按其要求来让其了解和查看。还要注意的是，在客户了解和查看时不要去打扰，当客户询问时才可以插入一点见解。插入见解时的语言要简洁，并避免与客户发生争论，可插入一些有价值、可参考的见解。真诚自然地接待和洽谈，才能与客户进行有效的沟通，正确简明地传达服务意见。

（三）实际型客户

1. 服务对象的特点

这种类型的客户对有实际根据的信息很感兴趣并愿意具体了解，对墓地管理员介绍中的差错很警觉，注重查看墓葬产品的标识。客户中的大多数对墓园情况比较了解并相信"眼见为实"。

2. 墓地管理员的引导方法

墓地管理员尽可能向客户详细和专业地介绍墓园相关情况，介绍的具体内容一定要有实际根据，绝对不能"夸夸其谈"，因为这种类型的客户对墓地管理员介绍中所出现的差错很警觉，并会由此产生不信任感。还要注意的是，在对这种类型的客户进行介绍时，最好是让客户边看着产品的标识、外观等边听介绍，而且在介绍时要尽量从产品的本身开始，并多突出一些墓园的有关内容。如介绍墓园概况、墓园的文化内涵、历史渊源、品牌影响力、墓园服务、墓葬产品的特点，并如实反映墓园情况，以博得客户的认可，并达成购买意向。

（四）周到型客户

1. 服务对象的特点

这种类型的客户考虑周到而全面，需要与别人商量，对自己不确切知道的东西没有把握。客户尽管在来墓园前就已经做过了一些调查，但在购买前仍需要与别人商量或寻求别人当参谋，同时却又不会将这种想法直截了当地告诉墓地管理员。

2. 墓地管理员的引导方法

墓地管理员在引导周到型客户时，一定要有耐心，通过交谈来捕捉某个一致的看法，然后顺着这个看法引出自己的见解，从而与客户接近。比如，客户喜欢生态型安葬方式，墓地管理员可以将墓园中生态安葬的形式和服务内容推荐介绍给客户，并将生态安葬的一些惠民政策也传达给客户。让客户对自己感兴趣的安葬形式有更为深入的了解，以便达成购买意向。

（五）犹豫型客户

1. 服务对象的特点

这种类型的客户大多在购买墓地时表现出顾虑，担心考虑不周而出现差错，希望墓地管理员当参谋。客户自己下决心的能力很低，还会将自己的想法较为明确地告诉墓地管理员，且这种类型的客户本身比较敏感。

2. 墓地管理员的引导方法

墓地管理员在接待与引导犹豫型客户时，暂时将客户表达的需要和疑虑搁一搁，先实事求是地介绍有关墓园服务和产品的情况。通过详细、认真、如实的讲解和沟通，让客户逐渐放下顾虑，从自身实际需求客观地进行选择。墓地管理员要真诚地为客户服务，取得客户的信任。

（六）怀疑型客户

1. 服务对象的特点

怀疑型客户一般不相信墓地管理员的话，不愿意接受墓地管理员的推荐，要经过审慎的考虑后才会作出决定。在这种类型的客户中有相当一部分对墓地管理员存在着片面的看法，认为墓地管理员会误导客户。

2. 墓地管理员的引导方法

墓地管理员在接待与引导怀疑型客户时，最好是先引导服务对象自己来查看产品，并且要注意在客户查看产品时，墓地管理员先不要对产品进行评价也不要打扰，应先让服务对象自己去判断。当服务对象提出询问时，墓地管理员则应针对服务对象的询问来简洁地回答，简洁地插入一点见解和建议而不要过多地去展开。

随着经济的快速发展和文化的多元化发展，人们越来越乐于利用商品来展示自己独特的个性，展示自己的社会地位。墓地服务中客户也同样存在这样的情况，例如选用个性化殡葬服务项目，选择个性化的艺术墓碑等。

同时客户也越来越关注服务体验，客户在不同氛围的墓园中购墓，都会获得一种整体体验，这种体验由许多因素构成，如墓地管理员的接待服务水平、样品墓的陈列方式、环境气氛等都会影响客户的购墓情绪。因此，墓地管理员要精心策划舒适的接待环境和气氛，这些要素会激发服务对象的购墓行为。同时，墓地管理员应处处尊重服务对象，并与服务对象进行情感上的沟通，给服务对象留下美好的情感体验。

（七）家庭（团体）客户

家庭（团体）客户是指在消费的全过程或消费过程的部分阶段，由一定的家庭（团体）成员参与，共同完成消费决策。由于墓葬消费的特殊性和中国传统殡葬文化的影响，墓葬消费的决策过程往往是在家庭（团体）群体共同参与的情况下完成的。

1. 消费群体的类别

一个人的行为会受许多群体影响，其中个人所属并对个人具有直接影响的群体称为成员群体，个人会与群体内的其他人发生相互影响。

（1）按群体影响力的大小，分为首要群体与次要群体。首要群体是指由有着密切关系的消费者组成的群体，如家人、亲朋好友、同事等，首要群体对其成员的消费心理和消费行为有着十分重要的制约作用，个人与首要群体保持连续的相互影响。次要群体是指对其成员的消费心理与行为的影响作用相对较小的消费群体，此类群体比较正式且不保持连续的相互影响，如同业协会、工会等组织。

（2）按消费者与群体的关系，分为成员群体与参照群体。成员群体是指消费者已加入其中的群体，对消费者的心理和行为都有重要的影响和制约作用。参照群体是指消费者不在其中，但又受其影响的群体。参照群体又分为向往群体和回避群体。向往群体是指消费者推崇或渴望加入其中的群体，对消费者具有很强的示范作用，如文化名人群体就是其崇拜者的向往群体。回避群体是指消费者认为自己与其完全不同而极力避免与其有相似行为的群体。消费者对回避群体的消费心理和行为持相反态度，并极力排斥其对自己的影响。

2. 家庭（团体）客户中的个人因素

消费者的决策行为受消费者的小群体、家庭、社会角色与地位等社会性因素的深刻影响，也会受个人外在特征的影响，特别是受其年龄所处的生命周期阶段、经济环境、生活方式、个性以及自我概念的影响。

（1）社会角色与地位。一个人在一个群体中的位置可用角色与地位来说明。一个角色同时带有周围人期望他进行的所有活动。每一种角色都附着一种地位，地位能够反映出该角色在社会中受尊重的程度。角色与地位都强烈地影响着消费者的消费行为。

（2）意见领导者与意见追随者。意见领导者指在一个群体里，因其特殊技能、知识、人格和其他性质等因素而能对别人产生影响力的人。社会的每一阶层都存在意见领导者，墓地管理员要试图寻找意见领导者的个人特征，并对意见领导者进行有益的引导。意见追随者指在一个群体里，受意见领导者影响而倾向于采取相应行动的人。一个人既可能是某些产品的意见领导者，也可能同时是其他产品的意见追随者。

（3）决策者和影响者。决策者是指在部分或整个消费决策（包括是否消费、消费什么、如何消费、何时消费、何处消费等）中，有权作出决定的人。影响者指其所提出的观点或劝告对最终购买决定有影响的人。

3. 家庭（团体）服务对象的接待方法

（1）尊重成员。家庭（团体）服务对象的共同特点是以群体形式出现，其中的每位成员都有可能对墓葬消费产生影响，因此墓地管理员在接待服务对象和答复服务对象的咨询问题时，要一视同仁，尊重并认真答复每位成员所提出的意见和问题。

（2）确定意见领导者和决策者。家庭（团体）服务对象群体中，总会有一名或多名意见领导者和决策者。通过与服务对象初步交谈，要尽快确定群体中的意见领导者和决策者，在接待时可以适度地多听取其意见，这也是抓住主要矛盾并解决接待与咨询过程中诸多事宜的关键，正确地确定意见领导者和决策者能起到事半功倍的效果。在家庭（团体）服务对象中，收入最多的人、权力最大的人、德高望重的人、最受宠爱的人可能是意见领导者或决策者。

（3）正确引导。由于家庭（团体）服务对象意见纷杂，在接待与答询时首先要允许他们发表不同的见解，然后由服务对象展开讨论。在服务对象讨论的过程中，墓地管理员要认真听取并分析其讨论的焦点问题，在此基础上正确梳理并引导服务对象进行合理消费。

（4）提出建议。通过服务对象的讨论和墓地管理员的正确引导，服务对象会有一个或几个初步的消费方案。此时，墓地管理员可以对意见领导者或决策者提出的初步方案进行简要的评价，结合引导消费的经验，推荐和介绍有关的消费方案，并与意见领导者和决策者提出的初步方案进行对比，提出具体的消费参考建议，由服务对象决策。

七、引导客户了解墓园相关情况

（一）墓园环境的介绍

墓园环境是客户选墓时考虑的重要因素，墓地管理员应当具备引导客户了解墓园环境的能力。

墓园不仅是骨灰和遗体安置的场所，也是承载历史文化、社会大众集体记忆与情感，体现时代精神的纪念性公共空间。墓园在满足基本的殡葬功能的同时，每个墓园还会根据自身的情况，构建符合墓园自身特点的主题场所并注入相应的文化内涵。墓地环境往往也从某一侧面映射出社会的物质和精神生活，因此它总与当时当地的社会现状紧密结合，带有时代的印记，受不同地域文化、自然环境、社会政治、经济等因素的影响。墓园环境的营造，需要选择合适的空间。墓园的空间之所以不同于其他的空间类型，是因为它特殊的功能属性使其具有独特的性质。

引导客户正确认识和了解墓园环境，对于客户选墓有重要的意义。墓园环境主要包括以下几个方面。

1. 墓地环境景观空间属性特点的介绍

优秀的墓地环境景观，既能反映出墓地的综合品质，又为殡葬活动者带来深刻的景观感受。人们在观赏墓地环境景观时，一是追求可以观赏和感受的动感空间，二是追求可以停留并驻足观赏的情感空间。这两种空间满足了人们身心对景观的综合需求。

引导客户了解墓园空间的类型以及不同空间的特点和感受，有利于帮助客户选择合适的墓区。

（1）动感空间。动感空间在视线的快速移动中，注重景观的连续性和韵律感，强调线形与色彩的变化。观者会感受到大线形的动势，大色块的对比与呼应。在景观空间的处理上，动感空间常以简洁、明快的风格形成独具艺术魅力的空间。

墓地环境景观在连续的景观变化中，可以通过突出一些景观点的主题，产生跳动的韵律，把墓地景观中有限的空间内容处理得有声有色。墓地环境中的韵律和节奏，是景观要素自身的形状、色彩、质感通过连续、重复的运用，按照一定的规律安排适当的间隔和停顿表现出来的。空间中生动的韵律与节奏能赋予环境生机与活跃感，同时还能吸引观者的注意力，表现出一定的情趣和速度感，加深环境内涵的深度与广度。

（2）情感空间。墓园是人类情感的特定表现空间。优秀情感空间的处理方式是在赋予景观人格化的同时，更注重内在心理世界的表达，使观者在停留与观赏之中体会人生，进行人与人之间的交流。情感空间更注重人的参与性，即观者对景观进行欣赏、品味、聆听，甚至去触摸，从而拉近与景观的距离。情感空间尊重人本身的需求，设计更具人性化，强调观者同景观相融合。

墓园的精神属性不仅表现为对逝者的纪念，也表现为对时代精神和优秀传统文化的弘扬以及对正确伦理道德的标榜。墓园的精神表达要有正确的道德价值取向，以达到宣扬和教化的目的。通过墓园的景观看到背后所传达的精神内涵，使人们回想起那些应被尊重与遵守的价值观念，并形成自己的记忆。当人们真正理解并认同之后，也会将这种精神文化融入自己的生活。

2. 墓园环境景观空间划分方式的介绍

墓园环境景观空间划分方式的介绍，便于客户较为全面地了解墓园整体规划、风格特点和分区方式等。墓园环境景观空间划分方式主要包括以下几方面。

（1）以道路划分空间。在一定的地域内以道路为界线划分出若干空间。如以不同的绿化风格和墓碑造型设置不同的墓区，各个空间各有特色，而墓区内道路又是联系这些空间的纽带，殡葬活动者在路上可以看到不同空间的景色。墓区道路可以通过有设计特点的行道树加以区分。

（2）以植物划分空间。在一定的地域内用植物划分出若干空间，脱离了道路的限制，显得自然生动。比如北方气候四季分明，植物景观的季相也很突出。墓地中的主要树种，大多选用针阔叶树种，形成模拟自然群落结构针阔叶混交的人工群落，显示出强烈的北国植物景观。

（3）以建筑划分空间。利用各种建筑形体和它们之间的相互关系可以组成很好的园林空间形式，如墓园中以廊、桥等中国古典园林建筑形式划分空间，从而使不同的空间互相渗透与呼应。

（4）以山林、道路和建筑综合组成的空间。以山林、道路和建筑综合组成的空间具有很强的表现力，它们互相衬托、补充，使环境空间具有鲜明的主题，可以产生较好的效果。

（5）以光影、声音等要素划分空间。光影效果使人们得以感受到空间的立体性、层次感和生动感。在景观中，光线的明暗变化会使人们对空间氛围产生认知并加强对空间情感的认同。环境中声音的设计，同样会增强景观空间的纪念气氛。运用视觉或听觉等景观信息可以使墓园景观空间的情感表达更具有层次。

3. 墓园环境景观空间序列特点的介绍

空间序列是指空间环境先后排列的顺序关系。一般的墓园环境有明确的起始、主体陪衬和结尾，其艺术感染力存在于环境空间的序列流程中。墓园环境景观空间序列可以影响墓园给人的整体印象，引导客户了解空间序列便于提升其对墓园的宏观感受，加深对墓园环境的理解。

墓园环境的空间序列是靠游览路线串联起各个空间的，同时也可以考虑通过视线进行联系，还可以通过眺望点进行联系。墓园环境景观的空间组织，一般通过空间序列完成。墓园环境景观的多变和转换，通过人的感觉系统把多种多样的美的信息交混与协调起来，引起人全身心的审美感受，因而墓园环境景观中每一要素的配置都要考虑到殡葬活动者来到墓地的特殊心情，以减轻殡葬活动者的悲伤。墓园环境景观的空间序列形式大体可分为两类：线性空间序列与非线性空间序列。

（1）线性空间序列。线性空间序列具有明确的行进路线和观景的先后顺序，按设计者所规定的路线才能达到预期的观赏效果，任何逆转与穿插都会使观赏效果大打折扣。线性空间序列通常沿着一条情感线索按照前奏（开端）、高潮、结尾的顺序展开，这种空间序列的布置体现出心理体验变化的波动曲线，与人们进入这一场所中的体验进程是同步的。

序列的起始预示着将要展开的内容；过渡阶段是培养人的感情并引入高潮的重要环节，具有引导、启示、酝酿、期待及引人入胜的作用；主要阶段是序列中的主体，使人在环境中产生种种最佳感受；终结阶段则由高潮恢复到平静，可使人追忆高潮的余味。

（2）非线性空间序列。非线性空间序列以空间的主从关系而不是以时间的先后顺序来组织游览路线，没有唯一的参观路线，观者可以在各空间中自由来往与驻留，不受限制地体验空间，感受纪念氛围。这种组织方式取决于纪念的表现内容和追求的体验感受。观者可以自主选择路径，路径选择的顺序对人们的情感或空间体验不会造成很大的影响。

大部分的墓园景观，往往根据需要将这两种空间序列有机地组合起来。如大多墓园空间总体设计以中轴线为主，庄严肃穆，墓区内又有公园式的自由游览区，空间对称的中轴线与不对称的观赏线结合，产生不同的空间体验。

（二）墓式与墓型

客户选墓通常会非常关注墓式和墓型，因此需要引导客户了解墓式和墓型。

1. 墓式

墓穴分单穴、双穴、多穴。单穴是单独埋葬，双穴一般为夫妻合葬。多穴一般为家庭合葬，占地面积略超过双穴，其特点是充分利用地下空间，将墓室建成多层。建墓用的石材种类繁多，质地、花纹各不相同。不同的石材质地、雕刻工艺、占地大小、地理位置会形成不同的艺术风格，也有不同的价格。公墓环境好、基础设施完备、道路通畅，墓穴价位自然较高些；而一些较简单的公墓，墓穴价格就便宜。同一个公墓中，道路两旁的墓穴因地方相对较宽畅、祭扫方便，也比其他墓穴的价格高些。

2. 墓型

墓的类型多种多样、风格迥异，常见的有标准墓、草坪墓、树葬墓、花坛墓、骨灰壁墓、艺术墓等。其中标准墓最为常见，一般在墓区内呈规则式排列。草坪墓、树葬墓、花坛墓、骨灰壁墓等属于生态葬，具有环保、节能和成本低等特点。艺术墓大多是根据客户要求而专门设计的墓型，是艺术化与个性化的高度结合，文化品位很高，充分体现了家属的一片深情和设计者的匠心。各种墓型具体已在第二章第三节中阐释，这里不再赘述。

（三）样品墓的陈列和介绍

1. 样品墓的陈列

为便于客户选择合适的墓型，一般墓地管理单位要专门设立墓地商品展示区，墓的主体及大型构件一般设置在室外场地,而小型的墓体附属构件和随葬品等一般用柜台陈列。样品墓陈列的效果直接影响着客户对墓地商品的选择,也影响着墓葬消费和单位的总体效益,因此样品墓的陈列是十分重要的。

(1) 样品墓的陈列原则。主要分为以下三种。

一是正确分类。样品墓的陈列可按下面的分类方法进行陈列。按档次将墓分为:实惠型、小康型、豪华型等。按材质类型可分为:一般石材类、汉白玉石类、花岗岩石类。按艺术特性可分为:标准墓型和艺术墓型。

二是陈列的美观性。有色彩的墓型与无色彩的墓型应分开摆放,如艺术墓型多是带色彩的墓型,要集中摆放在一起,不要与汉白玉石类和一般石材类穿插摆放。要符合季节变化,不断创造出新颖的样品布置并搭配富有季节感的装饰。设置与样品墓相关的说明展板,相关、相近的墓型要集中陈列,以便客户进行选择与对照。通过灯光、音乐等渲染样品设置区的环境氛围。保持样品墓的清洁,定期擦洗墓碑、碑座等,每天清扫样品墓周围环境卫生。

三是陈列的信息性。提供给客户的视觉信息是非常重要的,客户由陈列的墓型可获得综合的信息。

(2) 样品墓的陈列方法。样品墓的陈列受场所的环境条件、样品墓的种类和造型的制约,主要陈列方法大致有以下几种。

一是对比法。巧妙地将多种不同色彩、规格、形状、格调的样品墓及背景图案组合起来,带给人们感观效果上的鲜明差异和对照,由此达到突出样品墓、烘托某种气氛的目的。对比法是最直接、最简单易行的艺术手法,给人以鲜明、醒目、活泼、生动的视觉效果,带给客户深刻、强烈的印象而引起其消费欲望。样品墓陈列采用的对比法主要有色彩、图案对比,光线强弱、明暗对比,鲜艳与素雅的格调对比,等等。

二是对称法。在样品墓陈列中,注意掌握与运用对称法就可以得心应手地面对单一的样品墓,将其组成形式各异的陈列,如梯形、三角形、金字塔形、环形等多形式、多层次的对称式样品墓陈列。丰富多彩、有序对称的艺术美能给客户以赏心悦目之感。

三是调和法。通过合理的组合、调动,运用样品墓的色块、线条、图案,以恰当的角度和位置布置好背景和陪衬物,营造一个主题明确、摆放得体、氛围适宜的样品墓陈列环境。在样品墓陈列中,如样品墓体积大小不一、差异较大时,在陈列摆放时应尽可能安排小型样品摆在前,大、中型样品墓摆在后,这就是运用近大远小的视觉差异进行样品墓摆放的调和。

四是节奏法。"节奏"是乐理中用于体现韵律的,在这里作为时空概念被引申、运用于样品墓陈列的方法中来。这是从理性角度提示墓地管理员,在构思、设计和实施样品墓陈列时,要充分注意运用声乐中的抑、扬、顿、挫的原理,尽可能做到艳淡相间、疏密得当、错落有致、张弛有度地安排样品墓的陈列和摆放。

(3) 样品墓陈列环境。优美的陈列环境、精心设计的橱窗货架、引人注目的商品广告、令人赏心悦目的艺术陈设、良好的设施,都会刺激客户的感觉器官,引起客户的消费欲望,推动客户的消费行为。光线昏暗、杂乱无章、人员拥挤、空气污浊、设施陈旧,就会令客户望而止步,乘兴而来,败兴而归。改善样品墓陈列的环境应注意以下几个方面。

一是场所装饰。即通过色彩、材料、造型、文字等外观造型,体现环境特色和风格,塑造形象,传递信息,吸引客户。

二是样品陈列。即艺术地展示墓地的商品特色。做到主题突出、构思新颖、装饰美观、雅而不俗、醒目充实,便于客户进行比较、选择与购买。

三是广告渲染。即以悬挂和张贴海报、播放音乐、派发墓地商品指南等广告形式,传播商品信息,渲染气氛,引导客户消费。

2. 样品墓的介绍

（1）样品墓的展示。样品墓的展示是墓地管理员采用一定形式向客户展示样品墓的外观，表现样品墓的特点，是帮助客户了解样品墓性能、激发客户消费欲望的有效手段，具体有以下几种介绍方法。

一是敞开展示法。将样品墓敞开或展开，展示样品墓全貌，以引起客户注意。敞开展示法的关键是要展示样品墓全貌。不仅要让客户观看到样品墓的外表，还要让客户观看到样品墓内在质量和特征，使客户全面了解样品墓，引起消费兴趣。

二是示范展示法。通过墓地管理员操作示范来展示样品。一些结构比较复杂的样品墓，需要由墓地管理员进行现场操作示范，才能使客户了解样品墓的特点及性能。墓地管理员必须熟练掌握样品墓的使用、操作要领，了解样品墓结构性能，并能对简单的故障进行准确维修。

三是表演展示法。通过墓地管理员亲自表演来展示样品墓的性能、质量。

四是局部展示法。通过展示样品墓的关键性部位来显示样品墓的内在质量。有些样品墓的内在质量不需要展示全部，只需要展示关键或核心部位就可以了解样品墓全部。

（2）样品墓的演示。样品墓的演示形式多样。按演示目的可以划分为功能和作用演示、性能和效果演示、使用操作演示、综合演示等。样品墓的演示具有为客户示范样品墓使用功能、充分显示样品墓的技术性能、赢得客户对样品墓信赖的作用。在演示样品墓时要注意以下几点。

一是在进行样品墓演示时，一定要面对客户，使客户看到样品墓演示的全过程。切记不要用自己的身体挡住客户的视线或背对客户进行演示。

二是要耐心、细致地演示样品墓的使用操作方法。

三是要逐个功能进行演示，对重要功能应反复演示，切忌同时演示两个以上的功能。

四是讲究语言艺术，讲解生动，引人入胜，要有娴熟的服务技巧。

（四）文化名人墓地的宣传

墓园的文化氛围和社会影响力通常会成为客户选墓的因素之一。墓园中的文化名人墓是展示墓园文化的重要名片。向客户介绍墓园中的文化名人墓既可以帮助客户了解墓园，也可以进一步提升墓园的社会影响力，更是传播优秀墓园文化的途径。

墓地的开发、建设不是孤立的，它与社会进步、经济发展，以及人们对物质、文化生活水平的追求有着密切的联系。随着殡葬改革的日益深入和人们对其重要性认识的逐步提高，对墓地的综合功能提出了新的要求。吸引文化名人建墓并大力宣传文化名人，努力提升墓地的教育功能，已经成为一些优秀墓地单位提高管理与服务、增加墓地文化底蕴的主要做法。

所谓文化名人，是指艺术上有造诣、学术上有成果、思想上有成就、理论上有创新，在科学、文化、艺术、教育、体育、经济等领域具有一定知名度的优秀人才。

1. 文化名人墓地在公墓建设中的意义

（1）增强文化底蕴。中华民族的传统文化源远流长，闻名于世。殡葬文化作为民族文化的重要组成部分，以它特有的文化载体记录着人类社会的发展过程，从不同的侧面反映了当时社会政治、经济、科学、文化的基本状况。纵观历代封建君主耗巨资建造的陵寝，无不凝聚着劳动人民的聪明才智，如北京的明十三陵、河北的清东陵和清西陵等，已成为中华民族宝贵的文化遗产，成为人们进行考古、研究历史的依据，表现出文化价值和历史价值。

文化内涵是一种潜在的内容,是长期积累的结果,也是公墓品位和形象的重要标志。因此,在公墓的文化建设方面,力求在文化内涵上有鲜明的时代特点,在继承优秀传统殡葬文化的基础上有所创新和发展,并与现代文化的表现形式进行有机结合,使现代公墓具有丰富的文化底蕴。人文景观与自然景观的相互协调,既起到画龙点睛的作用,又达到浑然一体、交相辉映的效果。

(2) 拓展教育功能。充分挖掘和利用自身文化资源的优势,大力弘扬英雄模范人物的感人事迹,使公墓在开展爱国主义教育和革命传统教育活动中发挥重要作用。公墓的教育功能是其自身潜在的重要功能之一,也是扩大社会影响和提高社会地位的重要因素。因此,在公墓的开发建设过程中要把教育功能摆在突出位置。墓地中的安葬对象来自社会各个阶层,这其中有早年投身革命,为党和人民的事业操劳一生的老领导、老同志;有在作战中功勋卓著、屡建奇功的战斗英雄;还有在社会主义建设时期各行各业的劳动模范;等等。这些都是不可多得的教育材料。充分挖掘、整理、展示英模人物的生平事迹,大力宣传他们无私奉献、艰苦奋斗、全心全意为人民服务的共产主义精神,对加强两个文明建设和对广大青少年开展爱国主义教育有着重要的现实意义。

(3) 强化宣传效果。墓地宣传的方法有多种,但通过吸引文化名人建墓而得到媒体的正面宣传和报道,会产生较好的效果。这对提高墓地的知名度、促使墓地管理单位提高管理与服务质量等具有显著的作用。

(4) 提高综合效益。吸引文化名人建墓还能够有效地提高墓地管理单位的环境效益、社会效益和经济效益,使墓地建设形成良性循环,有效地提高墓地的综合效益和发展潜力。

2. 宣传文化名人墓地的途径和方法

(1) 广告宣传。通过网络、电视、报刊等不同的媒体形式进行广告宣传,在征得文化名人家属同意的情况下,从文化名人的人生观、价值观以及生前对社会的贡献等角度进行宣传,使客户在了解文化名人的同时了解墓地管理单位的基本情况。

(2) 公益宣传。抓住文化名人的闪光点,在有关媒体上进行社会公益宣传。如在植树节前宣传那些曾经为祖国绿化事业作出特殊贡献且安葬在本公墓的文化名人,既宣传了植树绿化的重要性和文化名人的贡献,又宣传了文化名人的安葬地。

(3) 活动宣传。借助文化名人安葬、追思等活动,对文化名人进行多角度的宣传报道。也可以通过组织有意义的活动,如组织学生进行爱国主义活动、社会主义教育活动、征文比赛活动等,大力宣传文化名人。

(4) 现场宣传。在文化名人的安葬地进行现场宣传是最直观、最形象的方式。客户到墓地去选择墓地商品,墓地管理员可以有意识地向客户介绍文化名人墓地的特点,增强客户对墓地管理单位的信任。

八、订墓的相关事宜

(一) 订墓流程

1. 介绍墓园

墓地管理员需要介绍墓园的基本情况,出示经营性公墓许可证、工商营业执照等。与客户沟通并了解客户意向及购买需求。以现场导购的方式介绍墓位区域及相应服务项目的办理方法与收费标准。办理保留墓位或预订墓位的手续，填写留墓单（附表1）及定墓单（附表2）。

2. 订立合同

墓地管理员需要查验逝者的火化证明或死亡证明、骨灰寄存证明、迁坟证明，并复印留存。填写墓位登记表（附表3），签订《墓位使用合同》（附表4）。帮助客户结算墓位款项。出具公墓安葬证、发票及合同。确定瓷像、碑文等，结算相关费用。

3. 验收墓位

墓地管理员要现场验收墓位及瓷像、碑文等，向客户反馈验收结果。填写墓位验收确认单（附表5），由客户确认签字。

4. 预约安葬

客户凭公墓安葬证和客户身份证办理预约安葬。墓地管理员向客户详细介绍安葬程序及相应服务，结算安葬服务费，通知相关人员进行安葬施工。

5. 后续服务

墓地管理员需要定期进行客户回访，发布特殊节日温馨告示。提醒客户墓位使用合同期限和维护与管理期限等。根据客户需求提供服务。

（二）处理订墓矛盾与纠纷

1. 订墓矛盾和纠纷的主要类型与产生原因

（1）客户自身的矛盾和纠纷。客户在订墓过程中，因家庭成员意见不统一，而产生矛盾和纠纷。主要集中在是否订墓、公墓的类型与价位、公墓的位置、订墓有关费用的分担等方面。

（2）客户与墓地管理单位之间的矛盾和纠纷。客户与墓地管理单位之间的矛盾和纠纷主要是由于墓地管理员在引导客户订墓的过程中，因服务态度、服务方法等原因而造成客户不满意。可能会产生墓位重复预订、无实际墓位等错误。

2. 处理订墓矛盾和纠纷的基本原则

（1）分清责任，区别对待。要抓住纠纷发生的要害或其产生的主要原因。分析清楚矛盾和纠纷的性质后，不能依主观臆断处理，要对纠纷的产生、经过以及现状作系统周密的调查研究，进一步分析该纠纷主要是围绕什么权利、义务发生的。如果是客户自身内部的矛盾和纠纷，应本着调解的原则进行解决；如果属于客户与墓地管理单位的矛盾和纠纷，首先要分析是否属于本单位工作不到位或失误所致，然后认真予以解决。

（2）化解矛盾，耐心调解。调解是化解矛盾的主要方法，无论哪种类型的矛盾和纠纷都应首先进行调解。如果属于墓地管理员工作失误，应主动承认错误并向客户道歉，同时要尽快以真诚的态度解决矛盾和纠纷。

（3）避免过激行为。矛盾和纠纷的解决需要真诚与温和的态度，尤其应该明白墓地管理单位无权干涉客户家庭的内务，不得强行要求客户订墓或退墓。客户也不得影响墓地管理单位正常的管理、办公和服务的秩序。

3. 处理订墓矛盾和纠纷的要求

在墓地管理与服务中，墓地管理员每天要接待各种各样的客户，往往会出现一些矛盾。遇到矛盾时墓地管理员应对具体情况作具体分析，从中找出解决矛盾的办法。处理同客户之间的矛盾必须遵循以下一些要求。

(1) 主动的要求。解决矛盾的关键在墓地管理员身上。墓地管理员应树立"全心全意为人民服务"的思想，处处为服务对象着想，遇到矛盾应主动从自己身上找原因。因为墓地管理员在服务过程中处于主导地位，是发生矛盾的主要方面。只有这样才会减少矛盾，就算有了矛盾也容易解决。

(2) 善意的要求。解决矛盾、避免矛盾激化的有效方法是墓地管理员应谦虚、谨慎、严格要求自己。在解决矛盾时，如果属于自身方面的问题，墓地管理员要主动承担责任、接受教训、改进工作，要耐心地寻求解决办法，要竭力向服务对象解释，消除他们的不满。如果属于服务对象方面的问题，墓地管理员不要过分计较，一定要克制自己，绝不能采取"得理不让人"的态度，而应诚恳、耐心地做好说服解释工作。墓地管理员要做到不急不躁，有礼有节，讲究策略，缩小矛盾，解决矛盾。

(3) 灵活的要求。墓地管理员处理矛盾时方法要灵活得当。矛盾产生的原因是多种多样的，必须对具体问题作具体分析，找出产生矛盾的具体原因。墓地管理员要讲究方法，有针对性地妥善解决矛盾，对关系到国家政策和群众利益的问题要坚持原则、不迁就；对一些非原则问题不纠缠，要主动、灵活、迅速解决问题；对一些暂时解决不了的矛盾，墓地管理员与服务对象要暂时分隔开来，可请服务对象到接待室慢慢商量解决。

(4) 妥协的要求。妥协是对自己的观点作出让步或修正自己的态度，从而适应对方观点和愿望的行为。它是一种主动地让步，而不是被迫地退缩。这有利于缓和紧张的气氛，促使矛盾向好的方向转化。当然，妥协应该在社会道德规范之内，以不损害社会和集体利益为前提。墓地管理员应提高修养的水平，培养良好的心理素质，增强自我控制的能力，掌握处理问题的技巧，尤其要掌握处理不同意见的技巧，这是墓地管理员处理与服务对象矛盾的关键。

4. 处理订墓矛盾和纠纷的主要方法

(1) 客户众多与应接不暇的矛盾。在墓地管理与服务中，墓地管理员经常会遇到客户众多、业务繁忙的时候，此时客户的内心一定是想尽快得到相关服务，而每个墓地管理员不可能同时接待众多的客户。要解决客户众多与墓地管理员少的这种矛盾，墓地管理员应充分发挥主观能动性，尽量按照"先来后到"的顺序，努力做到"接一顾二招呼三"，即接待第一个客户，同时询问第二个客户的意向，顺便招呼第三个客户。

越是在客户多、业务忙的情况下，墓地管理员越要精神集中、沉着冷静、忙而不乱，以确保客户众多与墓地管理员少的矛盾得到较好的处理。

(2) 客户犹豫不决与保证服务效率的矛盾。客户在消费时对墓地商品总是想多挑多看，通过比较和挑选再确定自己的选择。有的墓地管理员认为客户的犹豫不决会影响服务效率，把客户挑选次数的多少与服务效率的高低联系起来，这种看法是片面的。遇到这种情况墓地管理员应采取积极的方法，体贴客户并当好参谋，按照客户的需求恰当地帮他选择，从而减少客户选择的次数。这样既提高了服务效率，又令客户高兴满意。

(3) 客户与墓地管理员在退换商品时发生的矛盾。墓地管理员对退换商品的客户要热情接待，区分情况分别处理。一些墓地管理单位根据墓地商品的特殊情况制订了相应的退换规定，应遵照执行。对客户自身内部的矛盾和纠纷，墓地管理员应本着对客户负责的态度主动调解。如果是客户与墓地管理单位之间的矛盾和纠纷，也要本着先调解的原则，说明出现问题的原因，找出双方都能接受的解决方法。如果调解不成功，可以为客户更换新的墓位。如果客户所订墓位已经办理了租用手续并交纳了有关费用，墓地管理单位已经按客户要求进行施工的，客户应该按有关规定赔偿损失后才能更换新的墓位。如果墓地管理单位确实无法满足客户的需求，可考虑按有关规定退墓，要注意对客户表示歉意并做好安抚工作。

(4) 墓地管理员因填写单据错误而引起的矛盾。墓地管理员在管理与服务过程中填写的单据主要有定墓单、报修单等。产生这种矛盾的原因或是墓地管理员听错，或是客户说错、记错。发生这样的矛盾后应以缓和的方法解决，墓地管理员要沉着冷静地回忆过程，查明发生差错的原因。如果是自己填写错误，应主动向客户道歉；如果是客户说错、记错，应帮助客户重新办理有关手续。

（5）客户提出的意见与实际情况有出入而引起的矛盾。遇到这种情况时，墓地管理员应持冷静的态度，首先考虑客户的意见有没有积极的一面。如果客户提的意见确与实际情况不符，不应训斥客户使矛盾激化。通常事情解释清楚，大多数客户是通情达理的，墓地管理员应进一步提高服务态度和服务质量。

（6）客户与墓地管理员发生争吵而引起的矛盾。墓地管理员在管理与服务过程中，由于种种原因，可能会出现与客户争吵的现象。这种情况在墓地管理与服务规定中是绝不允许的。一旦出现这种情况，其他墓地管理员应及时从中调解，及时制止，维护单位信誉，坚持"墓地管理员是矛盾的主要方面，有理也要让三分"的原则，耐心解释，化解争端。

总之，墓地管理员处理与客户之间的矛盾，要做到理直气和、不急不躁、有礼有节、讲究策略、公正处理、双方满意。

九、订墓后续咨询服务

（一）后续咨询服务的内容

在墓地管理与服务过程中，墓地管理员有时还要为已经订墓的服务对象提供后续服务，在后续服务中同样要注意服务礼仪。后续服务的内容很多，只要是服务对象不满意或尚未满足的方面，都应是后续服务的内容。

1. 不明确事项的咨询

如订墓后服务对象需准备的有关墓葬事宜，所订墓的施工进展情况，墓地管理与服务的规定等。

2. 不满足事项的补充

如服务对象对自己所订的墓地商品尚有不满足之处，需要增加或减少有关墓地商品。

3. 不满意事项的投诉

服务对象对自己所选择的墓地管理单位或工作人员不满意，对自己所订的墓地商品不满意，要求改进管理与服务，要求退墓等。

（二）处理客户投诉

客户因对墓地管理单位的管理与服务不满或对需求不满，而通过来电、来访、来函或其他（如网络投诉）方式向有关部门反映的行为，称为投诉。

客户投诉能指出服务过程中应改善的环节。投诉其实是客户给墓地管理单位提供改善服务的机会，使有意见的客户重新接受墓地管理单位的服务。投诉也给管理人员令客户继续信任的机会。

1. 客户投诉的主要类型

（1）按投诉的性质划分为有效投诉和沟通性投诉。具体内容如下。

有效投诉：一是服务对象对墓地管理单位在管理、服务、收费、经费管理、维修养护等方面失职、违法、违纪等行为的投诉,并经过有关行业主管部门查实和登记的投诉。二是服务对象向墓地管理单位的负责人或管理人员提出的,管理单位或管理人员故意、无意或失误造成服务对象或公众利益受到损害的投诉。

沟通性投诉:一是求助型,投诉者有困难或问题需管理人员给予帮助解决的。二是咨询型,投诉者有问题或建议向管理部门联络的。三是发泄型,投诉者带有某种不满,受委屈或误会等造成的内心不满,要求解决问题的。沟通性投诉若处理不当,会变成有效投诉,所以必须认真处理沟通性投诉。

(2) 按投诉的内容划分为对设施及设备的投诉、对服务态度的投诉、对服务质量的投诉、突发性事件的投诉。具体内容如下。

对设施及设备的投诉:服务对象对设施及设备的投诉主要包括墓体及其附属构件、墓地配套设施及设备、公共设施及设备等,即使墓地管理单位建立了对各种设施及设备检查、维修、保养的制度,也会出现一些在所难免的问题。

对服务态度的投诉:服务对象对服务态度的投诉主要包括管理人员不负责任的答复行为、冷冰冰的态度、爱理不理的接待方式等。墓地管理人员与服务对象都由不同个性的人组成,所以此类投诉很容易发生。

对服务质量的投诉:服务对象对维修质量、维修是否及时等的投诉都属于对服务质量的投诉。减少服务对象对服务态度与服务质量的投诉的最好方法是加强对管理人员的培训。

突发性事件的投诉:此类投诉具有明显的突发性,因此墓地管理单位更应该特别注意,而且要在突发事件应急预案中有明确的处理程序、原则和方法。

2. 处理客户投诉的原则

墓地管理员应正确认识投诉,客户对本单位投诉是正常现象,这也是客户对本单位信任的体现。正确处理投诉是提高殡葬服务质量的必要保证。因此墓地管理员在处理客户投诉时,应注意遵守以下几个原则。

(1) 真心诚意地帮助服务对象解决问题。服务对象投诉,说明墓地管理与服务工作还存在不足之处,说明服务对象的某些要求还没有被重视起来。每位墓地管理员都应理解服务对象的心情,同情服务对象的处境,努力识别及满足他们的真正需求,真心实意地帮助服务对象解决问题。只有这样,才能赢得服务对象的信任与好感,才有助于解决问题。

(2) 不与服务对象争辩。服务对象因为不满才会投诉,投诉的服务对象往往情绪会失控,这时墓地管理员不该失控,要从对方的角度去理解问题,即使服务对象言谈中有不对之处,也不要与服务对象争辩,争辩往往会激发矛盾。

当服务对象怒气冲冲地前来投诉时,墓地管理员首先应选择适合处理投诉的地点,避免在公共场合接受投诉。其次应该让服务对象把话讲完,然后对服务对象的遭遇表示歉意,还应感谢服务对象对墓地管理单位的关心。当服务对象情绪激动时,墓地管理员更应注意礼貌,绝不能与服务对象争辩。

(3) 不损害单位的利益。墓地管理员在对服务对象的投诉进行解答时,必须注意合乎逻辑,不能推卸责任,希望单位的过失能得到服务对象的谅解。不得随意贬低他人或其他部门,不能指责单位的某个部门,否则会使墓地管理员处于一个相互矛盾的位置,有损单位的利益。

3. 处理客户投诉的程序与方法

(1) 处理客户投诉的程序。从投诉的开始到结束,是一个牵涉面相当广而又一环扣一环的过程,一般的客户投诉处理程序为:接诉→聆听与记录→判断与处理→回访→总结。

接诉：礼貌是做好投诉处理工作的基础。接待投诉的环境是影响处理工作的第一关。墓地管理员避免服务对象在营业场所大声喧哗，接待投诉的环境应当选择适合的场所，如接待室等，以便引导服务对象妥善解决问题。

聆听与记录：墓地管理员要真诚地听取服务对象的投诉，同时还应认真记录投诉的要点。倾听是解决问题的前提，为了能让服务对象心平气和，在倾听时应该注意：一要让服务对象先发泄情绪，二是要善于用肢体语言，三是确认问题所在。

判断与处理：快速判断、迅速反映、及时处理是处理客户投诉的重要环节。经过判断和分析，找到问题所在，应以积极的、正面的态度回应服务对象，如告诉他会怎样处理等。解决问题是最关键的一步，只有妥善解决服务对象的问题，才算完成了对这次投诉的处理。解决问题的方式主要有妥善解决服务对象的投诉，为服务对象提供选择，诚实地向服务对象承诺，适当地给服务对象一些补偿，等等。

回访：是建立信任、弥补因种种原因造成失误的重要环节，也是检查工作质量、与服务对象沟通、搞好关系的最好机会。回访服务的形式有打电话、发电子邮件或发信函。通过后续服务，向服务对象了解解决方案是否得到执行、是否有用、是否还有其他问题。

总结：主要总结发生这次投诉的原因是什么，从这次投诉处理中学到了什么，在从今后的工作中怎样才能避免类似情况的发生，需要作哪些方面的调整。

（2）处理客户投诉的方法。投诉处理是与客户进行直接沟通，这不仅能获取宝贵信息，有利于营销业务的展开，还可以借此宣传企业形象，与客户建立更深的信任与理解。

处理投诉是一项集心理学、社交技巧于一体并体现工作人员道德修养、业务水平、工作能力等综合素养，给客户所提问题予以妥善解决或圆满解答的工作。处理投诉工作要坚持依法办事的原则，以服务客户为宗旨，力争减少投诉，从而提高墓地管理单位的声誉及社会影响力。在处理客户投诉时，应做到以下几点。

一是有章可循。要有专门的制度和人员来管理客户的投诉问题。要做好各种预防工作，对客户投诉防患于未然。为此需要经常不断地提高全体员工的素质和业务能力，树立全心全意为人民服务的思想，加强企业内外部的信息交流。

二是分清责任。要认真倾听和了解投诉的前因后果，保持友好、礼貌、冷静的态度。要有效地处理好客户的投诉，首先必须清楚投诉的真正原因，然后掌握处理投诉的总原则：先处理感情，后处理事件。使墓地管理单位同客户之间通过不断地改善双方的关系最后架起更为信任的友谊的桥梁，让问题更易于解决。要理清造成客户投诉的责任部门和责任人，而且需要明确各个处理投诉的部门、工作人员的具体责任与权限，以及明确客户投诉得不到及时、圆满解决的责任。如果需要他人或其他部门协助，要随时掌握事态的进展情况。从速解决权限范围以内的事件，超出权限的事件逐级上报处理。尽量使客户心平气和地离开。

三是及时处理。针对客户投诉，各部门应通力合作，迅速作出反应，力争在最短的时间里全面解决问题，给客户一个满意的结果。拖延或推卸责任，会进一步激怒投诉者，使事情更加复杂化。要快速、正确地处理客户的投诉，绝不能轻率地对待客户投诉，应为服务对象着想、慎重处理。由消费者协会移转的投诉事件，在处理结束之后要与消费者协会联系，以便让对方知晓整个事件的处理过程。

四是留档分析。对每一起客户投诉及其处理要作出详细的记录，包括投诉内容、处理过程、处理结果、服务对象满意程度等。通过记录来吸取教训、总结经验，为以后更好地处理客户投诉提供参考。

3. 不同投诉的处理方法

(1) 电话投诉的处理。服务对象以电话方式提出投诉的情形较为多见，处理此类投诉应注意以下几点。

一是要认真应对。由于电话投诉简单便捷，使得客户往往正在气头上就发起投诉。这样的投诉常具有强烈的感情色彩，处理电话投诉的时候看不见对方的面孔和表情，这些都为处理电话投诉增添了难度。因此在处理电话投诉时要特别小心和注意。

二是要分析并正确对待客户的声音。处理投诉的重要一点就是努力分析客户的心理。在处理客户电话投诉时，几乎唯一的线索就是客户的声音，因此必须通过声音信息来把握客户心态。当然，即使是同一个人在不同情景下说话的方式也不会完全一样，所以通过客户的声音来判断客户心理和性格时要注意灵活运用，不能一概而论。

墓地管理员对客户的不满，应从客户的角度来考虑，并以声音表示自己的同情。注意说话的方式、声音、声调等，做到文明有礼。这时必须善于站在对方的立场来思考，考虑如果自己处在对方同样的状态之下，会有怎样的心情。无论对方怎样感情用事，都要重视对方，不得出现有失礼貌的举动。除了自己的声音外，也要注意避免在电话周围出现其他声音，若谈话声和笑声传入电话里会使客户产生不愉快的感觉。从这方面看来，投诉服务电话应设在一个独立的房间，至少也要在周围设置隔音装置。墓地管理员应稍微压低自己的声音，给对方以沉稳的印象，但要注意不要压得过低使对方觉得疏远。同时利用声音及话语来表示对客户的不满情绪的理解。

三是要倾听客户的抱怨，准确记录投诉要点。要认真倾听客户的抱怨，了解投诉事件的基本信息，何时、何地、何人、何事、其结果如何。以简洁的词句认真填写服务对象投诉处理卡。电话听到的对方姓名、地址、电话号码、商品名称等重要事项，必须反复确认，并以文字记录下来或录入电脑。如有可能，把电话的内容予以录音存档，尤其是特殊的或涉及纠纷的投诉事件，存档的录音带一方面可以作为日后必要时用来确认的证明，另一方面也可以用来作为提升业务人员应对技巧、进行岗前培训的资料。

四是要对客户负责。在未设免费咨询电话的墓地管理单位，如果遇到客户打长途提出投诉的情况，可以请对方先挂断，再按留下的号码给对方打回去。这样做可以节省对方的电话费用，以"为对方着想"的姿态使对方产生好感，并借此确认对方的电话号码，避免不负责任的投诉。遇到感情激愤的客户，可以借此缓和对方的情绪，但要注意立即打回去，否则会使对方更加激愤。同时，要把处理人员的姓名、部门告诉对方，以便对方下次打电话联络。

(2) 信函投诉的处理。收到客户的投诉信时，应立即转送给有关负责人；通知客户已收到信函，以表示墓地管理单位的诚恳态度和解决问题的意愿；请客户告知联络电话，以便日后沟通和联系。

(3) 当面投诉的处理。客户有时不用信函或电话投诉，而是不惜时间和精力亲自上门提出投诉，他们的不满可能更严重，或对投诉处理的期望值更高。面对这样直接的来访者，墓地管理单位必须展现出高效率工作的一面，做好现场处理，尽量迅速解决问题，使客户离开时有所收获。现场处理面谈时，要掌握如下要领。

将投诉的客户请至会客室或办公室，以免影响其他服务对象；创造亲切轻松的气氛，以缓解对方可能会有的紧张心情；认真听取客户的投诉内容，以诚恳的态度，表现出真心为客户着想的意图；诚心诚意地和客户沟通意见，多采取恰当的询问方式，不要怕花时间，争取了解客户的真正意愿，但同时要让对方了解自己独立处理的授权范围，不使对方抱有过高的期望。

把客户投诉中的重要信息详细记录下来；填写服务对象投诉记录表，对表内的各项记录,尤其是姓名、住址、联络电话以及投诉内容复述一次,请对方确认。

在提出问题的解决方案时,应让客户有所选择,不要让客户有"别无选择"之感。当不能马上解决问题时,应向客户说明解决问题的具体方案和时间表。一旦处理完毕,必须以书面的方式通知投诉的客户,并确认每一个投诉内容均得到解决及答复。

(4) 登门拜访投诉客户的处理。有的投诉通常不能以电话和信函解决,需要处理人员登门拜访,这类投诉是性质比较严重、墓地管理单位责任较大的客户投诉案件。在上门之前,要预先通过调查收集对方的相关信息,以便与对方进行有效沟通。应把握如下要点。

一是拜访前预先以电话约定时间,问明客户的具体地点。二是注意仪表,以庄重、朴素、整洁的服装为宜,着装不可过于新奇和轻浮。三是态度诚恳,言辞应慎重,无论对方有什么样的过激言辞,都要保持冷静,并以诚心诚意的用词来陈述墓地管理单位的歉意。四是不要轻易中断拜访,力争一次拜访就取得预期的效果,否则将会增大处理的难度。五是带着多个解决方案去登门拜访,以供客户选择,让客户看到墓地管理单位严谨、负责的态度。

附

附表1 留墓单

公墓名称				(公章)	
墓位编号		墓位价格		人民币:	万元
葬式或墓型		占地面积或格位容积		m^2/	m^3
办事处及销售员		导购员			
保留日期	年 月 日	截止日期		年 月 日	

客户保留墓位须知:
1. 保留墓位的有效期为____天,过期作废。
2. 凭有效留墓单到就近服务点或墓园付定金。
3. 若凭留墓单支付墓位全款时,请带好火化证明、客户身份证等相关材料。

客户姓名		身份证号码	
固定电话		移动电话	
E-mail		邮政编码	
联系地址			

使用人1			使用人2		
姓名		与客户关系	姓名		与客户关系
性别		年龄	性别		年龄
备注					

经办人:_____ 联系电话:_____ 日期: 年 月 日

附表2 定墓单

公墓名称				(公章)
墓位编号		墓位基价	人民币:	万元
葬式或墓型		占地面积或格位容积	m^2/	m^3
办事处及销售员		导购员		

续表

客户须知：

一、预付定金购买墓位，定金为人民币_____元，定金支付之日起_____周内应带好定金票据、火化证明（或死亡证明、寄存证明、迁坟证明）前来支付墓位全款，签订《墓位使用合同》，领取公墓安葬证、发票。

二、客户选择一次性全额付款方式购买墓位的，应在签订《墓位使用合同》后付清所购墓位全款并领取公墓安葬证与墓位全款发票。

三、除下述第九条款规定的内容外，全款不包含刻字、瓷像、贴金、改建、落葬等费用，付清全款后凭公墓安葬证可办理以上事项。

四、未经使用的墓位可在墓园办理退墓手续，已经使用（以落葬为准）的墓位不得退还。客户在上述第一条款规定的期限内办理退墓手续可获全额定金退款。

五、仅支付定金而需退墓的，须客户本人带好身份证、定金票据等所有材料原件办理相关退墓手续。由于特殊原因不能前来办理的，可委托他人前来办理，但须出示被委托人身份证、客户身份证、客户签字确认的委托书。

六、以一次性全额付款方式购买墓位后需退墓的，按_____规定扣除相应手续费。手续费标准按墓位基价的____%计算。办理退墓手续除须提供上述第五条款规定的材料外，另需提供公墓安葬证、合同及全款发票原件。

七、墓体加工完成并已办理过刻字、瓷像、贴金、改建等手续而要求退墓的，除按照第六条款的要求执行外，须另行扣除已产生的上述相关费用。已付全款且维护费时效超过1年要求退墓的，退墓时墓园还应扣除已经产生的维护管理费款项。

八、墓体刻字、瓷像、贴金业务请在落葬前2个月提前办理，办理时需出示公墓安葬证。若遗体火化后立即安葬的，墓体刻字、瓷像、贴金业务须在落葬后1个月以内办理。贴金竖碑保质期5年、贴金卧碑（穴盖）保质期3年，从完成贴金操作之日起计，保质标准以金箔脱落为准。

九、墓位全款包含以下项目。

1. 墓位基价包括墓位使用费、建墓工料费。
2. 维护管理费。
3. 证书费。

十、友情提示

1. 落葬请至少提前15天办理预约手续，落葬当天请出示公墓安葬证、客户身份证件。
2. 请严格遵守国家殡葬管理政策与法规，使用人一旦确认后不允许变更。

如无疑义请客户仔细阅读以上条款后签字确认。非常感谢您对我们工作的理解和支持！

客户签字：_____ 日期：　　年　月　日

客户姓名		身份证号码	
固定电话		移动电话	
E-mail		邮政编码	
联系地址			
信息来源	网络□　报纸□　电视□　广告□　杂志□　老客户□　朋友介绍□　口碑或其他□		

使用人1				使用人2			
姓名		关系		姓名		关系	
性别		年龄		性别		年龄	
墓位全款	人民币：	万元		维护管理费年限		10年□　20年□	

经办人：_____　　联系电话：_____　　日期：　　年　月　日

附表3 墓位登记表　　合同编号：_____

使用人					
性别		出生至亡故日期			
客户		与使用人关系		身份证号码	
固定电话		移动电话		邮政编码	
联系地址					
葬式				墓型	
墓位编号				墓穴	□单 □双 □多
墓位基价		维护管理费			
墓位全款		发票编号			
刻字费		瓷像费			
落葬费		其他费用			
总价		发票编号			
备注：					

（公章）

客户签字：_____　　经办人签字：_____　　日期：　年　月　日

附表4 墓位使用合同

合同编号：_____
公墓经营单位(以下简称甲方)：_____
地址：_____
委托代理人：_____
邮政编码：_____　　电子邮箱：_____
联系电话：_____　　传真电话：_____
客户(以下简称乙方)：_____
身份证号码：_____
通信地址：_____
邮政编码：_____　　电子邮箱：_____
固定电话：_____　　移动电话：_____
墓位使用人：_____　　与乙方关系：_____
依据《中华人民共和国合同法》、国务院《殡葬管理条例》等有关法律、法规和规章规定,甲乙双方在平等、自愿、协商一致的基础上,达成如下协议。
第一条　公墓建设、经营依据
甲方经_____省(自治区、直辖市)民政厅(局)批准建设的经营性公墓,具有对社会提供安葬服务资质。公墓名称为_____,位于_____,批准文号为_____。
第二条　墓位基本情况
乙方所买墓位型号、规格如下。
1.葬式：【 】墓位葬；【 】壁葬；【 】撒散葬；【 】其他_____。
2.墓型：【 】单穴单墓；【 】双穴合墓；【 】多穴合墓；【 】成品墓；【 】定制墓。
3.墓穴：本合同约定乙方使用墓穴位于_____园_____区,第_____排,第_____号位置。墓位编号_____；占地面积_____m²;格位容积_____m³,可放入骨灰盛器的规格大小在长_____mm、宽_____mm、高_____mm范围内。

续表

4. 墓体：

【 】成品墓墓体型号_____，墓体占地面积_____ m^2，石材外观、外形、质地及颜色，以双方确认的样品实物为准。

【 】格位墓墓体型号_____，外形、质地及颜色，以双方确认的样品实物为准。

【 】定制墓墓体以本合同的附件书面约定为准。

5. 撒散葬地点于_____。

6. 其他_____。

第三条 合同总价款项

合同总价款为人民币_____元，大写___拾___万___仟___佰___拾___元整，价款组成包括下列项目。

1. 墓位使用费_____
2. 建墓工料费_____
3. 落葬费_____
4. 维护管理费_____
5. 证书费_____
6. 刻字瓷像费_____
7. _____
8. _____

若墓位类型为多穴合墓，乙方在办理合葬时，按合葬时物价部门核定的合葬收费项目及标准向甲方支付相关费用。

第四条 付款方式及期限

乙方按下列第_____种方式付款。

1. 一次性付款。
2. 乙方于合同签订当日预付款_____元，余款自交付预付款之日起_____日内一次性付清。
3. 其他付款方式_____。

第五条 墓位交付与使用期限

1. 本合同签订之日即为墓位交付为乙方使用，墓位使用年限为_____年。即从_____年_____月_____日起至_____年_____月_____日止。

2. 双方权利、义务自本合同签订之日起生效，即从_____年_____月_____日起至_____年_____月_____日止。

3. 维护管理期限为_____年，即从_____年_____月_____日起至_____年_____月_____日止。

第六条 甲方权利与义务

1. 遵守殡葬、物价和合同管理法规，依法维护管理公墓，按照殡葬、物价等职能部门的相关规定收费。

2. 甲方设计、加工、制作墓体，应按乙方所签墓体的清样或小样制作。

3. 定期检查墓位，及时修复破损墓位，防止他人涂损，保持墓体构件完整和清洁，便于辨认。

4. 因甲方责任造成墓体结构松脱或构件丢失的，甲方应自发现之日起_____日内补齐构件并加固维护。

5. 为乙方在墓园祭扫提供道路平整、出入方便等条件。

6. 因不可抗力造成墓位损毁、骨灰毁失的，甲方不承担责任，但应当及时通知乙方并采取措施防止损失扩大。甲方事后未尽到通知义务造成乙方损失的，应承担赔偿责任。

7. 乙方使用墓位期限届满后，可与甲方办理墓位继续使用手续。未与甲方办理继续使用手续的，甲方应书面通知乙方；书面通知无法送达，甲方应通过互联网或当地报刊予以公告。乙方自收到甲方书面通知之日起或者公告确定的期限届满12个月后，仍不办理续用手续或者迁移墓位事宜的，视为乙方放弃。甲方在办理该墓位的公证事宜后，有权移除该墓位并将骨灰或者遗骸另行安置。

8. 合同有效期内，甲方通信地址和联系方式发生变更，应当及时告知乙方或者通过当地报刊以公告方式通知乙方。

第七条 乙方权利和义务

1. 遵守殡葬、物价、合同管理法规，按本合同的约定使用墓位。

2. 爱护公墓公共绿化及基础设施，文明祭扫，保持墓园环境卫生，遵守墓园相关管理规定。因乙方责任造成墓园内公共绿化、基础设施及其他墓位损坏的，由乙方承担赔偿责任。

续表

3. 因乙方责任造成其使用墓位或其构件损坏,须委托甲方维修,乙方承担维修费用。

4. 本合同约定期满,乙方需要继续使用墓位,应当在本合同约定期满前与甲方办理继续使用手续。若逾期12个月内办理继续使用手续,乙方应向甲方支付逾期期间的维护管理费。

5. 合同有效期内,乙方通信地址和联系方式发生变更的,应及时告知甲方。

第八条 墓位调换、迁移相关的约定

1. 墓位使用期内,未经双方书面协商一致,任何一方均不得擅自迁移墓位、调换墓体或者将墓位转让给他人使用。

2. 墓位使用期内,若乙方要求迁移墓位,应以书面形式提前向甲方提出申请,甲方应予以尊重,双方协商解除合同。

3. 墓位使用期内,因政府征用墓园内土地,导致甲方无法继续按履行本合同的,甲方应采取书面方式通知乙方;无法书面通知的,应通过互联网或当地报刊予以公告。乙方应按书面通知或者公告确定的期限办理骨灰或遗骸的迁移事宜。逾期不办理的,由甲方代乙方迁移并妥善安置,迁移和安置费用等按国家规定或相关政策予以处理。

第九条 合同的变更与解除

1. 乙方支付墓位预付款后,没有按照约定期限付清余款。经甲方书面通知后,乙方自收到书面通知之日起_____日内仍未付清余款,甲方可解除本合同,并通知乙方办理预付款退还手续。

2. 本合同签订后满6个月,乙方不便按约定时间办理安葬使用事宜,乙方可提出解除本合同,甲方应按统一规定扣除相手续费及所产生的相关费用。

3. 本合同签订后满6个月,乙方不便按约定时间办理安葬使用事宜,双方可协商延期6个月。延期期满后,乙方仍不能按约定时间办理安葬使用事宜,甲方可解除本合同,并通知乙方办理退款手续,扣除相关手续费及所产生的相关费用。

4. 本合同有效期内乙方拖欠甲方墓位维护管理费超过一年的,甲方可解除本合同,并在办理该墓位的公证事宜后,有权移除该墓位,将骨灰或者遗骸另行安置。

第十条 违约责任

1. 甲方未按本合同约定的要求交付墓位给乙方安葬使用,甲方应自接到乙方书面通知之日起_____日内履行约定事项。违约金按日计算至甲方书面通知交付乙方之日止。每日按本合同总价款的_____%计算,甲方于交付乙方安葬使用墓位之日支付违约金。乙方也可以解除本合同,甲方于解除合同的当日退还乙方支付的合同总价款和本条约定的违约金。

2. 乙方提供给甲方制作碑文的清样需字迹清楚,并已经过双方签字确认,因一方责任造成原碑改刻、换碑重刻的,由责任方承担其费用。

3. 甲方违反本合同第八条第一款约定的,除恢复本合同约定的墓位以外,还应向乙方支付与本合同总价款等额的违约金;乙方违反本合同第八条第一款约定的,甲方有权解除本合同,在经公证机关公证后,将其已迁移、调换或转让的墓位拆除,但应将骨灰盒或遗骸交予乙方。

第十一条 合同争议解决方式

本合同在履行过程中发生争议,双方协商解决,协商解决不成的,按下述方式解决。

1. 提交仲裁委员会仲裁。

2. 依法向人民法院提起诉讼。

第十二条 其他约定事宜

1. 乙方使用期限届满后在办理继续使用手续时,应当缴纳以下费用。

墓位使用费,费用标准按_____确定。

维护管理费,费用标准按_____确定。

2. _____。

3. _____。

第十三条 未尽事宜

本合同未尽事宜,由甲乙双方另行协商解决。

第十四条 本合同约定内容如与国家法律、法规相抵触的,以国家法律、法规规定为准。

第十五条 本合同正本一式两份,具有同等法律效力。甲乙双方各持一份。

第十六条 本合同自甲乙双方签订之日起生效。

续表

附件：
1. _____
2. _____
3. _____
甲方(公章)：_____   乙方(签字)：_____
委托代理人(签字)：_____   日期：___年___月___日

附表 5 墓位验收确认单

验收日期	验收内容	确认记录	备注
	位置及编号		
	葬式及墓型		
	墓穴面积及构造		
	墓体外形、质地及颜色		
	瓷像、碑文		
	环境及绿化		

客户签字：_____   日期： 年 月 日

【知识链接】

消费者权益保护法的相关知识

消费者的权益保护是举世瞩目的热点问题，近半个世纪以来，在消费者的权益保护领域取得了长足的进展。下面对《中华人民共和国消费者权益保护法》相关内容概述如下。

（一）消费者的主要权利

1. 知情权

知情权指消费者享有知悉其购买、使用的商品或接受的服务的真实情况的权利。

2. 公平交易权

公平交易权是指消费者在购买商品或者接受服务时，有权获得质量保障、价格合理、计量正确等公平交易条件，有权拒绝经营者的强制交易行为。具体地说，消费者享有的公平交易权包括保障质量、价格合理、计量正确、平等交易四项内容。

3. 损害求偿权

损害求偿权指消费者因购买、使用商品或者接受服务受到人身、财产损害的，享有依法获得赔偿的权利，包括人身权和财产权两个方面。

4. 监督权

监督权是指消费者享有对商品和服务以及保护消费者权益工作进行监督的权利。消费者有权检举、控告侵害消费者权益的行为和国家机关及其工作人员在保护消费者权益工作中的违法失职行为，有权对保护消费者权益工作等问题进行检举、控告或提出批评与建议。

（二）经营者的主要义务

消费者权益保护法以保护消费者的权利为主线，以其他法律、法规为基础，并根据消费领域中的特殊需要,规定了十项经营者的具体义务。下面主要介绍三类义务。

1. 保障人身和财产安全的义务

经营者首先要保障消费者的人身和财产安全,没有安全,就没有一切。按规定,经营者应当保证其提供的商品或者服务符合保障人身、财产安全的要求。对可能危及人身、财产安全的商品和服务,应当向消费者作出真实的说明和明确的警示,并说明和标明正确使用商品或者接受服务的方法以及防止危害发生的方法。

2. 不得作虚假宣传的义务

经营者应当向消费者提供有关商品或者服务的真实信息,不得作虚假或者引人误解的宣传;经营者对消费者就其提供的商品或者服务的质量和使用方法等问题提出的询问,应当作出真实、明确的答复;经营者提供的商品或服务应当明码标价。

3. 出具相应凭证和单据的义务

经营者提供商品或者服务,应当按照国家有关规定或者商业惯例向消费者出具发票等购货凭证或者服务单据,消费者索要购货凭证或者服务单据的,经营者必须出具。

在实际的商品交易和服务过程中,购货凭证和服务单据的表现形式既可以是发票、购物小票,也可以是保修卡、信誉卡、价格单等。

(三) 消费纠纷的解决办法

消费者和经营者发生消费者权益争议时,可以通过下列五种途径和办法解决。

1. 协商

消费者与经营者协商和解是解决消费纠纷的首选方法。当消费者确认自己的合法权益受到损害,并准备采取协商和解的方式解决时,应准备翔实而充足的证据和证明材料,本着公平合理、实事求是的原则,在阐明事实的同时提出合理的要求。有些问题的解决过程具有一定的法律时限,经营者如果故意推诿、逃避责任,消费者就要果断地采取其他方式来解决问题。

2. 调解

请求消费者协会调解也是解决消费纠纷的主要方法之一。消费者协会可以在查明事实的基础上,对当事人的争议进行调解,引导双方自愿协商、解决消费纠纷问题。消费者协会的调解,属于民间调解,不具有法律强制力,一旦当事人对达成的协议反悔,则需要通过其他途径解决。

3. 申诉

向有关行政部门申诉主要是指向政府的行政主管部门和行政执法部门申诉,依靠行政的手段解决消费者权益纠纷问题。

申诉部门主要指工商行政管理局、质量技术监督局和进出口商品检验局,一般是指向工商行政管理部门的申诉。消费者受损害后不能协商解决时,可向行政部门申诉,直接到经营者的行政主管部门或所在地的行政执法部门出示证据,陈述自己受损害的经过,由行政主管部门依法作出处理决定。

4. 仲裁

根据与经营者达成的仲裁协议提请仲裁机构仲裁,是指发生消费争议的当事人根据双方达成的仲裁协议,自愿将争议提交仲裁机构依法裁决。仲裁机构给出的仲裁决定,当事人必须全面履行。否则,权利人可以申请人民法院强制执行,以保护权利人的权益。

5. 诉讼

诉讼是指通过司法审判程序解决消费者权益争议的方法。诉讼是在五种办法中最具权威的一种消费者权益保护方法。凡是符合起诉条件的消费争议，人民法院均应及时受理，根据事实依法制裁违法行为，保护消费者。

思考题

1. 如何为客户介绍墓地概况？
2. 如何向客户介绍样品墓的特点和价格？
3. 怎样根据客户的消费类型引导客户选择合适的墓型和墓位？
4. 客户的主要殡葬心理有哪些？
5. 简述文化名人墓地在公墓建设中的意义。
6. 简述家庭（团体）客户的接待咨询方法。
7. 简述家庭（团体）客户中的意见领导者和决策者的特点。
8. 简述客户订墓后续咨询服务的主要内容。
9. 如何处理订墓过程中出现的矛盾和纠纷？

第五章
骨灰寄存服务

学习目标

1. 知识目标
- 了解骨灰收取的程序和要求,掌握档案立卷和管理的基本知识。
- 熟悉骨灰寄存与保管的主要方法。
- 熟悉骨灰祭奠服务的流程和方法。

2. 技能目标
- 能够掌握骨灰收取的操作规范,独立完成简单的骨灰寄存档案的立卷。
- 能够按照正确的方法进行骨灰寄存与保管。
- 能够按照正确的流程进行骨灰祭奠服务。

3. 素质目标
- 能与逝者家属进行有效沟通。
- 具备认真细致、规范管理、敬畏生命的职业品德。

第一节 骨灰收取

在火葬场或殡仪馆,遗体被火化成骨灰后,一般有三种处理方式:一是服务对象委托殡葬服务单位寄存骨灰;二是将骨灰直接进行墓葬、树葬或其他形式的安葬;三是服务对象将亲人的骨灰带回家中自行保管或处理。骨灰收取,须核定骨灰来源,并鉴定骨灰质量。鉴定骨灰的质量是决定能否满足寄存条件的前提,而核查骨灰的来源是决定能否达成服务合约的基础。

在骨灰寄存的过程中,由于祭奠或其他原因,服务对象需要领取和送还骨灰。寄存期满,服务对象要取走骨灰。不论在什么情况下,骨灰管理员都必须要求服务对象严格按照规定办理领取骨灰的相关手续,严防出现骨灰流失事件。服务对象只有具备实际的骨灰寄存资格,才能具备领取骨灰的条件。当服务对象解除寄存约定领取骨灰时,同样要对其寄存资格进行准确的认定。

一、骨灰接收程序

(一)审核

1. 服务对象自带骨灰的审核

对服务对象自行带来要求寄存的骨灰,主要从下面几个方面进行检查与审核:检查骨灰是否洁白、干燥,不合格的骨灰要向服务对象说明骨灰需要经过烘干处理后才可办理寄存手续;骨灰洁白度采用目测检验,打开骨灰盒,骨灰应无明显的黑色块体和杂质;骨灰干燥程度采用目测和手感检验,骨灰应无明显的受潮迹象,骨灰无板结、成团现象,目测检验有受潮迹象时,应该靠手感检查骨灰的干燥程度;骨灰容器的规格和材质应符合寄存的通用要求,可目测或现场实验;检查骨灰容器的完好程度;服务对象出示火化证明或能够证明骨灰可靠来源的具有法律效力的书面文件。

2. 火葬场或殡仪馆的骨灰办理

对来自火葬场或殡仪馆的骨灰办理,由骨灰管理岗位的殡仪服务员检查并核对火葬场或殡仪馆送来的骨灰名称、数量是否无误,以及骨灰容器是否齐全和完整,核对无误后签收;出示服务对象委托骨灰寄存的相关证明。

(二)登记

通过审核后,在骨灰完全符合寄存条件的前提下,骨灰管理员才按照如下程序登记和办理骨灰寄存手续并发放相关证件。

一是请服务对象先阅读骨灰寄存须知。殡葬服务单位只负责保管骨灰,贵重的陪放物品如金银玉器、首饰、古董、钱币等不予保管,骨灰楼搬迁或装修,服务单位有权移动骨灰寄存位置,若有不可抗力导致骨灰丢失与损坏,服务单位不负责。

二是请服务对象签订寄存骨灰协议书,然后向服务对象介绍具体的骨灰寄存服务项目以及骨灰盒的规格、种类和价格;根据服务对象要求,把资料输入电脑,给骨灰编排号码和位置;打印骨灰安置表、寄存证、查号表和标识贴,打印收费发票;给骨灰盒编号后带服务对象到骨灰楼与骨灰管理员交接。

(三)办证

一是请服务对象填写寄存骨灰确认单。寄存骨灰确认单的一般格式见表5-1。

表5-1 寄存骨灰确认单

骨灰姓名		性　　别	
委办人姓名		电　　话	
委办人住址			
寄存类型			
寄存年限	××××年××月××日至××××年××月××日		
寄存位置	××室××厅××行××号		
确认日期	××××年××月××日		

二是骨灰管理员接收确认单后登记,骨灰安放后骨灰管理员在查号表上签名确认,服务对象凭查号表回服务处领取骨灰寄存证。

二、骨灰领取程序

(一)核对查验

服务对象要求领回骨灰时,请其出示骨灰寄存证,业务员收取寄存证后请服务对象填写骨灰领回单,服务对象填写好领回单后,业务员收回领回单,核对无误后在寄存证上加盖领回章,服务对象凭加盖领回章的骨灰寄存证到骨灰寄存处领取骨灰,骨灰管理员核对、登记、确认无误后，收回寄存证，发放骨灰。

服务对象遗失骨灰寄存证的，必须由原委办人携身份证亲自办理，同时复印委办人的身份证明文件存档。原委办人不能亲自办理的，请委办人亲笔签署委托书委托他人办理，委托书要附有原委办人的身份证明文件的复印件。业务员收取委托书和领灰人的身份证明文件后，请服务对象填写殡仪服务对象特殊要求申请单，由接待部门负责人提出处理意见，报骨灰管理处领导审批后执行。

原委办人已经死亡的，要求领灰人出示委办人的死亡证明文件和有关部门的证明，同时请领灰人出示本人的身份证明文件并提供领灰人本人与逝者的关系证明。业务员收取有关证明文件存档，请服务对象填写殡仪服务对象特殊要求申请单，由接待部门负责人提出意见，报骨灰管理处领导审批后执行。

原委办人失去联系的，请领灰人出具有效证明，证明领灰人本人与逝者、原委办人的关系，并提供本人的身份证明文件再复印存档，请服务对象填写殡仪服务对象特殊要求申请单，由接待部门负责人提出意见，经骨灰管理处初审，报殡葬服务单位领导审批。

服务对象不能提供上述证明又强烈要求领回骨灰的，业务员应做好解释工作，同时通知和提醒该骨灰所在楼室的骨灰管理员严加防范，防止有些特殊服务对象借拜祭之名擅自取走骨灰。

（二）登记管理

对委托人解除骨灰寄存约定的，骨灰管理处应将其委托寄存的骨灰档案完整地复印一套交给委托人，原件保存在殡仪服务单位；办理解约手续时产成的一切文件，都要进入骨灰寄存档案；对缴回的骨灰寄存证和相关文件，要按骨灰档案最近产生的文件看待并进入骨灰档案存档；骨灰不再寄存时，殡仪服务对象若查阅档案，应当按次为单位收取一定的查阅费用。普通的骨灰寄存档案如果没有委托人特别提示，一般均按长期档案保存，20年后才能销毁；名人的骨灰寄存档案属于永久性保存档案，其所属权归殡仪服务单位所有。

第二节 骨灰保管

如何对寄存下来的骨灰进行妥善保管，要对骨灰管理员作更进一步的要求。对不同寄存期限骨灰的保管，在技术上并无多大的区别。在思想上，无论寄存期限多长，都同样要慎重对待。

一、骨灰保管的主要方法

（一）临时保管

1. 临时保管的含义

按照相关规定与行业的管理要求，一般骨灰寄存期限在3年以下的属于临时寄存。

2. 临时保管的原因

出现短期骨灰寄存的主要原因有三个：一是夫妇中先去世的一方等待着配偶的骨灰一起安葬；二是落葬的时机暂时不成熟；三是无主骨灰需要保留一段时间。

3. 临时性骨灰保管的方法

墓地管理员对临时性保管的骨灰也要进行寄存档案的立卷；临时寄存骨灰，应当将骨灰放置在临时区位，以便随时处理；临时寄存的骨灰管理应与长期寄存的骨灰管理内容一致；临时寄存的骨灰档案在寄存期间与长期寄存一样，都需要补充其档案文件。

（二）长期保管

通常骨灰寄存期限在 3 年及以上的，属于长期寄存。殡仪服务对象应自愿选择长期在殡仪服务单位存放骨灰，并交纳一定的管理费用。

墓地管理员应每星期查验和巡检各骨灰寄存处，看温度与湿度是否异常，防止骨灰霉变。一般骨灰超期存放 1 年（按跨年度计算）以上的，请示领导后按规定进行深葬、撒海或植树处理，同时要做好记录备查。殡仪服务对象有存取骨灰的自由，符合寄存和取走条件的，殡仪服务单位不得拒绝殡仪服务对象的要求。对待长期和短期骨灰寄存的殡仪服务对象，殡仪服务单位应一视同仁。

出现以下原因殡仪服务单位不负保管责任：地震、水灾等不可抗拒的自然灾害造成的骨灰丢失、损废；因家庭矛盾恶意取走或破坏骨灰；未经许可而私自存放的骨灰；超期 1 年未交费的骨灰。

二、骨灰寄存的安全防护

（一）防火

1. 预防措施

骨灰寄存岗位的殡仪服务员应落实各项防火安全措施，并负责做好所管范围内的防火安全工作；必须管理好水、电、气，以及易燃、易爆等危险物品；应定期检查、保养消防器材，及时排除消防隐患；保障服务区域内的道路、车库、楼房内的通道和出入口的畅通和照明设施完好；不得随意移动区域内的消防器材，不得随意使用消防水喉等。

2. 消防器材

一般骨灰寄存区域内必须设有的消防器材有：干粉灭火器、液体灭火器和消防水喉。

3. 灭火器的使用方法

使用灭火器首先拔掉保险销，然后往下压提把即可；定期检查灭火器，如果灭火器指针低于绿区指向红区，说明此灭火器已失效，需要及时充装。

4. 消防设施的管理

消防设施完善是保证消防效果的前提。殡葬服务单位应成立安全防护部门，由主管领导主抓，殡仪服务员参加，加强服务区域内消防设施的日常管理、维护和保养。殡仪服务员要检查消防器材的状况，定期进行养护，并填写消防器材巡查表。殡仪服务员还应经常进行消防演习，并熟悉应急消防预案的主要内容。

5. 发生火灾时的紧急处理方法

当发生火灾时，在岗的殡仪服务员应及时了解火灾发生的部位、燃烧物质的性质及火灾蔓延速度等，并马上进行应急处理；殡仪服务员到达火灾现场后，就近用消防器材灭火；如现场有易燃、易爆设施，应首先关闭电源；有人受伤时需先救人后救火；无自救能力时，应立即通知当地公安和消防部门进行救助；火灾扑灭后，要积极做好火灾现场的保护工作；做好火灾现场的调查报告，上报单位领导。

（二）防盗

防盗是骨灰保管工作的一个重要课题。近年来，全国许多殡葬服务单位都有骨灰失窃的事故发生。这些事故，有的是因殡仪服务对象的家庭纠纷而引起的，有的则是犯罪分子直接到骨灰寄存区域内作案。为了做好骨灰的防盗工作，殡仪服务员必须做到以下三点。

1. 订立严密的防盗规章制度

骨灰管理岗位的殡仪服务员要做到每日上下班都清点骨灰楼现存骨灰的数量，并做好交接班记录，做到每日、每时、每刻都能清楚骨灰寄存状态，并在电子文件上一目了然地表现出来。

2. 积极预防恶意的偷取骨灰事件发生

骨灰管理岗位的殡仪服务员工作要谨慎负责，遇到可疑情况要灵活面对并及时上报，积极预防恶意的偷取骨灰事件发生。

3. 技术防盗

有条件的殡葬服务单位要在档案库房的重要出入口处设置防盗红外线报警装置或摄像监视系统。殡仪服务员协助单位保安人员实施24小时的监控管理。

（三）安全疏散设施的管理

明确管理消防安全疏散设施的责任部门和责任人，定期进行维护、检查，确保安全疏散设施管理符合下列要求。

第一，确保疏散通道、安全出口的畅通，禁止占用、堵塞疏散通道和楼梯间；安全出口、疏散门不得设置门槛和其他影响疏散的障碍物；安全出口、疏散通道上不应安装栅栏卷帘门；在其1.4m范围内不应设置台阶；在使用期间，疏散出口、安全出口的门不应锁闭。

第二，封闭楼梯间、防烟楼梯间的门应完好，门上应有正确启闭状态的标识，保证其正常使用；常闭式防火门应经常保持关闭；需要经常保持开启状态的防火门，应保证其在火灾时能自动关闭；自动和手动关闭的装置应完好、有效。

第三，平时需要控制人员出入或设有门禁系统的疏散门，应保证在火灾时人员有疏散畅通的可靠措施；窗口、阳台等部位不应设置影响逃生和灭火救援的栅栏。

第四，消防应急照明、安全疏散指示标志应完好、有效，发生损坏时应及时维修、更换；消防安全标志应完好、清晰，不应遮挡；在各楼层的明显位置应设置安全疏散指示图，指示图上应标明疏散路线、安全出口、人员当前所在位置和必要的文字说明。

第三节　骨灰祭奠服务

在骨灰寄存管理中，很多服务对象会在一些传统节日或家庭特殊的日子前来追忆亲人，祭奠亲人的骨灰。这为骨灰寄存管理增加了难度，很多骨灰遗失、失窃或损坏的事故就发生在祭奠过程中。作为殡仪服务员，不仅要做好骨灰收取管理工作，还要以优质的服务满足服务对象的心理需求，体现殡仪服务的文化价值。殡仪服务员在祭奠服务中，其表情应该是亲和、庄重、深沉的。

一、祭奠活动的种类

(一) 传统祭奠

骨灰祭奠活动主要用于岁祭。岁祭中有忌日祭、春节祭、上元祭、清明祭、冬至祭等。岁祭与丧期祭的不同是规模小一些，其含义也略有不同，丧期祭主要有送别的意思，而岁祭主要是纪念的意思。

1. 忌日祭

忌日祭专指每年在逝者死亡的这一日开展的祭祀活动。内容是通过使用骨灰寄存证，把骨灰请到骨灰楼外的指定地点，然后亲朋好友围跪在骨灰近旁，在骨灰前摆上各种祭品，然后焚香燃烛，磕头行礼，诉说相思。

现在忌日祭活动的形式也呈多样化。有的受西方文化影响，在祭奠活动中展示个性化祭奠，如会聚一堂，开追思会。开追思会的具体做法是，逝者的亲朋好友于逝者的忌日在骨灰前围坐在一起，看看逝者生前的照片、录像，在骨灰前献上鲜花，互相回忆一些逝者生前的往事。而有的则并不是每年忌日必举行祭奠，而是几年一次。

2. 春节祭

春节祭是岁祭活动中仅次于清明的一个大的祭日。俗话说"每逢佳节倍思亲"，在除夕之夜，人们团圆欢庆，当然对逝去的亲人会更加思念，于是举行祭奠活动就成了必然的事情。像所有的祭奠活动一样，祭奠必然会用骨灰代表逝者的存在，亲人们一般是围绕骨灰展开祭奠。香烛祭品一定在必备之列。但与忌日以纪念性为主不同的是，春节祭仪式性较强，有请已故的亲人回家过年之意。

3. 上元祭

农历正月十五是上元节，也叫元宵节。这一天多半会在家中祭奠先人。元宵节是祭神祈福的专门节日，民间有在晚上给已故的亲人"送灯盏"的习俗。

4. 中元祭

农历七月十五是中元节，也叫"鬼节"。按习俗这一天民间有在家里供奉祭品、焚香磕头，或到殡仪馆、墓地焚香磕头，祭拜亲人的习俗。

5. 清明、冬至祭

清明、冬至是民间祭奠逝者和骨灰落葬的重要时间。在这两个节气里，特别是在清明节，人们会不约而同地聚集在骨灰寄存处，进行祭祀活动。

在所有的传统祭奠活动中，人们都有烧纸的习惯。但骨灰寄存处出于防火的需要，一般是不准烧纸的。

在所有的祭奠活动中，在大的祭奠节日来骨灰楼进行祭祀活动的人们非常多。骨灰楼管理部门一要严格管理，不准人们烧纸祭奠；二要在祭奠活动中加强管理，以保证祭祀活动的有序进行；三注意不要在骨灰领取与收回时发生错误，并要在收回时重新查验骨灰质量，以履行责任与落实骨灰质量动态监管。

(二) 网络祭奠

所谓网络祭奠，顾名思义，祭奠活动是在互联网上进行的。这是一种完全虚化祭奠对象,并把祭奠活动发展成几乎走向意识化的祭奠活动。网络祭奠,一般由殡葬服务单位主办,一些网络公司提供技术支持,建立网上殡仪馆和网上公墓,也有的网络祭奠是由专业网站举办的。

1. 网络祭奠的基本操作

网上殡仪馆或网上公墓,祭奠程序一般都比较简单。首先是计算机连接上网,然后在地域名地址栏中输入网上公墓的网址,在检索查询页面中输入查询条件,选择"检索"按钮,在显示的纪念人名单资料中选择"确认"。接下来,点击"祭奠",在弹出的页面中点击"鲜花"或者"祭语"数据库,选择适合的资料,然后在祭奠人栏目中,留下自己的名字,再在祭奠人姓名栏中输入自己的姓名,在联系方式栏中输入一个电话号码或地址,然后点击"提交"按钮。如果显示"信息提交成功",下一次打开或者刷新后,该纪念网页便会显示祭奠人的相关信息。

2. 个人用户的注册要点

在网上殡仪馆或网上公墓网站建立的个人纪念网页,全部实行用户申请注册管理。网站采用指定单位或由特许单位来受理网上殡仪馆或网上公墓的个人用户申请手续。

一般申请注册需要如下证明:网上公墓服务申请表;签订的网上公墓用户协议书;申请人的身份证复印件;申请人与网上纪念人的关系证明或能反映申请人与网上纪念人相互关系的户口簿复印件。

(三) 远程祭奠

远程祭奠礼仪服务,是以互联网为基础,利用一切先进的远程视频设备和系统,为不能亲自来祭奠场所的服务对象在方寸的视频影像之中,提供寄托哀思、倾诉衷肠、追忆亲人的辅助型关怀服务。

其服务内容包括:骨灰寄存格位的专业保洁;购置相关的祭奠物品;相关祭奠物品摆放整齐,按照约定时间开启设备连线视频,在确定视频连线成功后,辅助祭奠(遵循祭奠程序,根据服务对象的指令点亮烛光、上香等),直到祭奠仪式顺利结束;进行骨灰寄存格位的装饰;视频影像的邮寄等服务。

二、祭奠引导

(一) 祭奠服务流程

骨灰祭奠服务,一般都是岁祭而非丧期祭奠,对某一殡仪服务对象而言,祭奠规模一般比较小。与丧期祭奠不同的是,岁祭往往因为具有公众性,使得来骨灰寄存处的服务对象过分集中,从而使管理产生一定难度。对不同的服务对象,在祭奠过程中的要求与步骤是不同的。

1. 有骨灰寄存证的拜祭

① 交验骨灰寄存证及相关具有绝对说服力的文件。
② 在骨灰寄存处取出骨灰并验收骨灰质量。
③ 骨灰管理员收取骨灰寄存证,发放号卡。
④ 要清楚祭奠节日。
⑤ 准备香烛纸马与必要的祭奠用品,以及供瞻仰用的骨灰档案。

⑥ 在骨灰管理员的安排下，在一定的地点（或租用拜祭台）摆放好骨灰及逝者生前照片，然后在骨灰旁插放鲜花并焚香，安排祭奠人员与骨灰位置相对，按与逝者生前关系的亲疏远近、年龄、性别等顺序排列，行跪拜礼。

⑦ 拜祭完毕后，骨灰由管理员开箱查验后领取领证卡，骨灰放回原处后，服务对象凭领证卡和号卡取回骨灰寄存证。

2. 无骨灰寄存证的拜祭

① 服务对象持本人身份证或其他有效证件原件到服务处查号，凭查号表连同身份证或其他有效证件到骨灰楼登记，领出骨灰。

② 骨灰管理员收取身份证或其他有效证件，发放号卡。

③ 拜祭完毕后，骨灰由管理员开箱查验后领取领证卡，骨灰放回原处后，服务对象凭领证卡和号卡取回身份证或有效证件。

3. 无任何有效证件的拜祭

既没有骨灰寄存证又没有任何有效证件的服务对象要求拜祭骨灰时，对其要求如下。

① 填写保证书，在申请单上亲笔签名后按指模，并提供证明人签名证明。

② 领取查号表，到骨灰楼把查号表交骨灰管理员，并说明是无证拜祭，然后登记、签名。

③ 由骨灰管理员取出骨灰后带服务对象到指定的地方拜祭。

④ 拜祭完毕后，骨灰交由管理员查验后放回原寄存位置。

（二）引导祭奠活动的方法

1. 普通祭拜管理

瞻仰骨灰需持有骨灰寄存证，每证只限两人进入骨灰楼取灰；领回骨灰必须携骨灰寄存证或委办人身份证到服务处办理注销手续；骨灰按顺序编排存放，逝者家属不得自行移动骨灰存放位置；寄存室柜内应简洁肃穆，不得放置贵重、易燃、易爆和易腐物品；禁止在室内焚香、点烛、烧纸钱；按期交纳寄存费，逾期1年不交费的骨灰按有关规定作深葬处理，逝者家属不得追究；若提前领回骨灰，殡葬服务单位不办理退款；逝者家属或委办人前来瞻仰骨灰时，请其出示三项收费发票，确认已经办理寄存的，请委办人签订寄存骨灰协议书，发放骨灰寄存证，介绍和指引服务对象选购工艺摆设品和金属相片。

2. 清明祭拜管理

清明节是我国传统的节日，也是最重要的祭祀节日，是祭祖和扫墓的日子。扫墓俗称上坟，是祭祀逝者的一种活动。汉族和一些少数民族大多都是在清明节扫墓。

按照旧有习俗，扫墓时人们要携带酒食果品、纸钱等物品到墓地，将食物供祭在亲人墓前，再将纸钱焚烧，为坟墓培上新土，折几枝嫩绿的新枝插在坟上，然后叩头并行礼祭拜，最后吃掉酒食回家。唐代诗人杜牧的《清明》——"清明时节雨纷纷，路上行人欲断魂。借问酒家何处有？牧童遥指杏花村"写出了清明节的特殊气氛。

直到今天，清明节祭拜祖先、悼念已逝亲人的习俗仍很盛行。清明是落葬与祭拜最注重的传统节日，所以针对清明的祭拜，我国各地的殡仪服务单位都有一些特别的规定与引导祭拜措施。

清明祭奠与丧期祭奠是不一样的。一部分祭拜群众已经从丧失亲人的痛苦中解脱出来，有的祭拜群众可能因为祭奠引起回忆，再度陷入痛苦之中，当然，这种痛苦相对容易平复。

无论面对什么样的祭拜群众，祭拜区接待员应秉持亲和、庄重的态度，用简明的语言传达意义明确的致哀、问候、安慰，语言要轻柔、亲切、简短。领骨灰时，祭拜区接待员要说明先出示骨灰寄存证，引导祭拜群众有序领取骨灰，然后寻找空的拜祭台进行祭拜。清明节，前来祭拜的人多，会有祭拜群众不愿支付一些相关费用的情况，此时一定要照顾到清明祭拜环境的特殊性，耐心做好说服工作，杜绝与群众高声争论。祭拜区接待员要勤打扫卫生，及时清除一些易燃物品，严防火灾的发生。清明祭拜到场的群众很多，一定要做好秩序管理工作。在清明即将到来之前，做好消防工作，如一些水、沙子、扑火与灭火材料，一定要提前准备好，并放在固定、没有障碍并不影响取用的地方。另外，清明节时，还要防止恐怖事件的发生，一旦发生，及时做好群众疏散工作。

管理人员在收取相关费用时，要照顾到在特定场合群众特有的情感，故说明要求一定要选择对方情绪平稳时进行，语气一定要平和，不要给人粗暴与随便的感觉。

(三) 祭奠场所的布置

祭奠是为逝者举行悼念仪式和缅怀活动的统称。当亲人骨灰寄存在殡仪馆时，服务对象通常会在圆坟、头七、百日祭、烧周年、春节祭、上元祭、清明祭等时间前往骨灰寄存位置举行祭奠仪式。

祭奠室内通常会放置一张供桌，桌子上放一张放大的逝者遗像，遗像前摆放逝者骨灰盒，供桌上还可放置牌位、香烛、水果、祭拜用酒等。室内条件允许的情况下还可布置一些其他的物品，如松枝、冬青、横幅、鲜花、花圈以烘托气氛。总之，各地摆放内容大同小异，只是各种物品、装饰及陈设的优劣有区别。

三、骨灰发放与收回

(一) 骨灰的发放

请服务对象出示三项收费发票或委办人身份证件，核对火化通知单、骨灰盒（盅）的姓名是否相符，请服务对象确认签名，业务员签名。发放骨灰时，骨灰管理员要打开骨灰盒检验、审查骨灰的质量，让骨灰领取者确定质量，并要查看骨灰盒是否有损坏等迹象，记录骨灰的状态以及领取时间等相关情况，以备归档。

(二) 骨灰的收回

管理人员凭骨灰寄存证或委办人的身份证件，填写骨灰领回单，当核对无误后在登记本和电脑"骨灰领回"模块上进行记录，并指引服务对象到骨灰楼放回骨灰。在所有骨灰收回时，必须对骨灰的质量复检，并对照骨灰领走时的状态记录，查看是否一致。如有异常，及时记录、汇报、处理，并向委托人通报。骨灰领取和收回的一切行为，包括时间、经手人等均应记录在案，原始信息整理后同时录入骨灰纸质档案与电子档案。

四、骨灰查验与保管

(一) 骨灰查验

对于待寄存的骨灰，应查验合格后收取。骨灰的查验主要是检察骨灰的洁白度、纯度和干燥程度。骨灰洁白度和纯度的查验要求待寄存的骨灰应无明显黑色块体和杂质。打开骨灰盒目测骨灰的干燥程度,应无明显受潮迹象,骨灰无板结、成团现象。通常打开骨灰盒目测即可,必要时靠手感检查骨灰的干燥程度。对不符合寄存要求的待存骨灰,应该在服务对象同意的前提下,进行必要的处理后再寄存。

对于待存骨灰容器(盒)的一般要求是:规格要小于38cm×25cm×33cm,目测和现场查验时,骨灰容器(盒)应无明显的破损和断裂。对寄存的骨灰容器(盒)应每星期检查一次,并记录检查的情况。

(二) 骨灰保管

每年清明过后,骨灰楼的业务负责人应打印一套骨灰存放情况一览表,同时安排业务员及楼室的骨灰管理员对骨灰楼内的骨灰进行一次全面的清点、查验和整理。清点骨灰按照从上至下、从左至右的方法进行。按照骨灰存放情况一览表上的编号、位置、姓名与骨灰容器(盒)上及骨灰柜上的标识(贴)的编号、位置、姓名等进行一一核对。一览表记录情况和实际存放情况必须保持一致。

骨灰保管岗位的殡仪服务员要勤巡查,做好骨灰的防火、防遗失等安全工作。同时要经常检查骨灰楼的门窗、骨灰柜是否有白蚁蛀食及其他损坏现象,检查电线、开关、电闸是否有损坏或漏电现象。若发现问题要做好记录,及时向领导报告,并提出处理意见。

尊重遗存,妥善保管骨灰。检查骨灰时要保护摆设物品,发现易燃、易爆、易腐物品及时清理。

要进行骨灰寄存环境建设,如注意骨灰寄存室内的湿度,设置各种检查仪器,确保骨灰寄放环境对骨灰的破坏程度为最小。

如果骨灰在保管中出现质变或进水等保管异常状态,应及时报告给主管部门领导,按操作规定或应急预案及时处理,并通知骨灰委托人。

骨灰寄存应与骨灰档案的建立与保管在同一个部门进行,但是应该分开保管。

思考题

1. 简述骨灰寄存的程序。
2. 简述骨灰领取要求的内容。
3. 骨灰管理有哪些具体内容?
4. 简述骨灰管理的主要方法。

第六章 安葬祭奠服务

> **学习目标**

1. 知识目标
   - 了解安葬的主要方式和安葬环境要求，熟悉安葬祭奠用品的使用特性。
   - 熟悉安葬祭奠礼仪和程序，了解安葬祭奠仪式主持中的注意事项。
   - 了解突发事件内容，掌握处理突发事件的工作原则。
2. 技能目标
   - 能结合家属需求推荐安葬祭奠用品，合理布置安葬祭奠场景。
   - 能为安葬祭奠仪式的主持提供相应的管理与服务。
   - 能够妥善处理安葬祭奠中的突发事件。
3. 素质目标
   - 能与逝者家属进行有效沟通。
   - 具备爱众亲仁、视逝如亲的职业道德。

第一节　安葬服务

安葬服务，是传统礼仪与现代文明的结合，既突出对逝者的尊重，更体现亲人的思念和怀恋之情。肃穆的告别仪式、英姿挺拔的礼仪人员、精工打造的灵台、五颜六色的花环共同谱写着一曲庄严的送别之歌。

一、安葬礼仪

礼仪，是人类社会为了维系社会的正常生活秩序而需要共同遵守的一种行为规范，是人们在社会交往中受历史传统、风俗习惯、宗教信仰、时代潮流等因素影响而形成的，是以建立和谐关系为目标的各种符合交往要求的行为准则和规范的总和。礼仪对规范人们的社会行为、协调人际关系、促进人类社会发展具有积极的作用。

（一）安葬礼仪文化的思想基础

1. 传统思想观念

远古时代，人类对浩瀚的宇宙十分茫然，于是人们就把自己的愿望寄托在一种超自然、超人间的神秘力量上，期望它能为人类解决那些不能解决的问题。人们对这种力量产生了敬畏和崇拜。由于历代统治阶级竭力推行土葬的丧制、丧礼，使土葬、厚葬成为几千年来国人主要的殡葬习俗。随着社会的进步，人们的殡葬行为日益变得规范，同时也逐步走向文明。

可以说，这些千百年来形成的殡葬习俗对现实社会生活产生了重要影响。人们应该积极配合国家的殡葬改革政策，继承中华民族传统殡葬习俗中的精华，剔除其封建糟粕，建立社会主义新的殡葬文化格局，体现"厚养薄葬"精神，最终达到"逝者安息，生者慰藉"的目的。

2. 现代思想观念

随着社会的进步，人们的思想观念发生了很大的变化，传统的灵魂崇拜、灵魂不死的观念也渐渐消失。"厚养薄葬"就是现代思想观念的典型内容之一，它强调对父母要"尽赡养之责，尽关心之情，尽敬重之心"，而在父母死亡后的丧事处理上要体现出节俭的原则。现如今为逝者举行殡葬仪式，是表达人们对逝者的敬意、悼念及缅怀之情，是对逝者的尊重，寄托生者的哀思，是一种文明的殡葬方式。

（二）安葬礼仪的程序及内容

随着社会的发展和文化、科学的进步，经过几十年的殡葬改革，旧时复杂、烦琐的安葬礼仪正走向简单化、标准化、科学化。安葬礼仪的程序及内容主要如下。

① 主持人宣布骨灰（或遗体）安葬仪式开始。
② 主持人宣布向×××同志默哀三分钟，并播放或演奏哀乐。
③ 默哀毕，由一名亲属成员作三到五分钟的简短致辞。
④ 由亲属鞠躬答谢参加葬礼者。
⑤ 主持人宣布安葬骨灰（或遗体），将骨灰盒（或遗体）安放到墓穴内预定的位置上。
⑥ 骨灰（或遗体）安葬后，参加葬礼者再行三鞠躬，葬礼结束。

二、安葬场景的布置

殡葬礼仪的作用体现在实现慎终追远、社会教化以及表达孝思等方面。而只有靠具象的仪式、空间安排以及器具的使用，才能让参加仪式的家属、亲友行礼如仪，加深对逝者的客观了解，体会举行仪式的真正意义。

（一）安葬方式的改革

1. 殡葬改革前的安葬方式

安葬是人们对遗体的处置方法。我国有意识的殡葬活动始于旧石器时代晚期的山顶洞人。他们的安葬活动有一定的仪式，在遗骸周围撒上赤铁矿粉，并有石器等随葬品。自从有了灵魂观念，人类对遗体的处理方法可谓五花八门、异彩纷呈。按葬法分类有土葬、火葬、天葬、风葬、水葬、崖葬、塔葬、曝葬、腹葬、裸葬、树葬、洞葬、海葬、野葬、挂葬、船棺葬、铜棺葬、悬棺葬、石棺葬、瓮棺葬等五十余种。按葬式分类有仰身葬、俯身葬、侧身葬、屈身葬、直立葬、解肢葬（割体葬）等十余种。

2. 殡葬改革后的安葬方式

我国是一个多民族的国家，由于各民族所处的地理环境不同、从事的生产活动不同、宗教信仰不同等，因此形成了各不相同的葬法、葬式习俗，加之几千年封建糟粕的影响，安葬方式良莠并存，也有封建迷信、愚昧落后和铺张浪费的现象发生。

新中国成立后，人们的殡葬行为和殡葬方式逐步进入新旧交替的转型时期，既有历史、地域等传统因素的影响，又有社会进步、科学发展、思想解放、观念更新引发的变革。随着我国殡葬改革的不断深入，人们会对文明、健康、科学的生活方式逐渐产生追求和渴望，愚昧、落后的安葬方式正在被越来越多的人所抛弃。

目前我国主要的安葬方式包括墓地安葬、植树葬、花坛葬、骨灰壁葬、骨灰散撒等。

现代公墓安葬与传统的土葬方式最为相近，是在土葬传统的基础上改良而来的，因此也最容易被人们接受。现代公墓安葬占地面积小、墓葬集中、外形美观，便于国家有关部门的管理。植树葬、花坛葬、骨灰壁葬、骨灰散撒等都属于生态葬。生态葬是指骨灰安葬的生态化。现行殡葬改革提倡树立科学的殡葬发展观，使殡葬活动与自然和谐统一。节约资源和保护环境是我国的基本国策，推行殡葬改革要与保护生态环境相结合，尽量采用有利于保护生态环境的殡葬方式，达到保护和修复生态环境的目的。为保护土地资源和自然环境，近年来各地殡葬管理部门不断探索新思路，先后推出植树葬、花坛葬等绿色环保、不占或少占地的骨灰处理方式。骨灰散撒属于不保留骨灰的处理方式，是殡葬改革的方向。实行骨灰散撒一般选择绿地。在树木旁散撒，可以在树上挂一个精美的标志牌，或在树下设立一块小巧的标志物，刻上有关殡葬文字以示纪念；在草坪或疏林草地中散撒，可以依托绿地中散置的山石、景观小品等作为殡葬标志物；在路旁树木或绿地中散撒，可以依托道牙石、路灯杆、休息椅等园林内物品作为殡葬标志物；在花坛内散撒骨灰，花坛建筑可兼作殡葬标志物。生态葬法的形式多样，各地可根据本地人文、地理环境的实际情况，因地制宜地选择合适的生态葬法。

（二）安葬的环境要求

安葬是把骨灰（或遗体）装入葬具并埋入地下的过程。安葬是殡葬全过程的重要内容，是逝者停留在世间的最后时刻，也就是与亲朋诀别之时，所以安葬的过程一向受到人们的重视。例如要慎重选择安葬场所，要等待子女、亲朋好友等都到齐后再进行安葬。墓地是逝者的最终归宿，所以墓地的选择是埋葬的头等大事，墓地要选在地势宽广、山清水秀的地方，从而使逝者安息。

1. 古代对安葬环境的要求

古代人们对安葬环境的选择十分谨慎，讲究也很多。人们会对安葬环境进行审慎周密地考察，了解自然环境，利用和改造自然并创造良好的安葬环境，达到生者生活环境与逝者安葬环境的和谐。这实际上就是将物理学、水文地质学、天文学、气象学、环境景观学、建筑学、生态学以及人体生命信息学等多种学科知识综合在一起的一种选择。古代墓葬环境要求掌握整体环境情况，讲究因地制宜、依山傍水、坐北朝南等。如图 6-1 为河北遵化清东陵皇家陵寝建筑群。

2. 现代对安葬环境的要求

近代以来，随着经济的发展和国际交往的增加，兴起了一批聚集着众多人口的城市。在这里，既有大量来自全国各地的中国人，也有不少外国人。为了处理遗体，在西方文化影响下，出现了"殡仪馆"和"公墓"两种新的殡葬形式和设施。公墓即公共墓地，它是在我国乱葬岗的基础上，受西方文化影响而形成的，是人民群众办理丧事的活动场所。

由于国家对城市经营性公墓的选址、环境建设等方面都有明确的要求，各城市墓地经过几十年的建设，已经向着花园式、生态型方向发展。客户对现代墓地安葬环境的要求，主要是指墓地的小环境，也就是客户选择的独立墓地周围的环境条件。

（1）环境卫生。安葬是一件严肃的事情，安葬时除了家庭成员到场外，往往还会有逝者生前的亲朋好友、单位同事等一同参加，因此对客户来说，墓地周围环境的卫生状况关系着安葬后祭奠的质量。一般要求在安葬前对墓地周围环境进行整造，无堆积杂物，无积雪、积水，安葬后才能安装的墓体构件要整齐地放置在墓旁边，并以不影响安葬为宜。图 6-2 为安葬前的墓园环境。

图 6-1　清东陵

图 6-2　安葬前的墓园环境

（2）环境绿化。墓地周围小环境的绿化状况对葬礼的举行具有一定的环境渲染作用，因此墓地管理单位在客户举行葬礼前，应按照住房和城乡建设部颁布的《城市绿地规划标准》对墓地周围的绿地进行整饰，以确保葬礼在一个肃穆的环境中举行，真正达到"逝者安息，生者慰藉"。图 6-3 为某墓园绿化环境。

（3）墓室内部环境。墓室是安放骨灰或遗体的空间，墓室内部的环境条件直接关系到骨灰或遗体的安全性，也是客户在安葬遗体时最为关心的地方。一般要求墓室整洁无杂物、相

图 6-3　某墓园绿化环境

对干燥、无积水、密封性好。这就要求确保墓室施工质量,在安葬时,墓地管理员要认真负责地对墓室进行清洁,然后再根据客户的意愿,建议客户再对墓室进行礼仪性的清洁,其目的:一是让客户对墓室环境放心,二是让客户以行动表示对逝者的哀悼。图 6-4 为某墓园内的墓室环境。

图 6-4　某墓园墓室环境

（4）个性化安葬场地。结合安葬仪式主题设计与布置安葬场景。可根据客户需求和场地实际情况搭建桁架、遮阳棚、电子显示屏、背景展板，布置签到台和供台，结合周边环境用鲜花营造安葬环境的氛围。图6-5为某处安葬场地的布置情况。

图6-5 安葬场地布置

（三）墓体附属构件及图案纹样

1. 墓体附属构件的种类

殡葬的物化形态即殡葬实物，如墓地及其附属物，是人们殡葬观念和殡葬习俗的物化表现。如我国古代的墓葬不仅体现了当时的思想观念、礼制风俗、殡葬观念和习俗，而且反映了古代社会的演进过程。墓葬浓缩和凝聚了古代社会历史文化的精髓，从墓葬中可以发现它所蕴涵的历史、文化、民俗，乃至政治、经济方面的丰富内涵。

一般墓地管理单位预先建造好的墓体都是标准形式的。安葬后，有的客户会根据家庭爱好和祭奠需要，提出增加墓体的附属构件的要求。下面介绍几种常见的墓体附属构件。

（1）石狮。石狮是我国传统殡葬文化尤其是墓文化中的"镇墓兽"，最早出现在古代达官显贵们的墓地中，为的是达到他们驱逐邪恶、保卫墓地、张扬炫耀、壮其威势的目的。目前多数墓地管理单位为了满足客户的需求，把石狮作为墓体装饰构件，既美化了墓体，又增加了收入，还满足了客户需求。小石狮（高25cm左右）一般粘在墓碑座的两侧，也叫护碑狮。大石狮（高60cm左右）一般安放在墓穴护栏的入口处，也叫护墓狮（图6-6）。

（2）香炉。香炉的功能就是用来插香、上香，一般是安葬后将香炉粘贴或安放在墓前或墓盖上，有祭奠故去的亲人的作用。如图6-7所示。

（3）花瓶。不同材质的花瓶置于墓前，可以插入鲜花或干花，既做到了文明祭奠，又表明对先人的怀念。

（4）饰物与纪念物。墓地建成后，有的客户提出对墓体进行装饰，墓地管理部门将根据客户的需求，提供一些用于装饰墓体的构件，如代表如意的"宝葫芦"等。有的墓地管理单位为客户提供制作并安装陶瓷人像的服务项目，对美化墓体、完善墓地的纪念功能有很大作用，很受客户的欢迎。图6-8为某墓体上的装饰物。

图 6-6　护墓狮

图 6-7　香炉

图 6-8　墓体装饰物

2. 墓体图案纹样

墓碑设计是一门综合性很强的艺术，是创意定位、结构造型、图案雕刻、书法诗文、石料建材、花草植物等元素的组合。

（1）传统墓碑的图案纹样。在中国，古人把石碑立在墓前，既不埋入墓中，下葬后也不撤走，上面刻有墓主的官爵姓名、生辰年月等，立于墓之正前方，此即"墓碑"之始。东汉，在墓前立碑刻石蔚然成风，许多墓碑上除刻有墓主的官爵姓名、生辰年月外，还刻上介绍墓主家世及生平事迹并加以颂扬的长篇文字，此为"碑文"之始。此外，各朝人们还在碑上端或周围雕刻一些图案，如早期的墓碑上部穿孔，顶端做成尖形或做成圆弧形，刻上图案。后世还雕有龙、凤、雀、虎等动物，碑身下还有碑座，多用龟造型，花样翻新，从而使碑与雕塑艺术联系起来了，也使传统图案与墓碑的雕塑艺术联系起来。

（2）现代陵园墓碑设计中的图案纹样。近几年，随着中国殡葬行业的发展与进步，墓园中的碑型也呈多元化发展趋势。墓碑设计发展方向从单一的传统墓碑样式向成品墓碑、艺术碑、树葬碑、廊葬碑、壁葬碑、喷泉葬碑、塔葬碑、草坪葬碑、花坛葬碑、假山葬碑等多种碑样发展。中国传统图案纹样在现代碑体上的表现手法和方式也呈多元化发展。

常用的植物图案有：松柏、兰花、竹、梅花、菊花、桂花、水仙花、莲花、菊花。动物图案有：鱼、鸳鸯、鹤、麒麟、龙、凤凰、龟、蝙蝠。动物与植物结合构图图案有：喜鹊站在梅梢构图、莲花与鱼构图、松树与仙鹤构图、金鱼与莲花构图、凤凰和牡丹构图等。自然纹有：云气纹、山水纹等。文字纹有：万字纹、福字纹、寿字纹、二十四节气纹。几何纹有：回纹等。

（四）随葬品的类别及使用方法

1. 墓地常用随葬品的类别

墓地常用随葬物品按其用途可分为四大类。

（1）骨灰防护用品。该类随葬物品为各墓地管理单位普遍推荐使用的卫生防护用品，如骨灰保护箱、骨灰保护剂、墓穴防潮剂、香料袋、骨灰保护袋、墓穴毯、草木灰炭等。

（2）殡葬习俗纪念品。该类随葬物品为客户根据需要自愿选择。销售此类物品，如金银元宝、金银被、衣物、灵牌等各类小工艺品，需墓地管理员分析客户心理进行巧妙推销。

（3）葬后祭奠用物品。该类随葬物品为安葬完毕后，客户依民俗来墓前祭奠用的物品，如小花圈、线香、鲜花等。

（4）逝者生前喜爱的物品。该类随葬物品为逝者生前喜爱或常用的物品，多为随身携带物品。该类随葬物品中有相当数量的贵重物品，大多墓地管理单位对该类随葬物品都不承担保管责任及由此可能导致的任何法律责任。

2. 墓地常用随葬品及其使用方法

（1）金银被。丝织品寓意铺金盖银，表示对故去亲人的一种关怀。具体做法是将金被铺放在骨灰盒下方，银被盖在骨灰盒上面。金银被是安葬亲人常用的随葬品。

（2）骨灰防潮盒。木制骨灰盒经过八年左右就开始腐朽，将骨灰盒放在聚酯类防潮盒内，可以防止墓穴内潮气的侵入，保护骨灰盒的完整。特别是对双穴墓中先行安葬的骨灰盒的保护意义更大。

（3）金银元宝。塑料或纸制金银元宝（图6-9）作为传统的随葬品，如今已具有工艺品的内涵，随骨灰盒一同安葬。

(4) 灵牌。灵牌（图 6-10）安放在没有骨灰盒的墓穴内，代替骨灰盒，表示家属对故去亲人的怀念。

图 6-9　金银元宝

图 6-10　灵牌

随葬品是用来祭奠的物品。在安葬之前，要把随葬品准备好，打开墓盖后，将随葬品安放于墓穴之中。这表达了生者对逝者的思念之情。安葬时，可以将逝者生前喜好的一些用品一起合葬。随葬品的选择与摆放由客户根据习俗和实际情况决定。

墓地管理员应依据墓地随葬品的性能和使用方法，对不同的类型客户拟订相应的使用方案。

三、主持安葬仪式

墓地管理单位应把主持安葬仪式作为一项重要的服务内容。许多客户对安葬的程序和注意事项并不是很清楚，有的甚至按旧有习俗传统，影响了墓地文明健康的发展。墓地管理单位提供主持安葬仪式的服务可以给客户解疑释惑，引导客户文明安葬。

(一) 主持安葬仪式的程序

现代的安葬仪式，要本着简洁、庄重的原则进行，从程序上讲，一般分为以下几个步骤。

① 做好仪式前的登记，墓地服务人员确认家属身份，核对安葬手续并做好登记。

② 礼仪人员就位。

③ 家属就位，由工作人员持遮阳伞将家属、灵盒分别请到休息室、祭拜厅。

④ 进行接盒祭拜仪式，整理衣冠、净手，整理、擦拭灵盒，将灵盒请上供桌，由女儿或儿媳摆放供品，敬献鲜花，进行追思。

⑤ 送灵，安排送灵队伍（多是由安灵车直接送到墓地）。

⑥ 安葬，到达墓地，司仪引导摆放随葬品，并说明随葬品寓意和含义，安放灵盒，封穴。

⑦ 致《离别赋》，摆放鲜花、遗像、供品，指导祭拜（安排家属"三天圆坟"祭祀，以及为以后来祭奠的人提供服务）。

⑧ 服务结束，工作人员引导家属办理相关证件，送家属走出墓地，慰问家属，充分体现专业殡葬服务的良好素养。

(二) 主持安葬仪式的准备

1. 前期场地准备

工作人员应提前到墓地清穴、擦碑、打扫周边环境，检查格位、墓体等安葬标志物的制作状态。若采用骨灰散撒安葬，应当在客户到达骨灰散撒位置前挖出适量土壤，并备好可降解骨灰盛器。在墓前插立大黄伞，既可以作为安葬的标志，又可防雨、防晒。准备若干座椅，有老人参加时应注意此项。

通往墓地的神道，或墓穴前面及周边，可根据客户需要进行个性化装饰，例如铺设地毯、摆放鲜花、气球、挽联，甚至布置帷幕等。关于安葬仪式中地毯、挽联、鲜花、帷幕、绶带等的颜色，目前没有统一的规定或说法，一般用黄色（富贵之色），逝者是年过七十的老人则可用大红色（生命之色），但这些都须先与家属沟通，以免引起意见上的分歧和争执，须在安葬前布置妥当。图 6-11 为某室外安葬仪式的场景布置。

图 6-11 室外安葬仪式的场景布置

若仪式在室内进行，工作人员可根据丧家的情况对拜祭厅进行适当的布置。色调可以庄严肃穆，也可以温馨柔和，但是都应做到场地开阔、光线充足、空气流通、物品摆放有致。

以下步骤可作为参考，图 6-12 为某室内安葬仪式的场景布置。

① 奠礼堂中可以有灵柩，也可摆放骨灰盒，仅用遗像亦可。

② 奠礼堂正前方悬挂横幅。

③ 遗像的大小应视礼堂的大小而定，遗像悬挂于帷幕正中，随逝者意愿可用鲜花、黑纱、大白绢花进行装饰。

④ 供桌应铺白色或黄色的桌布，供桌上的摆设应能为逝者接受，可以考虑如下：花瓶一对、大白蜡烛一对、时鲜水果两盘、精致点心两盘、白酒一瓶、酒爵三个、香炉一个、线香一把、灵位牌一个。灵位牌及香炉居中摆放，其他物品整齐摆放于两旁。

⑤ 礼堂内悬挂挽联、挽幛以显亲友追悼之意。

⑥ 礼堂左右两边可以摆放花圈、花篮、花盆。若上面写有送者姓名，则要根据他们与逝者的亲疏尊卑按次序摆放，以供桌为中心向门外延伸、向两侧延伸，越靠近供桌越为尊、

反之为卑。

⑦ 设置司仪台一个、司仪一名、襄礼两名（规模小可不设襄礼）、乐队席位，备置相应跪垫。

图 6-12　室内安葬仪式的场景布置

若在室外的墓穴前进行安葬仪式，则可布置得宽松一些。如果下葬仪式的规模较大，工作人员应在前一天准备到位，开始前再仔细检查；如果规模较小，可在仪式开始前的几小时准备好。

2. 礼仪人员安排

设置司仪一名、襄礼两名、护灵若干名。

3. 礼仪用品准备

遮阳伞、遗像、灵位牌；供品（水果、鲜花、酒、香烛）；水盆、擦手巾；跪垫数块；音响设备（播放哀乐或逝者生前喜爱的曲目）；演奏乐器及乐师；送灵车；随葬物品；其他安葬用品（在神道布置地毯、鲜花、挽联、帷幕等，若家属不需要则无）。

4. 引导家属办理安葬登记

记录安葬信息，辅助家属录入墓区编号、墓区位置、墓穴类型、墓穴售价、入墓时间、碑文等信息。缴纳管理费，确认刻碑人，登记联系人信息（与死者关系、联系人电话、联系人地址、联系人身份证号）。

5. 礼仪人员开始前的准备

了解客户基本情况，了解逝者基本情况，介绍仪式的程序让来宾心中有数；确定安灵辞；检查服务设施、设备、环境等；确定进入墓地的路线，若仪式区较远，可考虑使用观光电瓶车等车辆前往。

（三）主持安葬仪式的方法

1. 主持葬礼的方式

主持安葬仪式的方式分为引导主持和全权主持两种。引导主持就是在安葬过程中，墓地管理员给予客户适当的引导，使客户不会不知所措或发生一些尴尬的事情，确保安葬过程文明、庄重、顺利。而全权主持则是墓地管理员征得客户同意，按照墓地管理单位制订的安葬服务规范和程序，指导安葬过程。

2. 骨灰下葬安灵仪式的基本程序

（1）仪式开始。由司仪主持，襄礼引领孝眷、来宾站位，司仪检查各项准备工作是否就绪，然后开始。

（2）净盒。

（3）供奉灵盒。

（4）致追悼辞。

（5）接盒。与家属沟通，确认可以安放亲人。

（6）送灵。送灵队伍次序安排：捧盒家属、捧遗像家属、其他拿鲜花或陪葬物品的家属和来宾，司仪及襄礼在旁引导，护灵方队将骨灰送至墓前。

（7）安葬。司仪检查各项准备工作是否就绪，然后开始。具体步骤如下。

① 请孝子净穴（手持洁白的棉布轻轻擦拭墓穴内壁），为亲人尽心地将墙穴再擦拭一遍。

② 请孝女为亲人暖穴（即按照习俗在墓室内铺金），答谢亲人的养育之恩。

③ 请孝眷安放保护用品（工作人员指挥亲属安放金银元宝、骨灰保护剂等）。

④ 请孝子跪放亲人骨灰。

⑤ 襄礼帮助安放骨灰盒，向家属确认是否可以封穴，得到确认后工作人员封穴。

⑥ 服务人员擦碑，其他人员注目凝视。

⑦ 全体参加葬礼者默哀。

四、其他安灵仪式操作

（一）树葬仪式操作

1. 树葬仪式准备

（1）场地准备。树葬场地一般是较为宽敞的露天场地，应该先确定行进路线和举行仪式的区域。进行必要的布置，如横幅、标语、黄旗、鲜花等，必要时还要准备圆拱门、气球、挽联、地毯、花篮、黄色祈福绶带等，注意安抚家属，勿伤害家属感情。

此类布置选择何种形式，视树葬的规模而定。请何级领导、媒体参加，亦视当时的需要而定。如果需举行较大规模的仪式，则还需搭建简易的司仪台，并配置音响设备与合适曲目。工作人员要提前一天挖出尺寸合适的坑位，也可以将 PC 塑胶管事先垂直打入地下，安葬时备一个较大的漏斗，以作骨灰灌撒之用。

（2）安葬所用树木准备。树葬有多种情况，如安葬墓地本来就有树木，此时只要将骨灰坛葬入即可（可用环保型降解坛）；如安葬墓地无树木，则需葬入骨灰后再植树；有的是骨灰盒单独葬，且一个骨灰盒植一棵或数棵树；有的是集中撒入很多骨灰，然后植树于其旁等。如果葬后再植树，则事先应该准备好树种（最好请专业的绿化工作人员操办）。选取何种树应考量：一是适宜在当地存活，二是符合本墓区绿化的统一布局，三是树种的价值。

（3）其他礼仪物品准备。在有些树葬中，人们将骨灰与花瓣一起葬于地下，以显温馨和深情，这需准备鲜花的花瓣若干；司仪准备操作文书；礼仪师、操作人员一般戴白手套，以显神圣与尊重；与家属确认是否需要立碑等。

（4）礼仪人员准备。视礼仪的规模安排适当的礼仪人员，如司仪一名、襄礼两名、礼仪生若干名。

2. 树葬仪式的基本程序

仪式开始，奏乐；请盒，敬献花篮；领导致辞（如无则略）；殡葬单位致辞；家属致辞；行礼（鞠躬礼，直系家属可行跪拜礼）；启盒，放入花瓣；撒灰安葬；覆土植树；献花；置铭石或挂铭牌；礼成，奏乐。

3. 树葬仪式的注意事项

① 树葬是一种新的殡葬理念和方式，环保绿色，节约土地。礼仪人员应当以认真的态度、专业的素养做好服务，勿使家属以为树葬是一件很随意的事情。

② 其他葬式的礼仪均可以作为树葬的礼仪来使用，并没有一个专属于树葬的礼仪。尽可能不要烧纸燃炮，宜以鲜花祭奠代之，供献的祭品仍可用。

③ 应当注意天气变化，尤其是清明期间，在南方清明期间正是多雨的日子，更应该有所准备。

（二）海葬仪式操作

1. 海葬仪式准备

（1）海葬登记。海葬仪式一般在清明前后或冬至前后。举办单位应事先借助本地媒体、自己的网站进行宣传。确定海葬的时间、地点等事项，并告知家属。登记参加海葬者的姓名、身份证号码、地址、联系电话、寄存地址等信息，并确定一名主要家属为联系对象。告知家属关于亲人骨灰海葬的相关信息，如带好身份证、骨灰寄存证等物品，何时到何处集合，等等。

（2）场地物品准备。举办单位事先与相关海事部门确定海葬区域，租赁合适的海轮。海轮的船尾安装数个专制漏斗（铁皮或不锈钢材质），漏斗下端伸向船外并朝下，家属可以将骨灰从漏斗上面撒入，骨灰顺漏斗落入海中，以防骨灰四处飞扬。

（3）仪式物品准备。海葬一般是集体行动，可视仪式或宣传的需要，在海葬出发前举办规模合适的海葬仪式。若某一级领导及知名人士出席，则应准备相应的鲜花、花篮、气球拱门、气球、挽联、宣传标语、仪式操作台等。海葬时，以海葬主题装饰海轮（若海轮主人不愿如此，则罢），还应配置音响设备与合适曲目，如果骨灰与花瓣一起撒入海中，则应准备花瓣若干。很多时候需家属自行准备这些用物。礼仪师、操作人员一般戴白手套，以显神圣与尊重，但从这些年的实践来看，海葬时撒骨灰多是家属亲自撒的。

（4）礼仪人员准备。海葬时，可安排司仪一名、襄礼两名、礼仪生若干名。

2. 海葬仪式的基本程序

仪式开始，奏乐（海轮开到事先确定的海葬海域，宣布仪式开始）；请盒，敬献花篮；领导致辞（如无则略）；殡葬单位致辞；家属致辞；行礼（鞠躬礼，直系家属可行跪拜礼）；启盒，放入花瓣；骨灰撒海；礼成，奏乐。

3. 海葬仪式的注意事项

① 在海轮上进行海葬时，仪式上不可焚纸燃炮等，应以鲜花奠祭代之。若有祭品供献，行礼后须带走，不宜抛于海中，以免造成污染。当然，最好能劝阻供献祭品的行为。

② 多个骨灰海葬时，应事先排好顺序，轮流进行。顺序可按报名先后、抓阄、姓氏笔画等方式。

③ 海轮上要有专人维护秩序，做好安全保卫工作，避免意外情况的发生。
④ 骨灰撒海后，骨灰盒（坛、盅）应该带到陆地集中处理，不可抛入大海。
⑤ 海葬前，应做好天气变化的应对措施。

第二节　祭奠服务

祭奠服务，从祭奠的内容来看，大致可以分为丧期祭奠和骨灰祭奠，从形式上又可以分为传统祭奠与网络祭奠。在这里重点介绍一些传统祭奠的流程、祭奠的内容和祭奠引导服务。对现代的网络祭奠，仅作一些一般性的常识介绍。

 一、祭奠礼仪

祭祀在古代是国家重典，也是民间的重要活动，历代都受到普遍重视。《左传·成公十三年》中"国之大事，在祀与戎"，表明祭祀活动与军事活动是国家的两件大事，可见其地位之重。

随着社会的进步和科学的发展，人们的思想观念发生了很大的变化，在摒除封建糟粕的同时不断注入新鲜的血液。对先人的祭奠，既为了纪念先人，也为了更好地活着。

人们在清明节前后祭祖、扫墓，这既是人们对已逝亲人表达思念之情，也是生者与逝者的对话。应该说，清明祭扫作为一种传统习俗，有助于增强家庭成员乃至整个家族的凝聚力、认同感和亲密感，也有利于构建和谐社会。

（一）中国传统祭奠礼仪的基本内容

1. 恒常之祭和随机之祭

恒常指岁时年节和生辰忌日。岁时年节是元宵节、清明节、寒食节、端午节、中元节、中秋节、重阳节、寒衣节、春节等。生辰忌日（即周年之祭）是从安葬后一周年就开始的，以后年复一年地举行。随机之祭多是因家庭中发生了重大事件，需要向祖先请示或报告而举行的，如生子、娶媳等。我国各地有"上喜坟"的习俗，由家中女性长辈领新媳妇到墓地祭奠祖先，告喜讯，坟头上压红纸。

2. 祭规

古礼对祭奠有严格的规定，不同身份的人有不同的祭品、祭奠时间、祭奠对象，必须严格遵循，不得逾制。长期以来在民间也形成许多有关祭奠的习俗，影响着祭礼。

据史籍记载，在三千多年前的商代，殷人已有了一套比较成熟的祭奠制度。到战国时期，祭祖习俗已达到制度化、等级化。从《礼记·祭义》可知，祭奠的其中一条基本原则是"敬"。"君子生则敬养，死则敬享，思终身弗辱也。"就是说正人君子在其父母活着的时候要尽心赡养，在其去世后也要虔诚地祭奠，不能怠慢。

（二）祭奠礼仪的改革

1. 祭奠礼仪的变化

新中国成立后，各级政府对殡葬进行了多方面的改革，祭奠礼仪发生了很大变化。新式的祭礼简便易行，祭品也由原来的整牛、整猪、整羊、佳馔等变成水果、点心。在祭奠节日里，人们在已故亲人的墓前默哀、鞠躬。

2. 祭奠方式的发展

殡葬改革是社会改革的重要组成部分，保护土地、保护环境是它的出发点和落脚点。如果说把实现遗体火化看成是殡葬改革的第一次革命，那么从以白色（白色的墓碑）为基调的立碑建墓的骨灰安葬方式，到实行树葬、草坪葬、海葬等不保留骨灰的绿色安葬方式，就是殡葬改革的第二次革命。绿色殡葬方式是殡葬文化与环保意识的完美结合，是世界范围内先进的殡葬理念和行为。

随着网络的普及，许多人不约而同地选择了登录网络进行祭奠凭吊。扫墓者只需轻击鼠标，登录相关网址，为逝去的亲友注册，即可在网页上找到一席之地，并留下自己的怀念感言。这样不仅可以丰富追思的内容、开拓追思的空间，而且还避免了清明前后几天的车马劳顿。

（三）清明祭的习俗

清明在中国岁时体系中有着独特的地位，是中华民族的重大纪念日，中华民族多有清明祭祖的习俗。传承至今的民俗节日中，唯有清明是节气兼节日的民俗大节。作为二十四节气之一，汉魏以前清明主要指自然节气，它是与农事活动密切相关的一般节令，后来逐渐成为盛大的春祭节日，属于慎终追远、礼敬祖先、弘扬孝道的一种文化传统节日。

对于祭祀祖先，中国向来十分重视。唐人沿袭前代祭墓风俗，并扩大到整个社会。唐玄宗鉴于士庶之家无不在寒食节上墓祭扫，于是下诏"寒食上墓，宜编入五礼，永为恒式"（《旧唐书》）。朝廷以政令的形式将民间扫墓的风俗固定在清明前的寒食节，由于寒食与清明两节相近，扫墓亦由寒食扩展到清明。唐朝时人们已将寒食与清明并称；宋朝时清明已基本上完成了对寒食的替代；明清时期，寒食基本消亡，春季的大节除春节外唯有清明了。

传统岁时节日在民众中，被区分为人节、鬼节、神节三类，人节有春节、端午、中秋，鬼节有清明节、中元节、寒衣节，神节有三月三、六月六、九月九。人节重在人伦活动，鬼节重在追怀亡人，神节重在祭祀天神，三者在民间节俗中常常互相牵连。祭祀祖先一直是主要的祭祀内容，"鬼"字在古代并无贬义，旧释为"归"。

祭祖扫墓是清明节的重点。一到清明，人们就忙着上坟祭扫，湖北民谚有"三月清明雨纷纷，家家户户上祖坟"。民间有"清明祭祖，前三后四"之说，这为人们提供在时间选择上的便利，特别对出城祭奠的人来说，不必挤在清明当日的人流之中。

上坟祭扫包括两项内容：一是挂纸烧钱；二是培修坟墓。唐代以前已有烧钱祭亡的习俗，但因寒食期间禁火，墓祭亦不能用火烧纸钱。于是人们将纸钱插在墓地上或挂在墓旁的树上，有的压在坟头，表示后辈给先人送来了钱财。随着寒食禁火习俗的松懈、清明墓祭的流行，在清明墓祭中，人们不再忌讳烧纸钱，烧纸钱与挂纸钱的习俗并存。在雨水到来前的春季，人们还会借清明祭祀的时机，对坟墓进行清整。清明祭扫在传统的宗法社会里的确不能等闲视之，民间已有一套自发形成的习俗。

二、祭奠管理

墓地管理单位作为现代安葬服务的提供者，对客户的祭奠活动进行有效管理和热情服务是墓地管理的重要内容。墓地管理单位在提供祭奠管理与服务时，要对祭奠的内容和祭奠的方式进行引导，使客户的祭奠活动向着安全、文明、节俭的方向发展，与现代的安葬形式相适应。

（一）祭奠管理的内容

1. 日常管理

日常祭奠管理的过程，是引导客户文明祭奠的过程，也是制止客户使用不文明、不健康的祭奠方式的过程，同时也是通过服务给广大客户创造一个和谐的墓地祭奠环境的过程。

2. 集中祭奠期的管理

在传统习俗里，春节、清明节、中元节、寒衣节、冬至等都是祭奠比较集中的高峰时期，如何在活动如此密集的祭奠期，搞好祭奠活动的管理与服务，对墓地管理单位来说是一个非常重要的课题。尽管政府有关部门和各大新闻媒体在每年的祭奠高峰期都倡导文明祭奠、安全祭奠，但每年由于不当的祭奠活动所导致的各种事故屡见不鲜。墓地管理单位作为墓地区域内祭奠活动的直接管理者，更要在此特殊时期加强管理、提高服务质量。

（1）制订预案。要针对集中祭奠期的特点，参照往年集中祭奠期的总体情况，准确预测集中祭奠期的人（车）流量、时间分布特点等情况，制订出相应的交通、治安、服务、管理等方面的综合方案，确保客户在集中祭奠期内方便、快捷地进行殡葬祭奠活动。

（2）充分准备。临近祭奠高峰期，墓地管理单位要提前做好准备，适当延长工作时间。或采取高峰分流的方法，在祭奠高峰来临之前向有祭奠意向的客户进行说明，建议其避开祭奠高峰时段，使祭奠的人流相对分散。

（3）严格管理。要对祭奠的时间作出严格的规定。根据实际情况，允许客户在每天规定的时间内祭奠，这样可以在适当的时间集中人力和物力，便于祭奠活动的管理。若出现问题可及时发现，尽快解决。

（4）热情服务。墓地管理员要对客户的祭奠方式进行引导，引导客户采用文明的方式进行祭奠，逐步放弃焚香烧纸等旧有祭奠传统，改用献花、鞠躬的文明祭奠方式。此外，还要保持公墓的环境卫生，由于大量人员同时到公墓祭扫，会对公墓的环境卫生造成不良的影响，墓地管理单位应及时组织人力对公墓环境进行打扫，保持公墓环境清洁、幽雅。

（二）祭奠管理规定的拟订

为便于管理祭奠活动，制订一个切实可行的祭奠管理规定，用以约束客户的祭奠行为是非常必要的。

1. 收集和整理资料

主要是收集有关墓地祭奠管理的以往资料和现状资料。以往资料主要是在以往祭奠管理过程中的技术资料、经验、教训等，还包括以往墓地建设对墓地祭奠管理的影响等资料。现状资料主要是墓地现有的基本情况，如建墓数量、安葬数量、祭奠方式等。

2. 草拟祭奠管理规定

通过整理和分析各类资料，按照墓地管理与服务的要求，结合近几年的墓地祭奠管理实践，草拟出祭奠管理规定。墓地管理单位要端正指导思想，正确分析形势，在认真总结过去祭奠管理经验教训的基础上，分析今后各种有利与不利的因素，确定需要着重解决的问题，对预期的目标进行科学预测。

3. 完善规定

草拟出初步的规定后，应采取不同方式向墓地管理有关部门征集意见和建议，有条件的可向客户征集意见和建议，在反复分析的基础上，认真修改规定。

4. 上报方案

对方案进行反复修改后，按照墓地管理单位的有关程序，上报有关领导审批。

（三）代客祭扫服务的流程

1. 进行洽谈

具体包括：提供代客祭扫的咨询服务；了解客户需求后设计代客祭扫服务的项目和流程；确定收费标准，签订代客祭扫服务协议书（表6-1），并结算费用。

表6-1　代客祭扫服务协议书

编号：＿＿＿＿　　甲方（公墓）：＿＿＿＿＿　　乙方（客户）：＿＿＿＿	
联系电话：＿＿＿＿＿＿　　E-mail：＿＿＿＿＿＿＿	
地址：＿＿＿＿＿＿＿＿＿　　邮编：＿＿＿＿＿＿＿	

为了帮助远在他乡、工作繁忙，或出行不方便的客户能够在一些重要的节日及特殊的日子里祭奠亲人，了却心中的遗憾，特推出人性化的代客祭扫服务，并订立本协议，双方遵照执行。

一、服务对象

墓位编号：＿＿＿＿＿＿＿＿＿＿＿　　　墓穴数：＿＿＿＿＿＿＿＿＿＿＿＿＿

使用人1：＿＿＿＿＿＿＿＿＿＿＿　　　生殁日期：＿＿＿＿＿／＿＿＿＿＿

使用人2：＿＿＿＿＿＿＿＿＿＿＿　　　生殁日期：＿＿＿＿＿／＿＿＿＿＿

使用人3：＿＿＿＿＿＿＿＿＿＿＿　　　生殁日期：＿＿＿＿＿／＿＿＿＿＿

二、祭扫要求

＿＿＿＿＿＿＿＿＿＿＿＿＿＿＿＿＿＿＿＿＿＿＿＿＿＿＿＿＿＿＿＿＿＿＿＿＿＿

＿＿＿＿＿＿＿＿＿＿＿＿＿＿＿＿＿＿＿＿＿＿＿＿＿＿＿＿＿＿＿＿＿＿＿＿＿＿

三、祭扫时间

＿＿＿＿＿＿＿＿＿＿＿＿＿＿＿＿＿＿＿＿＿＿＿＿＿＿＿＿＿＿＿＿＿＿＿＿＿＿

＿＿＿＿＿＿＿＿＿＿＿＿＿＿＿＿＿＿＿＿＿＿＿＿＿＿＿＿＿＿＿＿＿＿＿＿＿＿

四、付款方式

实行预收费用制，服务次数＿＿＿＿次。

每次人民币（大写）：＿＿＿＿＿＿＿＿＿＿＿＿＿＿＿＿＿＿

合计人民币（大写）：＿＿＿＿＿＿＿＿＿＿＿＿＿＿＿＿＿＿

监督方式（用"√"表示）

□拍照后图片资料按地址邮寄

□拍照后图片资料发送指定邮箱

□拍照后图片资料留存归档，以备查阅

五、协议期限及延续

1. 本协议自＿＿＿年＿＿＿月＿＿＿日起生效至＿＿＿年＿＿＿月＿＿＿日止，协议期满前3个月，双方可根据实际情况另行协商续期或签订新协议。

2. 甲方至少应在协议期满前3个月以书面形式询问乙方是否延续协议，乙方至少在协议期满前1个月通知甲方是否延续协议。

3. 若在协议期内乙方需甲方增加其他服务内容，可与甲方再行协商，另签补充协议。

六、其他

1. 如一方的通信地址、联系电话有所变动，应及时通知另一方变更。

2. 如遇自然灾害等不可抗力因素导致无法祭扫时，双方可协商解决。

3. 本协议在执行过程中，若发生与国家政策相悖的事宜时，可协商解决。若协商不成，任何一方均有权向另一方所在地人民法院提起诉讼。

七、签署

1. 本协议一式两份，甲方、乙方各执一份，双方签字后生效。

2. 本协议未尽事宜，由双方共同协商。

甲方（签章）：　　　　　　　　　　　　　　乙方（签字）：

经办人（签字）：

日期：　　　年　　月　　日　　　　　　　　日期：　　　年　　月　　日

2. 实施代客祭扫

具体包括：祭扫人员与各部门协调，根据协议准备祭扫用品、用具（白手套、白毛巾、刷子、剪刀、鲜花、贡品）；核实位置；根据协议履行代客祭扫服务；根据协议进行实况视频在线连接或拍摄图片、影像资料并发送给客户，做好存档工作。

三、主持祭奠仪式

（一）主持祭奠仪式的方法

主持祭奠仪式，要求主持人仪态大方，仪表端庄，身着深蓝、白或灰黑色服装，严禁穿色彩鲜艳的服装和奇装异服。在主持祭奠仪式时，主持人不应站在正中，应站在墓碑一侧，引导祭奠仪式进行。主持人主要通过语言来表达主持意图，把握祭奠活动的进程。首先由主持人宣布祭奠仪式开始，然后由客户代表或主持人致祭文，之后由客户代表向墓碑献花，并在墓前鞠躬致敬。

主持祭奠仪式要随机应变，灵活把握祭奠活动的进程，使祭奠活动在庄严、肃穆、祥和、安静的环境中有条不紊地进行。注意祭奠活动中的用词和行为举止，不要做出有损客户形象以及不尊重民族习惯的言行。

（二）祭奠仪式的程序和内容

1. 墓地祭奠仪式的主要程序

尽管各地殡葬习俗不同，但墓地祭奠的程序基本相似。大致包括以下程序中的全部或部分：祭奠准备──→祭奠开始（主祭人诵祭文）──→整饰环境──→摆放供品（或鲜花）──→悼念追思（点香、燃烛、奠酒、烧纸等）──→祭奠结束（告别）。

2. 墓地祭奠仪式的基本内容

墓地祭奠有安葬结束时紧随其后的祭奠，也有安葬以后的各种祭奠。在古代，安葬结束时紧随其后的祭奠内容很繁杂，因为当时的祭奠是安葬后的第一次祭奠，也是逝者到"另一个世界"后，其家人和亲朋好友为之举行的第一次"告别会"。这里重点介绍安葬以后的常规祭奠。

（1）祭奠准备。到墓地祭奠前，殡葬服务单位都会做一些必要的准备。一是召集参加祭奠的人员，约定祭奠的时间和交通行程等；二是准备祭奠物品，根据家庭情况，祭奠物品的内容各异。

场地准备：整理祭扫场所周边环境，保持环境整洁、干净；提供免费或酌情收取费用的祭扫用品和用具；如果提供背景音乐，应慎重选择曲目和音量；园区内需有明显的指示系统、警示标识；提倡文明祭扫。

服务人员准备：具有高度的责任心和事业心，工作细致认真、热情周到；经过专业培训，有一定的服务意识及服务技巧；熟悉文明祭扫的有关规定；掌握防火基本知识和技能；熟悉墓园环境，能快速、准确地找到祭扫位置；熟悉祭扫流程及注意事项；具有一定的组织、协调、沟通能力。

祭扫用品和用具准备：提供文明祭扫用品（鲜花、黄丝带、心愿卡、千纸鹤）；提供清洁用具（垃圾桶、毛巾、水桶、铁锹）；提供描碑用的金漆、毛笔等；提供客户选购或租用的其他文明祭扫用品和用具。

（2）祭奠开始。家庭（或团体）到墓地祭奠，成员中间会有一个德高望重的人或是意见领导者，由其指导祭奠的进行。较为正规的祭奠活动还会确定一名"主祭人"，即"祭奠主持人"，主祭人在墓前诵读祭文，之后亲友发言，共同向墓地三鞠躬以示悼念。

（3）整饰环境。墓地祭奠又称"扫墓""墓祭"等，因此整饰墓地环境成为墓地祭奠的重要内容之一。到城市墓地进行祭奠的客户，怀着对逝者的尊重和悼念之情，轻轻擦拭墓碑上的尘土，用水浇灌墓地旁的花草，打扫墓地周围环境的卫生。这些成为祭奠的实质性内容。

（4）摆放供品。整饰好墓地环境后，客户把备好的点心、水果、烟、酒、茶等用品摆在墓前，一些年轻的客户喜欢摆上鲜花。这些用品其实是受现实生活影响的，日常生活中的物品都可以成为供品，这与我国传统的"生死同观"是一致的。

（5）悼念追思。这也是祭奠的一项重要内容。多数客户肃立在墓前，默默地与逝者"对话"。这一过程中的内容是最丰富的，不管传统的还是现代的祭奠内容，如点香、燃烛、烧纸化钱、奠酒、吃团圆饭等活动，都从不同侧面体现了生者对逝者的哀悼和怀念。

（6）祭奠结束。主祭人带领所有人员再次面向墓碑三鞠躬，祭奠结束。

四、处理祭奠突发事件

在墓地管理中，很多客户会在一些传统节日或特殊的日子来追忆亲人、祭奠亲人。墓地管理员在祭奠服务中应有效预防和处理在工作中可能出现的各类突发性事件，依照有关法律法规和规定，结合墓园实际情况，制订预案。

（一）处理突发事件的工作原则

1. 以人为本，减少伤害

"以人为本，减少伤害"，就是要切实履行墓园管理服务职能，把保障人员健康和生命财产安全作为首要任务，最大限度地减少突发事件及其造成的人员伤亡和伤害。

2. 居安思危，预防为主

"居安思危，预防为主"，就是要高度重视公共安全工作，常抓不懈，防患于未然。增强忧患意识，坚持预防与应急相结合、常态与非常态相结合、做好应对突发事件的各项准备工作。

3. 统一领导，分级负责

"统一领导，分级负责"，就是建立健全以分类管理和分级负责为主的应急管理体制，实行行政领导责任制，充分发挥专业应急指挥部门的作用。

4. 依法规范，加强管理

"依法规范，加强管理"，就是要根据有关法律和行政法规，加强应急管理，使应对突发事件的工作规范化、制度化、法制化。

5. 快速反应，协同应对

"快速反应，协同应对"，就是要加强应急处置队伍建设，建立联动协调制度，充分调动和发挥各部门和志愿者队伍的作用，依靠群众力量，形成指挥统一、反应灵敏、功能齐全、协调有序、运转高效的应急管理机制。

6. 依靠科技，提高素质

"依靠科技，提高素质"，就是采用先进的监测、预测、预警、预防和应急处置技术及设施，充分发挥专家和专业人员的作用，提高应对突发事件的科技水平和指挥能力，避免发生次生、衍生事件；加强宣传和培训教育工作，提高工作人员自救、互救和应对各类突发事件的综合素质。

（二）突发事件的范围

1. 踩踏事件

由于清明期间祭扫人员众多，在人流量高峰时段以及地宫狭窄区域容易发生拥挤、踩踏事件。

2. 斗殴事件

由于祭扫人员众多，祭奠场地位置有限，容易因一些小的误会、口角、拥挤、摩擦升级为群体性的斗殴事件，或因排队燃烧香纸等引发斗殴事件。

3. 火灾事件

由于露天放置焚烧炉，在燃烧祈福用品时纸灰带着火花会随风飘落因此容易引起火灾。或因地宫电路等问题引起火灾。

4. 祭扫人员突发疾病

祭扫人员由于悲伤过度、身体较弱容易引发身体不适；地宫空气不流畅，体质较差的儿童长时间站立容易晕倒。

5. 服务不到位引发的冲突

由于接待逝者家属、祭扫群众过多，因工作人员服务不到位与群众产生矛盾，引发冲突。

6. 摔倒、落水事件

由于地宫内都采用玻化砖来铺贴，梅雨季节地面会返潮，容易摔倒。园区内池塘、亲水平台较多，湖岸线较长，若沿湖安全警示牌和防护设施不完善，容易发生落水事件。

思考题

1. 墓地安葬的环境要求是什么？
2. 安装墓体附属构件的要领有哪些？
3. 如何拟订祭奠管理规定？
4. 处理祭奠突发事件的原则有哪些？

第七章 墓地维护管理

学习目标

1. 知识目标
> 掌握墓体维护的相关知识要点。
> 掌握墓地环境管理的要点。
> 掌握墓地园林绿化管理的要点。
2. 技能目标
> 能判断墓体的破损情况并进行修复。
> 能够进行墓地维护管理。
3. 素质目标
> 能与逝者家属进行有效沟通。
> 具备质量意识、环保意识、安全意识及工匠精神。

第一节 墓体的检查与维护

公墓的维护就是采取各种必要的保养措施，对公墓进行保养与维护，确保公墓功能正常发挥，尤其是及时对墓体及其附属设施进行修缮和养护。

墓地的维护是指对墓地设施、设备进行维修管理和养护，也就是在墓地建成以后为防止其价值下降，延长其使用寿命，全面或部分地恢复墓地设施、设备由自然因素、人为因素等造成的损害，有针对性地进行的墓地维修管理与养护。

石材是一种具有自然美感的高档装饰材料，在现代建筑和墓体装饰中已得到广泛的应用。墓体的地上部分多为石材，但由于石材的天然性和矿物结构的多样性，决定了石材本身存在着不同程度的缺陷和问题。同时，石材在开采加工、储存运输、施工安装、日常使用和保养，以及自然环境变化等因素影响下也易引起不同程度的损坏，影响着石材的装饰效果，甚至破坏石材自身的材质。所以对墓体的检查与维护具有重要的意义。

一、墓体稳固性标准

墓体稳固性标准是墓体维护的重要依据，也是对墓地和墓体进行安全管理的重要内容。对墓地管理员来说，重点应该掌握墓体地上部分的稳固性标准及其加固处理的方法。

墓体的稳固性，也就是墓体不存在危险性。由于危险墓体（简称危墓）随时有倒塌的可能，所以不能确保其能安全使用，危墓还会影响殡葬活动甚至客户的人身安全。因此，在墓地管理中要防止出现危墓，也就是要确保墓体的稳固。

（一）危墓鉴定原则

危墓鉴定应以地基基础、结构构件的危险鉴定为基础，结合历史状态和发展趋势全面分析,综合判断。鉴定原则如下。

一是在判断地基基础或结构构件发生危险时,考虑构件的危险是孤立的还是关联的。若构件的危险是孤立的,则不构成结构的危险;若构件的危险是关联的,则应联系结构判定其危险范围。

二是在历史状态和发展趋势上考虑有关因素对地基基础、结构构件造成的影响,如结构老化的程度、周围环境的影响、设计安全度的取值、损害结构的人为因素、危险的发展趋势等。

(二)危墓鉴定标准

我国还未制定相关的危险墓体鉴定标准,墓地管理部门可以参照有关建筑标准拟定本单位的危险墓体鉴定标准。

整座危墓是指随时有整座倒塌可能的墓,是指承重结构承载力已不能满足正常使用要求和美观要求、整体出现险情的墓。这类墓大部分的基础、结构、装饰有不同程度的损坏,无法确保使用安全。具体分为四类危险:一是因地基、基础产生的危险,可能危及主体结构,导致整座墓倒塌;二是因墓穴结构,以及砌体、柱、梁或框架产生的危险,可能造成结构破坏,导致整座墓倒塌;三是因墓盖、墓台、地铺产生的危险,可能导致墓碑以外的构件倒塌并危及整座墓;四是因墓碑座产生的危险,可能导致碑身倒塌并危及整座墓的安全。

局部危墓是指随时有局部倒塌可能的墓。局部危墓是一部分承重结构的承载力已不能满足正常使用要求,局部出现险情的墓。这类墓大部分的结构承载力基本正常,只是局部结构有危险,只要排除局部危险就可安全使用。具体分为四类危险:一是因地基、基础产生的危险,可能危及部分墓体,导致局部倒塌;二是因墓穴结构、砌体、柱、梁或框架产生的危险,可能造成部分结构破坏,导致局部墓体倒塌;三是因墓盖、地铺产生的危险,可能导致部分或整个墓盖坍塌,但不危及整座墓;四是因构件结合部松动、碑体悬挑构件产生的危险,可能导致碑身倒塌。

危险点是指单个承重构件或围护构件处于危险状态。危险点墓是指个别结构构件承载力不能满足正常使用要求,处于危险状态的墓。这类墓结构承载力基本能满足正常使用要求,只是个别构件出现险情成为危险点,只要及时维修、排除险情,就可安全使用。

二、危险墓体的加固处理

(一)地基、基础的加固处理

地基、基础工程是墓的重要组成部分,它承受着墓的全部荷载,如存在缺陷或发生损坏,必然影响墓的安全和正常使用。由于地基、基础属地下隐蔽工程,所以日常养护与维修工作容易被忽视。

墓的地基、基础经常出现的问题有:产生过量沉降和不均匀沉降等变形,引起上部结构出现不良现象,如倾斜、裂缝等,严重的可导致墓的倒塌。地基、基础常见的损坏有地基承载力不足和基础的强度、刚度不足两种情况。

1. 地基损坏的原因及加固方法

地基承载力不足包括地基的沉降过大或地基产生不均匀沉降等。地基不均匀沉降是指同一墓或相邻两墓的地下基础沉降有较大差异，或相邻两墓的地基沉降值不同。地基过大的不均匀沉降会对墓的基础和地上结构产生间接作用，使墓的地上部分出现开裂、倾斜甚至损坏。若地基沉降超过容许沉降量，且墓的地上结构整体性好、地基沉降也均匀，虽上部结构及基础未遭破坏，但会使地坪凹陷，从而导致相邻墓产生不均匀沉降而开裂。不良地基会导致上部结构出现损坏、缺陷，从而破坏墓的结构，严重的会导致墓无法继续使用。因此要改良不良地基土，经过人工处理后，恢复或提高地基的承载力，控制、调整一些不利变形的发展。

地基加固一般有两种情况，即在建墓施工前进行加固处理和在墓已存在的情况下进行加固处理，后者难度更大。地基加固方法有很多，如排水固结法，振密、挤密法，置换及拌入法，灌浆法，等等。对高档墓的地基可参照房屋地基灌浆法、挤密桩法等方法加固。

2. 基础损坏的原因及加固方法

基础是墓体的主要承重构件，承受全部墓体荷载。基础的损坏直接影响墓的安全，所以必须对这一隐蔽工程进行正确维护与使用，发现问题及时处理，以免酿成大祸。

基础损坏的原因有很多，如设计上的原因、施工上的原因、使用上的原因以及其他外界因素的不良影响，如自然灾害、相邻建筑施工保护措施不当等。

基础损坏的修复方法有灌浆法、更换法、外包法等。

当基础由于荷载作用、地基的不均匀沉降、冻胀、有害介质的侵蚀、施工缺陷等原因开裂、破损时，可以采用灌浆法进行黏结加固。施工中常用纯水泥浆、环氧树脂等黏结剂。

当基础局部的损坏严重时，可采用拆除损坏段换成好的基础砌体的更换法。若损坏是由于不良地基引起的，还要先局部加固地基，加固或更换一定范围内的不良地基土，并分层夯实所换的好土，而后再砌筑新更换的基础。

当基础本身的截面尺寸过小，强度或刚度达不到要求时，可以采用增大基础截面高度或增大整个基础截面尺寸的方法来提高基础的强度和刚度。

对一些大型的墓进行基础损坏处理时可采用基础托换技术进行加固。基础托换技术主要是对原有墓的地基、基础进行加固或处理时采用的各种技术总称。一般常见的方法有补救性托换、预防性托换、侧向托换、维持性托换等。

3. 墓体倾斜矫正技术

当墓体由地基不均匀沉降而发生倾斜时，必须采取相应的措施以调整地基的沉降量，使墓体满足使用和观瞻的要求，恢复正常直立状态。通过在倾斜的反侧加载、浸水、掏土等或在倾斜的一侧顶升，最终使两侧的沉降趋于均匀，从而达到平衡的目的。常用的倾斜矫正技术有基底取土法、浸水法、加载法、顶升法、冲孔挤土法等。

基底取土法是将沉降较小的一侧基础底下的部分地基土挖走，迫使沉降小的一端沉降量增加，从而达到纠倾的目的。一般墓的基础埋深较浅，可采取掏土法，即在墓体沉降小的部位的基础两侧挖一地槽，然后沿水平方向在基础底下穿孔掏土，掏土工具可为细钢管或钢筋。随着掏土量的增大，原本沉降小的部位的基础沉降必然会逐渐增大，从而使墓体各部分沉降相对趋于均匀，使墓体恢复到原来的直立状态。取土法纠倾具有操作简单、施工方便、工程量小、投资少等优点。但施工时不可操之过急，以防出现新的倾斜。

浸水法矫正的原理是在地基沉降较小的一侧注入适量的水，在沉降大的一侧不注水或少注水以保证均匀过渡，这样土体在水的作用下被软化，在荷载的作用下产生不均匀沉降，以此满足纠倾的需要。在浸水矫正施工前，要根据土质的情况以及主要受力层范围内土的含水量及饱和度，预估所需的浸水量，然后分阶段地注水。

加载法纠倾是在墓体沉降较小的部位的基础及其周边临时压重，迫使该部位地基土的沉降量增大到与其他沉降量较大的部位相同的程度，以此达到纠倾的目的。加载法适用于一些软的地基土，如湿陷性黄土、粉质黏土、淤泥质土等。加载矫正前一般首先查明基底土层的压缩性质，根据要纠偏数值的大小，估算出所需的压缩量，以及压缩量所需要的附加应力的大小，并依此计算所需加载的大小。加载的重物可用铁块或钢锭等，这些荷载可直接加在基础或基础上部及周边的有效范围内。加载速率可根据纠倾要求进行调整。

（二）砌体结构的加固处理

砌体结构工程是指地基、基础之上，采用砖、石等材料砌筑的工程。尤其是地上部分与具有一定装饰效果和基础作用的砌体工程，对墓的观赏性更为重要。

损坏砌体结构的主要是裂缝。根据砌体开裂的原因，裂缝大致可归纳为两类：一类是由荷载引起的裂缝；另一类是由于温度变化或地基的不均匀沉降所产生的裂缝，即变形裂缝。

1. 处理裂缝的基本原则

一要查清原因，从产生裂缝的因素着手，防止再次开裂，如控制荷载等。二要鉴别裂缝性质，重点区分受力和变形两类性质不同的裂缝，尤其应注意受力裂缝的严重性，杜绝裂缝急剧扩张而导致发生倒塌事故。三要观测裂缝的变化规律，对变形裂缝应作观测，寻找裂缝变化的规律或确定裂缝是否已经稳定，以此作为选择处理方案的依据。四要明确处理目的，如封闭裂缝、加固地基、补强结构、减少荷载等。五要选定合适的处理时间，受力裂缝应及时处理，地基变形裂缝最好在裂缝稳定后处理，温度变形裂缝宜在裂缝最宽时处理。六要选用合理的处理方法，既要效果明显，又要切实可行，还要经济合理。

2. 砌体裂缝的处理方法

处理裂缝一般应在裂缝稳定以后进行，以免维修后裂缝继续发展。砌体上一般的裂缝常用的维修方法如下所示。

（1）填缝封闭。常用材料有水泥砂浆、树脂砂浆等，这类硬质填缝材料极限拉伸率很低，若砌体尚未稳定，修补后可能再次开裂。

（2）表面覆盖。对墓的正常使用无明显影响的裂缝，为了美观，可以在表面覆盖装饰材料，而不封堵裂缝。

（3）水泥灌浆。有重力灌浆和压力灌浆两种。由于灌浆材料强度都大于砌体强度，因此只要灌浆方法和措施适当，经水泥灌浆修补后的砌体强度都能满足要求，而且修补质量很好。此法具有价格低、材料来源广和施工方便等优点。

三、墓体石材表层的维护与处理

石材维护，顾名思义，就是对石材进行清洗、保养和防护。清洗和保养石材就是对受污染的石材进行清洗以及对石材进行日常维护。防护就是采用刷、喷、涂、淋和浸泡等方法，使防护剂均匀分布在石材表面或渗透到石材内部，形成一种保护，使石材具有防水、防污、耐酸碱、抗老化、抗冻融、抗生物侵蚀等效果，从而提高石材使用寿命和装饰性，达到保护石材的作用。

（一）石材被腐蚀和破坏的因素

石材防护的关键是阻隔或减小周围环境中的破坏因素，主要的腐蚀和破坏因素或参与腐蚀和破坏的因素有以下几个方面。

1. 水

水结冰后体积膨胀约为10％。水在岩石微孔中结冰的膨胀力超过岩石的张力，引起石面破碎或造成裂缝。水经过反复并不均匀地吸收、渗透、溶解、升温膨胀、水合等可能裂解岩石。更严重的是，水会渗向石材微孔内，加速腐蚀和破坏石材。目前石材的许多防护方法都以防水为中心。

2. 盐

盐类物质都有水解的基本趋向，尤其是水溶性盐。盐溶于水后体积膨胀，会产生较大压力。如果石材温度变化较大，盐会升温膨胀，例如氯化钠由20℃升到60℃体积膨胀0.8％。盐膨胀是破坏石材的主要因素之一。

3. 大气和酸雨

大气中酸性气体的溶解（不论是正常浓度还是受到工业污染后）会使水的酸性增强，更具有腐蚀性。二氧化碳溶解后和石材中的碳酸钙产生反应，生成易溶的碳酸氢钙，一氧化硫和二氧化硫等溶于雨、雪后形成酸雨，对石材尤其是碳酸盐石材损害极大。残留的可溶性盐还会重新结晶或水合，进一步侵蚀石材。

4. 工业烟雾

烟雾是潮气、灰尘和各种化工燃烧物的混合物。灰尘像海绵一样，吸收各种气体，与水混合后就形成酸性溶液。严重的工业污染、废气排放以及闭塞的大气循环是工业烟雾形成的主要原因。烟雾对石质建筑和装饰石材有很强的破坏和腐蚀作用。

5. 生物

微生物和植物分泌的无机酸和有机酸会破坏石质结构，同时与矿物质进行离子交换，会加速石材分解。鸟类等动物的排泄物也会造成石材污染。

当然，各种因素不是孤立的，各种腐蚀与破坏也是同时进行、相互促进的。能长期有效地阻隔或减小这些破坏因素，是石材防护工作所研究的主要内容。

（二）石材的风化

石材的风化是石材因受自然环境中各种因素的侵蚀而使石材分崩离析。根据其作用力的不同，可将石材的风化分为物理作用和化学作用两类。

1. 物理作用

一是热能的作用。石材因日间受热而膨胀，夜间受冷而收缩，产生热胀冷缩现象，且石材中含有许多不同的矿物质，其膨胀系数不同，从而发生粒状的剥蚀或块状的崩解。

二是水的冻融作用。温度下降到0℃以下，石材吸水后水结成冰，造成石材的急剧膨胀，使石材崩解碎裂。

三是生物的作用。在有水、温度适宜的条件下，苔藓、霉菌等有机物的孢子囊附着在石材的表面，开始发育生长，使石材表面形成各种各样的有机色斑，这些有机物为了生存，与空气中的二氧化碳、二氧化硫、二氧化氮等物质相抗争，改变石材表面的纹理结构。另外，植物死后与水形成有机酸会加速石材的老化，使石材产生剥蚀现象。

四是紫外线的照射。石材本身具有许多毛细孔，且毛细孔越小毛细现象越显著。石材吸水后，在阳光里紫外线的辐射下，水分在石材毛细孔中的蒸发速度会加快，水分中带有的能侵蚀石材的物质对石材的侵蚀速度也会加剧，从而引起石材的老化。

五是粘裂作用。胶粘是石材安装方法中的一种，其残留在石材表面的胶因老化使粘接石材的胶结矿物产生松弛作用，石材内部松弛，表面易剥落，从而加速石材的老化。

2. 化学作用

一是氧化作用。石材中的矿物质元素发生氧化反应，造成石材变软、体积增大，失去原有的光泽和弹性，如锈斑。

二是溶解作用。通常是以水为溶剂，当其中含有碳酸根离子、硫酸根离子或硝酸根离子等有机物时，溶解力更大。尤其是石灰岩含量高的一类石材容易被溶解而风化，如化学腐蚀。

三是水化、水解作用。石材吸水后与水化合而发生变化，体积增大，释放出大量的热能，使石材的硬度降低、光泽受损、弹性减弱，这是水化作用对石材的破坏。同时水分还会使石材中矿物质含水。因此石材在水解作用后，其基本形式发生变化，并有氢氧根在水中析出，这就是水解作用对石材的破坏。在正长石这类石材的风化过程中最常见，如水斑。

四是碱-硅质物的膨胀反应和石材中的矿物质反应对石材的风化作用，如锈斑、白华等。

（三）石材维护的基本方法

石材维护主要分清洗和防护两种，防护的原理是防护剂中的有效物质随溶剂渗入石材内部，待溶剂自然挥发后，有效物质和石材晶体结合，在石材表面下形成有效的防护屏障，阻止外来及内部污染的渗入，从而达到保护石材、延长石材寿命的目的。

石材防护剂是一种专门用来保护石材的液体，主要由溶质（有效成分）、溶剂（稀释剂）和少量添加剂组成，其种类很多，使用前要仔细阅读说明书，以免因使用不当而导致对石材的损坏。

1. 石材防护施工方式

石材防护施工的方式有：刷（用毛刷）、涂（用海绵）、擦（用布）、喷涂（用低压喷枪）、浸泡（用浸泡槽）、滚涂（用滚筒）、浇淋（用容器）等。

喷涂的特点是效率高，涂布均匀，尤其适合蘑菇面石材的施工，但浪费多、成本高。

浸泡的特点是可以使石材的内外都能得到充分的防护，不会像其他方式那样出现遗漏的地方。在所有施工方式中，只有浸泡能够达到最佳的防护效果。但因石材对防护剂吸入量太大，所以成本较高。

不同的石材防护施工方式有着不同的施工要求，施工前应根据所用防护剂的使用说明和现场的实际情况制订切实可行的施工方案。

2. 石材防护施工工艺

其前提是石材在防护前表面必须保持干净、干燥；采用湿贴法工艺进行施工的饰面石材，其所有缝隙都必须填缝，填好后让其充分干燥，然后清缝；涂布防护剂；清除防护剂表面残留物；石材经防护后须进行养生（一般的养生时间在 24 小时左右）。

（四）水斑的形成与处理

1. 水斑的形成

水斑是石材表面湿润含水，使石材表面整体或部分产生略暗沉的现象，影响石材的美观。石材产生水斑的原因主要分为两类。

一类属于中性水分的吸收。由于石材是多孔性物质,当雨水、清洗墓体的水渗入时,会使得石材表面产生暗沉。这种水斑通常是暂时性的,只要保持干燥,水分就能自然挥发,恢复石材原有的外观。

另一类是因湿式施工法施工不当而引起的。这类水斑既容易造成石材病变,也易对石材产生损害。水泥是石材湿式安装最常用的黏结材料,含有大量的氧化钙、氧化铝及氧化铁,在湿式安装黏结石材时,若石材安装于靠近水源处或是施工时水泥砂浆的水灰比过高(易造成氧化钙反应不完全),过量的水将氢氧化钙溶解出来,以毛细原理渗透到石材表面,随后再与空气的二氧化碳反应成碳酸钙。此时,由于碳酸钙易潮解而吸附大量的结晶水,造成石材表面湿润含水,使得石材表面整体或部分产生暗沉并出现湿痕不干的现象。

2. 水斑的预防与处理

之所以产生水斑,是因为背填水泥砂浆中的氢氧化钙或其他碱性金属离子被多余的水分溶解后,渗透至石材内部并逐步渗出石材表面,进一步与空气中的二氧化碳、水汽反应形成含易潮解的碳酸钙或碳酸盐,而使石材表面湿润含水。因此,若避免水分渗透至石材内部及表面,即可避免水斑的发生。具体有以下两种预防方式。

一是对石材进行防水处理,防止水分进入石材。这种方式又分为两种,一种是使用正面养护剂采取正面养护措施,使由背填砂浆所渗入石材的高性水分,阻挡在进行养护的渗透层之下,让碱性水分不会透出可见的石材表面。本方法的优点是仅对石材进行正面养护,使用的物料及人工成本较低;但缺点是正面养护因施工方法及药剂使用不当造成的操作失败状态,不易补救。另一种是采取石材六面的养护方式,在石材粗面使用背面型养护,并在石材光面使用正面养护。其优点是石材被充分养护,养护失败的可能性不大;缺点是工料成本较高,一般不容易被接受。石材在安装前应该使用养护剂,养护剂的品质及使用方法,对养护效果有很大影响。因此,要慎重选择养护剂以及使用正确的施工方法。

二是在背填水泥砂浆中进行减水或防水,以防水分积聚进入石材。如注入树脂可使石材防水,阻隔空气中的水分与石材或水泥的内部物质接触,降低其化学反应的条件。这种方式又分为两种:一种方法是水泥砂浆在调配时,使用低水灰比或是加入减水剂,加入水泥混凝土拌和物中,能使水泥颗粒产生分散作用,把水泥砂浆空间网架结构束缚的水释放出来,降低混凝土拌和水量,促使水泥充分水化,从而提高混凝土的密度;另一种方法是在水泥砂浆中加入防水剂,防水剂是一种树脂,它可与钙或其他金属离子形成氧化物,可避免金属离子被大量水分溶离渗出石材表面,形成水斑。还有一种方法是选用无污染的骨材,如钙、镁、钠等离子较多的海砂,避免使用矿物质较多的地下水为拌和水,减少金属离子,也可以降低水斑发生的概率。

(五)白华现象的形成与处理

白华现象俗称"流眼泪""淌鼻涕"。由于湿法施工,石材背面灌注水泥砂浆,雨水渗入水泥砂浆中,溶解其中的钙和盐,含有钙、盐的水分渗入石材毛孔填缝不实处,时间一久形成水道渗出表面,与空气中的二氧化碳、酸雨等接触,生成不溶解的白色物质。在其干燥后,往往会形成碱性结晶物质附着于石材表面,这种反碱现象即白华。

避免白华现象的主要方法:一是在石材加工后,用渗透型防护剂对石材进行六面处理,起护理作用;二是在湿法施工中掺入水泥白华防止剂,以降低水泥渗水形成水道;三是尽量采用干挂施工法。

对已经产生白华的处理方法:一是先用刷子将表面的白色粉末刷掉,再用大量清水清洗残留物，然后用稀释的盐酸清洗白华，直至其消失；二是用清水冲洗已清洗的石材表面，使其达到中性为止，阴干后，再对石材表面及接缝进行养护处理；三是注入树脂或在石材表面用具有防水性能的抛光剂抛光。

（六）锈斑的形成与处理

1. 锈斑的形成

锈斑的形成有先天的和人为的因素。部分石材中含有较多的铁质成分，接触空气被氧化后生成铁锈，通过石材的微孔渗出。铁质、水、氧是促成锈斑形成的三大要素。

（1）按照锈斑反应层次的不同将其分为两大类。一是深层锈斑。很多石材品种特别是花岗石都含有一定比例的铁质成分，当这些铁质成分与水和氧充分接触后，就会引起氧化反应，生成锈斑。另外，水泥中的碱质在水的作用下与石材中的铁质发生反应，也会形成锈斑。二是表层锈斑。石材在开采、加工、运输、安装的过程中，表面与铁质成分接触后留下少量铁质残留物。这些铁质残留物会与空气中的水分、氧气产生氧化反应而生成锈斑。

（2）按锈斑产生的原因可分为两大类。第一类是原发性锈黄。石材本身含有不稳定的含铁矿物，如大理石内部多存有含铁矿物，如碳酸铁、硫化铁矿物等，通常硫化铁矿物最不稳定，它可以说是石材表面的锈黄污染的最大成因。此外，黑云母较硫化铁稳定，但长期在酸与水的作用下，亦可能发生氧化生锈而成铁矿，污染石材形成锈黄，甚至因生锈后体积膨胀而层层剥落，因而在石材表面形成小坑洞。第二类是石材加工程序不当所引发的锈黄。这是外来的铁锈因水分渗透至石材表面而造成锈黄。原石以钢砂拉锯加工切割时，石材表面可能因残余钢砂未清洗干净，水汽作用后，形成锈斑。一般而言，石材经研磨抛光后，锈斑通常不会再生。除此之外，石材经切割后酸洗，残留酸物造成石材含铁矿物加速氧化也会导致锈黄。石材以湿式方法或干式方法安装时，其铁配件生锈而扩散至石材表面也会形成锈黄。

2. 锈斑的处理方法

主要是采用除锈剂来进行处理。在进行除锈处理时，应注意以下几点。

一是尽量避免采用草酸直接清洗石材锈斑，因为草酸只是简单地把锈斑氧化还原。被氧化还原的铁离子仍具不稳定性，很容易与空气中的水和氧再次发生氧化反应，重新生成铁锈，并且会随着草酸水溶液的流动而进一步扩大锈斑的面积。

二是选用除锈剂时，一定要选用质量好的产品。因为好的除锈剂除了酸的成分以外，另外还加有适量的添加剂以保持氧化还原反应中铁离子的稳定性。采用这种除锈剂处理过的锈斑，即使不做防护处理，也能保持很长时间不会出现。

三是组成大理石和花岗石的成分不同，性质不一样。大理石主要成分为碳酸钙，呈碱性；花岗石的主要成分为二氧化硅，呈酸性。所以使用除锈剂时，一定要分清大理石除锈剂和花岗石除锈剂。花岗石除锈剂绝对不能用于大理石的锈斑处理。

四是表层锈斑的处理，只需用除锈剂在表面涂抹即可，有时也可采用表层磨抛的方法进行处理。深层锈斑的处理相对要复杂一些，需要保持一定的剂量和反应时间，有时需要重复使用才能达到理想的效果。

五是石材在使用除锈剂后，建议再用清水清洗一遍，干燥后一定要用优质石材养护剂做好防护处理。目的在于彻底清除氧化反应后的残留物，防止再次发生氧化反应。

四、墓体受损部分的检查与修复

（一）墓体石材受损的处理程序

1. 受损认定

受损的认定是处理受损石材的首要环节。具体按照以下几个方面来认定。

一是要正确认定石材的种类。若产生黄色污斑的石材是大理石，因其呈碱性，所以不能采用酸性除锈剂进行处理，否则会腐蚀石材的表面。

二是确定石材的安装方法。石材的安装方法有很多，如饰面石材的干挂法、胶粘法和湿贴法。可以轻轻敲打石材表面，从声音上判断石材的安装方法。一般干挂石材敲击时声音清脆，而湿贴石材敲起来声音沉闷。

三是确定石材受损的时间。充分了解石材受损问题存在时间的长短，为判断受损的严重程度和正确选用合适的药剂及工艺提供可靠的依据。假如石材是全新的，但又出现了许多磨痕及大量污迹，也许是因为选用太软嫩的石材和施工后保养不当造成的。

四是确定石材现在与过去的日常保养方法及使用材料。很多石材受损问题来自保养方法不当。如，石材原来通过打蜡进行保养，现在可能已除蜡很多次，除蜡剂含有强碱、盐类等物质，若未充分洗净，这些具有破坏性的物质会残留在石材毛细孔内，从而造成石材表面出现孔洞或整片剥落。

五是检查石材周围环境情况，确定石材受损是否与周围环境有关。若石材表面出现大量水斑、锈斑及碱性物质，一看石材安装时水泥砂浆含水是否过多，二看是否周围环境有漏水或积水情况。因此在处理受损石材前，先判断一下石材受损与周围环境是否有关是非常必要的。

2. 确定解决方案

受损石材的种类及其受损原因一旦确定，就可以按照石材的不同种类及受损程度从以下几个方面着手制订方案。

一是确定解决方向。如果石材表面出现斑痕之类的受损，可以考虑采用物理清洗的方法或采用相关的处理剂进行处理；如果是磨损，则可以考虑采用打磨、抛光的方法来进行修复。

二是选用合适的材料。选择材料时，应根据实际情况并结合实践经验来综合考虑，切不可"生搬硬套"。

三是拟订施工程序。施工程序应根据实际情况来拟订。如处理白华时，如果白华发生在抛光石材表面，就应该先用铲刀铲除其表面厚重的白华部分，然后再涂刷白华清除剂；如果白华发生在毛面石材表面，就应该先涂刷白华清除剂，然后再用钢刷用力刷洗白华部分。

四是当受损状况有些复杂或较难处理时，可以根据具体情况同时拟订多个施工方案。

3. 处理受损的部分

方案拟定以后，要通过小样测试，确定最佳的方案。在进行小样测试时，应尽量选在角落或隐秘部位并征得客户的同意，然后根据试样结果确定一个正确可行的施工方案。在开始大面积的施工前，必须做好对周边环境和物件的保护，以免药剂造成其他饰面（环境）的破坏和污染。

(二) 修补石材常用方法

由于以往石材常填充含有苯、酚等对人体有害的聚酯物质，随着环保要求越来越严格，它们将逐渐被淘汰。以环氧树脂作为填充物来弥补石材自身缺陷是一种先进的加工工艺，具体加工方法分为以下三道工序。

1. 表面预抛

石材组织如果疏松，经锯切后表面平整度差，若此时补胶，经过抛光后树脂不能有效附着在石材表面及缝隙内，达不到理想的效果。通常采用磨料预抛，使其表面基本平整。

2. 清洁烘干

石材表面经磨削后残留有石粉与磨料混合物，这些粉尘会附着在石材表面而影响环氧树脂与石材结合，粉尘的存在会影响石材的品质和颜色。用刷子配合清水冲洗或用高压水冲刷，可以有效清除石材表面及缝隙内的粉尘，使树脂与石材的接触面增加。但由于水会涌入石材缝隙内，水的存在阻碍树脂更深地进入石材孔隙内，因此石材经过清洁后需要风干或自然风干。

3. 涂抹环氧树脂

环氧树脂经加热融化后倒在石材表面，一般采用人工涂抹的方式，厚度在 0.5～1mm，抹平过程中要施加一定的压力使树脂进入缝隙内。在常温下石材需静止放置 24 小时左右，树脂才能完全固化，然后打磨抛光。

第二节 墓地配套工程的维护

 一、墓地道路系统的维护

维护墓地道路系统的目的是通过有针对性的及时养护使墓地道路及其设施处于良好的状态，从而保证墓地道路具有快捷、畅通、安全、经济、美观等实用功能。其最终目的是保证墓地的使用功能。

(一) 路基的维护

路基是墓地道路的基础，为了保证路基的坚固与稳定，保证其排水性能良好，及时消除不稳定因素并优化路基的技术状况，必须对路基进行及时的、经常性的维护。

路基日常保养的主要内容包括：整理路肩、边坡，修剪路肩、分隔带植物，清除杂物，保持路容整洁；疏通边沟，保持排水系统畅通；清除挡土墙、护坡滋生的有碍设施功能发挥的杂草；修理伸缩缝；疏通泄水孔；修理路缘带。

(二) 路面的维护

墓地区域内道路的路面直接影响着道路功能的发挥。

路面日常维护主要包括：清除路面泥土、杂物，保持路面整洁；清除路面积水、积雪、积冰、积砂，铺防滑料；刮平砂土路面，修理车辙；碎砾石路面要匀砂、扫砂，添加面砂，洒水润湿，刮平波浪，修补磨耗层；处理沥青路面泛油、拥包、裂缝、松散等问题；水泥混凝土路面要日常清缝、灌缝及堵塞裂缝；修理和刷白路缘石。

(三) 道路设施的维护

墓地区域内道路沿线设施是道路的重要部分，它关系着车辆、行人的安全和道路的畅通，对提高道路的服务功能具有重要意义。

道路沿线设施的日常维护主要包括：标志牌的维护和定期清洗；护栏、隔离栅栏的修理，油漆或部分设施的更换；广播通讯、监控设施的维修；等等。

二、墓地给排水工程的维护

墓地给排水系统工程是否正常运作，直接影响到墓地管理的正常进行和墓地功能的发挥。为了保证整个给排水网络的畅通，必须加强对各种设施的日常维护和保养。给排水系统设备及设施维护主要针对给排水系统中所涉及的各种设备及管道等的日常运行，是根据给排水设备及设施的性能，按照一定的科学管理程序和制度，以一定的技术管理要求，对设备进行日常养护和维修更新，确保给排水设备及设施性能良好。

一是水泵机组的维修养护。包括水泵的维修养护，控制柜的维修养护，电机的维修养护，相关阀门、管道及附件的维修养护等。

二是水池、水箱的维修养护。水池、水箱的维修养护每半年进行一次，若遇特殊情况可增加清洗次数。

三是给排水设施的维修保养。给排水管道每半年全面检查一次，确保水管阀门完好无渗漏，水管通畅无阻塞。明暗沟每半年全面检查一次，沟体应完好，盖板应齐全。排水、雨水井每季度全面检查一次，对易锈蚀的雨污水井盖每半年刷一次黑漆防锈，保持井盖标志清楚。

对给排水管网、雨水口、出水口等设施要定期检查，查看是否有损坏现象。若有，应做出明显标记并及时采取措施进行处理。应重点检查给排水管道各管段的连接处是否完好，有无渗漏、损坏等。

三、墓地供电工程的维护

墓地要保持正常的使用功能，离不开电能的正常供应。墓地供电工程的维护是为了保证墓地电能正常供应所采取的安全管理、正常运行管理、供电设备维修管理等一系列的管理活动。

墓地供电设施及设备的维护有两方面的含义，一方面是搞好供电设备的维护，使设备及设施在最佳运行状态下工作；另一方面是当供电设备及设施出现故障时，及时修复并尽快恢复供电，减少停电给墓地施工、管理等工作以及人们正常的殡葬活动带来的不便。

墓地供电设施及设备的维护包括常规性检查、养护、维修等工作。日常维护保养是指经常性的保养工作，主要包括：定期检查、清洁、保养，发现小故障及时排除，及时做好维护工作并进行必要记录等。

四、消防设施工程的维护

墓地消防设施工程是灭火的物质基础，是确保墓地施工安全并充分发挥墓地功能的保障，也是确保人身安全和墓地财产不受或少受损失的重要保证。墓地消防设施维护的目的是确保消防设施处于完好状态，以便随时启用。一般情况下，墓地消防设施的维护应与墓地给排水设施的维护结合起来进行。

第三节　墓地环境管理

墓地是供人们进行殡葬活动的公共场所。肃穆洁净的墓地环境和各项配套完善的设施是体现墓地文明和谐、促进人类殡葬事业进步和社会发展不可缺少的条件。创造并管理好肃穆幽雅的墓地环境也是推进殡葬改革的基本保证。

一、墓地环境保洁要求

保洁工作是一项劳动密集型工作，一般包括公共区域的日常保洁、墓地设施的保洁等。保洁工作的具体要求因项目不同而不同。

（一）办公用房、业务用房、殡仪用房的保洁

办公用房和殡仪用房分别于上班前和下班前做一次清洁工作；业务用房的业务接待室、业务办理处、殡葬用品销售处等地方的保洁工作应做到清洁美观、无尘土、无纸屑，接待室内的桌椅应摆放整齐，室内干净无尘土。

（二）室外公共区域和墓区绿地区域的保洁

室外公共区域和墓区绿地区域应做到无植被裸露和缺株现象。植物维护和管理工作包括每天为植物洒水一次（雨季可减少），清理杂草和除草工作应每月一次。

（三）室外公共场所的保洁

墓区内道路、公共停车场、祭奠场所、室外休息场所等公共区域的日常保洁工作应做到整体清洁美观，无杂物、污渍，无积水、沙石。保洁部门要制定合理有效的清洁标准，按标准要求进行管理。

二、墓地环境保洁方案

（一）墓地环境保洁方案的主要内容

1. 环境卫生管理

墓地环境卫生管理是一项经常性的服务工作。良好的环境卫生不但可以保持墓地区域的整洁，而且对保证殡葬活动正常进行、促进客户身心健康十分有益，同时对社会精神文明建设也具有重要作用。

2. 环境污染防治

采取各种可行和有效的措施防治大气污染、水体污染、固体废弃物污染、噪声污染。如加强对墓地内车辆、交通的管理，建立良好的交通秩序、车辆停放秩序，减少废气排放，减少噪声。

3. 园林环境管理

环境绿化、美化具有调节墓地区域小气候，保持水土，防风固沙，消声防噪的作用。墓地中的景观小品具有美化环境、组织空间的功能，要坚持对各种景观小品的日常维护和环境保洁，以保证其性能完好，发挥其作用。

（二）墓地环境保洁方案的拟订程序

1. 成立工作小组

该工作小组一般由墓地管理单位有关负责人牵头，成员包括财务、保洁和行政部门的有关人员。必要时也可以聘请外部管理专家担任顾问，指导环境保洁方案的制订。

2. 培训工作人员

工作小组成立后，需要对参与方案制订的工作人员进行必要的业务培训。培训内容主要有介绍墓地情况，说明制订方案的要求、内容、方法和程序，考察和学习优秀环境保洁方案，等等。

3. 准备资料、设备和经费

主要应准备相关的法规与政策、参考书、必要的文件、以往制订的其他同类方案、所需的工作设备和经费等。

4. 调查与分析

重点调查墓地区域的占地面积、绿地面积、规划建筑面积、已建成建筑面积、各类用地面积比例，墓地建筑的结构、质量、技术、标准、综合管线布置，本墓地原有的保洁设施状况等。此外还要了解其他墓地管理单位保洁工作的管理措施、管理模式、保洁方式、保洁考核标准等。

5. 初步确定方案要点并进行评价

将调查搜集到的资料进行统计、分析，写出简要的调查报告，初步确定方案。主要包括管理模式、管理目标、保洁范围、主要措施、费用估算等。从技术、经济等方面初步对方案要点的可行性进行评价。如果方案要点的某些方面不可行，则需要进行调整，调整后再做评议。

6. 草拟方案文本

在对方案要点作出可行性评价以后，需要着手编写大体的方案文本。方案编写小组写出具体的方案文本后，可以咨询相关保洁专家和顾问的意见，进行讨论和修改。

7. 实施和完善

经过讨论和修改的方案，需交由单位领导审阅。经领导审阅、签字，以及必要的修改后，方案即可定稿。定稿后的保洁方案即可付诸实施，而且需要在实践中不断修改和完善。

第四节　墓地园林管理

 一、墓地主要园林植物的种类

园林植物资源是园林绿化、美化的基础。园林植物资源丰富、种类多样，但受中国传统殡葬文化的影响，墓地多选用常绿植物作为绿化、美化的主要材料。随着社会的发展和文化的交流，近年来，墓地管理部门加强了墓地绿化、美化工作。为了满足墓地环境建设的需要和人们对墓地园林植物多样化、人性化的需求，一些适合当地生长的城市园林植物品种也纷纷成为墓地环境建设的植物材料。

墓地园林植物可分为三类，即主要树种、一般树种和边缘树种。主要树种是指在当地茁壮生长、适应性强、树姿优美，可广泛用于墓地绿地建设，应当大力发展和广泛应用的树种。一般树种是指在当地生长良好，适应性和抗逆性均较强，可作为墓地一般绿地和特殊需要的树种。边缘树种是指从外引进，需要驯化和保护，有很大应用价值的树种。本节仅列举南北方墓地绿化、美化中常见又具观赏价值的主要植物品种，以供参考。

（一）树木类

园林绿化常见的树木种类有乔木、灌木两大类。乔木、灌木又有常绿和落叶之分。

1. 乔木类

北方常绿乔木主要树种有油松、圆柏、冷杉、云杉、侧柏、圆柏等。落叶乔木主要有杨树、柳树、槐树、华北落叶松、火炬树、枫杨、银杏、槭树、栾树、梓树等。

南方绿化乔木有榕树、玉兰、桉树。南方城乡的不少墓地把芒果、龙眼、荔枝等果树也用作绿化，一举两得。另外，南方的标志树种如黄椰子、假槟榔、鱼尾葵等亚热带树种也成为墓地绿化树种。

此外，像水杉、紫叶桃、樱花、悬铃木、合欢等，已经成为许多地区的边缘树种。

2. 灌木类

北方常绿灌木有鹿角桧、兴安桧、铺地柏等。北方落叶灌木有小檗、榆叶梅、黄刺玫、蔷薇、绣线菊、四照花、连翘、丁香、红瑞木等。南方绿化用灌木有福建茶、变叶木、山茶树、含笑花等。

此外，像木槿、红叶李、月季、牡丹、冬青卫矛、小叶黄杨等，已经成为许多地区的边缘树种。

（二）绿篱类

绿篱是墓地内不可缺少的植物类型，既有观赏价值，又可以当作区域间、道路旁的隔离带。绿篱一般要求使用生长缓慢、常绿的乔木类植物，北方多选用侧柏、桧柏等，也会使用落叶小乔木或灌木，如金叶女贞、紫叶小檗。南方绿篱中常种植的有山指甲、大叶黄杨、福建茶、黄心梅等。如福建茶粗生快长，叶色浓绿，宜用于近墙绿篱；黄心梅粗生，叶色黄绿，易做造型，观赏效果好，常用于造型绿篱。

（三）草坪类

草坪在墓地绿化中的种植面积较大，可种植在平地成为广场草坪，也可种植在坡地和山丘。草坪的水土保持效果好，不会使黄土裸露，使人心旷神怡。北方多选用冷季型草，如野牛草、高羊茅草等；而南方多选用暖季型的草种，如台湾草、大叶油草等。如大叶油草叶片大，覆盖效果好，远视效果好，宜植于坡地、山地、边角地带。

二、墓地园林植物的美化

（一）园林保洁

一个好的墓地绿化，除了园林规划设计得好、园林植物养护得好外，还必须有一个良好的园林环境。园林保洁包括植物叶面保洁、花盆保洁、绿化垃圾清运以及工作环境保洁等。

(二) 清除残花黄叶

残花黄叶是影响园林环境的因素之一，也是园林病虫害的藏身之地。这要求园林维护人员及时清除残花黄叶。对一些非观果植物，如月季花等的籽，要及时清剪。而像美人蕉等在开完花后原开花株不再开花的花卉，应将已开花株的地上部分及时剪除，减少营养损耗，以便新的开花株能及时从旁边长出。棕榈类植物的花枝会损耗大量的植物营养，对植株生长不利，而且花果本身也会对地面造成污染，应在花苞期就及时剪除。

(三) 植物的整形修剪

园林植物的整形修剪工作在养护管理中占有极为重要的地位，也是园林植物美化的关键性技术措施之一。

修剪是指对植株的某些器官（如枝、叶、花、果、芽、根等）进行剪裁或清除，以达到某一绿化目的。整形是指对植株进行一定的修剪措施，如剪、捆、扎等手段，从而使植株生长成所期望的特定形状。

整形修剪工作有以下几个作用。

一是促控生长。修剪具有双重作用，通过整形修剪可以恢复或调节树势，促使衰弱部分强壮，也可使过旺部分生长减弱，对一些衰老树与古树可以达到更新、复壮的目的。

二是培养树形。根据园林艺术的需要，整形修剪成特种树形或所期望达到的自然树形。

三是减少伤害。通过修剪可以剪去密生枝、徒长枝、病虫枝等，保证树冠内部通风透光，以减少风害，避免枝干相互摩擦造成损伤。

四是调节矛盾。通过整形修剪来调整园林树木与墓地其他设施之间的矛盾。如树木生长与交通安全、墓碑采光之间的矛盾。

为提高墓地区域内园林艺术的观赏效果，在进行绿地管理时，除了根据各种植物的不同生态习性和树形进行合理布置外，还要注意通过整形修剪，形成植物造型构景。通过调节树势的强弱，以达到花艳、叶茂、树美的效果，提高园林绿化的质量和品位。植物造型中的植物修剪，既要保留植物生长所需的营养枝和生长枝，又要追求园林绿化的整体美、形态美。

三、墓地园林植物病虫害综合防治

墓地园林植物病虫害的防治作为墓地管理工作的一项基本内容，是保证各种园林植物健康地生长发育，提高墓地环境绿化、美化效果的必要措施，也是墓地工作中技术性较强的一项工作。

(一) 园林植物病虫害概述

1. 园林植物病害

园林植物在生长过程中由于受不良环境的影响及有害生物的侵染，而导致植物外部形态及生理上发生一系列病理变化，致使植物品质、产量及观赏性下降甚至死亡的现象称为园林植物病害。

引起园林植物病害的因素有很多，主要由不良环境和真菌、细菌、病毒、类菌质体、线虫、藻类、寄生性种子植物等有害生物的侵染引起。园林植物病害按性质可分传染性病害与非传染性病害。传染性病害是指由生物性病原，如真菌、细菌、病毒、类菌质体、线虫、螨虫、寄生性种子植物等引起的病害，具有传染性。非传染性病害是指由非传染性病原，如营养缺乏或过剩，水分供应失调，湿度过高或过低，光照不足，湿度过大，土壤内有害盐类过量，药害、肥害引起的病害，不具有传染性。根据致病原因，园林植物病害可分为生理性病害、真菌性病害、细菌性病害、病毒性病害、线虫病害等几种类型。

2. 园林植物虫害

园林植物的根、茎、叶、花、芽、果等均可以成为昆虫的取食对象。这些昆虫通过取食园林植物的某些器官、汁液等，造成植物残缺、枯萎、畸形甚至腐烂，降低植物的观赏价值，甚至引起植物死亡。园林植物害虫的种类很多，根据害虫为害的口器划分，可分为咀嚼式害虫、刺吸式害虫、锉吸式害虫及舔磨式害虫等；根据害虫为害植物的部位分可分为根部害虫（地下害虫）、茎干害虫、叶部害虫及花果害虫等。

咀嚼式口器的害虫取食后造成植物的机械损伤。食叶性害虫通常会造成叶片缺损，如金龟子、袋蛾、黄刺蛾等；蛀食茎干、果实或种子的害虫会造成孔洞，并会为害运输组织，造成植物枯萎死亡，如天牛类害虫取食植物茎干等；潜叶蝇等潜伏于叶片表皮间取食的害虫则会在叶内留下蛇形的虫道，常使叶片枯萎、早落；而取食地下根、茎等地下组织的害虫则会造成幼苗倒伏或整株枯死，如地老虎、蝼蛄、蛴螬等。

刺吸式口器的害虫依靠口针刺入植物的叶、花、嫩梢、茎干等组织内吸取植物汁液，受害植株一般不出现机械损伤症状，只在被害部位形成褪色斑点或引起组织畸形、落叶等，植株长势变弱。常见的刺吸式口器害虫有蚜虫、螨、蚧壳虫、粉虱等。一般刺吸式口器害虫虫体均很小，不易察觉，但它们数量多、分布广、繁殖快、危害面积大，有的还是植物病毒的传毒媒介，是园林虫害的重点防范对象。

（二）园林植物病虫害防治的原则与方法

1. 园林植物病虫害的防治原则

"预防为主，综合防治"是园林植物病虫害的防治原则。因为病虫害一旦发生，就算对园林植物尚未达到危害水平，但对植物器官（如茎、叶、花、果）的破坏已经导致植物景观发生不可逆转的破坏。因此，"防"在园林植物病虫害防治中尤为重要。

（1）病虫害的常规预防。根据病虫害发生的规律，抓住其生长发育的薄弱环节及防治的关键时刻，采取有效、切实可行的方法，在病虫害大量发生或造成危害之前予以有效控制，使其不能发生或蔓延，保护园林植物免受破坏。

（2）病虫害的综合防治。以栽培技术防治为基础，根据病虫害发生和发展的规律，因时、因地制宜，合理地协调与应用生物、物理、化学等防治措施，创造不利于病虫害发生和危害植物的条件，达到经济、安全、有效地控制病虫害发生的目的，将病虫害造成的危害降至最低水平。综合防治的原则是：提高园林植物本身的抗病虫害能力，或选用抗病虫害能力强的植物；创造有利于园林植物生长发育的环境，促使其茁壮生长，提高抗病虫害能力；创造不利于病虫害繁衍的环境，减少传染源；直接消灭病原菌和害虫，减少或杜绝病虫害传播的途径。

2. 园林植物病虫害的防治方法

（1）栽培技术。合理的栽培技术，是创造有利于园林植物生长的环境和促进其茁壮生长的重要措施，也是控制和消灭病虫害、防治园林植物病虫害的重要手段，是病虫害防治最基本的办法。如选用抗病虫害的优良品种和苗木；进行植物的合理配置与科学栽培；进行合理的水肥管理；清理园林及墓地的卫生等。这些除了需要园林技术人员在进行墓地园林规划设计时就认真考虑外，还需要墓地管理员在墓地园林管理与养护工作中细心观察，为园林技术人员提供来自一线的有科学价值的资料与信息。

(2) 植物检疫。植物检疫是由国家或地方行政机关通过颁布法令的形式，禁止或防止人为传播危险性病虫害和杂草，或传入后限制其蔓延并采取紧急手段消灭的一种保护措施。这就要求墓地管理部门在购置园林所需苗木时，一定要按照规定通过植物检疫部门的检疫，严防新的病虫害品种的传入。

(3) 物理与机械防治。包括热处理（如温水浸种）、超声波、紫外线及各种射线防治病虫害；人工捕杀某些害虫的卵块、幼虫、成虫；黑光灯诱杀害虫等。由于墓地是人们殡葬活动的主要场所，物理与机械防治能减少传统的化学防治引起的环境污染，避免对客户的殡葬活动产生影响。

(4) 化学防治。病虫害大面积发生后，采用化学防治是极其有效的。利用化学药剂防治的特点是适用范围广、针对性强、收效快而显著。但要注意在墓地进行化学防治时应避开客流量高峰期。

(5) 生物防治。是利用生物之间的对抗作用和寄生习性，通过保护天敌及播施病虫的寄生微生物来控制病虫害的发生，从而达到保护植物的目的。生物防治的特点是防治效果持久，对人和植物一般无害，不会污染环境，便于推广，是一种很好的防治方法。以菌治病是利用微生物间的对抗作用、交叉保护作用以及微生物的代谢来抑制另一种微生物的生长发育甚至导致其死亡，如利用哈茨木霉菌防治茉莉花白绢病。以菌治虫和以病治虫是对害虫的病原微生物以人工方法进行培养，制成粉剂喷洒到害虫上，使害虫致病，如用苏云金杆菌和白僵菌防治鳞翅目害虫的幼虫。以虫治虫和以鸟治虫是利用自然界中捕食性或寄生性的天敌昆虫及益鸟来防治害虫，如用啄木鸟捕食天牛、用瓢虫防治蚜虫、用昆虫性外激素来诱捕异性昆虫等。

(三) 常见园林植物病虫害的防治

1. 常见真菌病害的防治方法

真菌性病害往往发生在植物的局部组织或器官中，几乎没有全株发生的真菌性病害。真菌性病害的后期，在植物发病部位常有明显的症状，其病症往往表现为肉眼可见的霉状物、小颗粒等。园林植物上最常见的真菌病害是白粉病类、锈病类和斑点病类。

(1) 白粉病类。由真菌中的白粉菌引起，多发生在叶片、幼果和嫩枝上。病斑常近圆形，其上出现很薄的白粉层，后期白粉层上散生出许多针头大小的黄褐色颗粒，即病症。除去白粉层，可见受害植物组织的黄色斑点。该病春季易发，暖湿季节发展迅速，浇水过多或通风、透光不好，都易促发此病，如紫薇、月季等的白粉病。防治方法主要有：加强栽培管理，改善通风、透光条件，多施磷、钾肥，不过量施肥；及时除去病株、清除病叶并集中烧毁，减少来年侵染源；发病期间施用25%锈宁可湿性粉剂2000～3000倍液，或70%甲基托布津可湿性粉剂900～1000倍液，或25%多菌灵可湿性粉剂500倍液。

(2) 锈病类。由真菌中的锈菌引起，发生于寄主植物的枝、叶、果等部位。病部出现锈黄色粉状病症，植物受其为害多形成斑块、须状物或肿瘤，如草坪锈病、玫瑰锈病及桧柏锈病等。防治方法主要有：及时清除、烧毁枯枝败叶；发芽时及时将先发的黄色病芽摘掉并烧毁，减少侵染源；一般在发病盛期前喷施75%百菌清800倍液，50%退菌特500倍液，15%的粉锈宁800倍液。每隔8～10天喷1次，连续2～3次。

(3) 斑点病类。由真菌、细菌等引起，多发生于叶和果实上，是植物最常见的一类病害，常见的有角斑、褐斑、轮纹等。植物发病初期一般退绿变黄，后期病部坏死。外围边缘有明显的轮廓，斑点上常出现霉层或黑色小粒点，如月季花黑斑病、紫荆角斑病、南天竹红斑病等。防治方法主要有：及时清除枯叶、残枝，集中烧毁，减少侵染源；加强栽培管理，多施磷、钾肥，提高植株的抗病力；喷施50％多菌灵可湿性粉剂1000倍液，50％代森铵1000倍液，70％代森锰锌可湿性粉剂800～1000倍液，70％甲基托布津可湿性粉剂1000倍液或波尔多液（1∶1∶200）。10天喷1次，连续喷3～4次有良好的防治效果。

2. 常见细菌病害的防治方法

植物细菌性病害的病状表现大致与真菌相似，常见的有斑点、软腐、萎蔫、肿瘤等，其病症特点是在潮湿条件下，多数病害使植物溢脓。园林植物的细菌性病害种类较多，主要的有叶斑病、软腐病、青枯病等。

（1）细菌性叶斑病。以园林绿化植物中常见的桃细菌性穿孔病为例，主要为害叶片，也为害枝干及果实。受害叶片先出现油渍状小点，扩大后成圆形或不规则形病斑，由褐色至紫褐色，病斑周围有一圈黄绿色晕环。天气潮湿时，病部溢出黏性菌脓，病部枯干并脱落穿孔。防治方法有：搞好冬季清园，彻底清除枯枝、落叶；在春季发芽前喷波美5度石硫合剂或45％晶体石硫合剂30倍液、波尔多液（1∶1∶100）、绿得保胶悬剂400～500倍液；发芽后喷72％农用链霉素可溶性粉剂3000倍液、硫酸链霉素4000倍液。此外，还可选用硫酸锌石灰液（硫酸锌0.5kg、消石灰2kg、水120kg），半个月喷1次，喷2～3次。

（2）细菌性软腐病。植物叶片或嫩枝受害后，呈现水渍状褪色斑，在高温潮湿的条件下迅速蔓延，被感染的组织内部呈黏滑性软腐并有恶臭，之后留下空壳的外皮。湿度降低后细菌可暂停蔓延，病叶或嫩枝萎蔫。主要防治方法有：进入高温、高湿季节前可定期喷施农用链霉素、百菌清、多菌灵等预防细菌的药物并加强降温、通风，控制施肥与浇水量；发现病株一定要处理，摘除病叶并清理干净伤口，伤口可用60％百菌通可湿性粉剂或用复方新诺明粉剂涂抹。

3. 常见园林植物虫害的防治

（1）刺吸式口器害虫防治。刺吸式口器害虫为害植物时，以口器接触植物表面，其上、下颚口针交替刺入植物组织内，吸取植物的汁液。因此，当选择化学防治处理刺吸式口器害虫时，常选用内吸剂进行防治，当然也可选择触杀性药剂等来进行防治。

如蚜虫易群集于植物嫩枝叶上吸取营养，并招引蚂蚁，传染其他病害。其防治方法如下：一是清洁绿地，除去杂草，减少蚜虫栖身场所，以消灭越冬虫源；二是保护和利用天敌，蚜虫的天敌种类很多，常见的有瓢虫、草蛉、食蚜蝇等；三是化学防治，可选用10％吡虫啉3000～5000倍液，50％抗蚜威3000～5000倍液，10％高效氯氰菊酯5～10ml配水50kg，氰戊菊酯2000～3000倍液，5％敌杀死3000～4000倍液，20％甲氰菊酯乳油4000～10000倍稀释液喷雾。药剂防治中，可在药液中加入0.3％洗衣粉，以增加展着性，提高防治效果。也可在冬季用石灰水加盐或石硫合剂涂白树干，以消灭在树皮内越冬的害虫以及防止爬虫上树产卵。

（2）食叶害虫防治。食叶害虫是将植物叶片咬碎、吃入体内进行消化吸收。因此，防治食叶害虫主要选用胃毒作用较强的药剂，也可选用其他剂型，如触杀剂等来防治。

如尺蛾的防治方法：幼虫老熟后入土化蛹，由于入土深度浅，可人工挖蛹，墓区和树木零星分布区，采用此法较为适宜；在较小的树上可猛击一下树干，使幼虫吐丝下垂后，再集中杀死；在春季可采用50％灭幼脲1号胶悬剂10000倍液、25％灭幼脲3号1000倍液和生物制剂BT可湿性粉剂400～500倍液喷雾防治初孵幼虫，也可用50％辛硫磷800～1000倍液或10％氯氰菊酯1500～2000倍液喷雾防治。

（3）蛀干害虫防治。由于蛀干害虫某一阶段生活于植物组织内部，防治往往是最困难的。常用的方法有：利用蛀干害虫在成虫阶段生活于植物外部的习性，捕杀成虫；使用具有渗透性的药剂。

如蛀干害虫天牛的防治措施如下：加强植物栽培管理，增强抵抗力，用渗透性的杀虫剂消灭尚未蛀入木质部的初孵幼虫；在树干上喷施残效期较长的杀虫剂，在幼虫孵化期，喷洒50％久效磷2000倍液，或50％磷胺乳剂2000倍液等具有内吸性的药物，剪除受害枝干以消灭虫源；毒杀幼虫，在卵期树干距地面1m范围内涂白，对阻止成虫产卵有一定效果。

4. 常用农药的配制与使用

农药是防治植物病虫害及其他有害生物的化学制剂。使用化学农药防治植物病虫害，防治效果好、作用快，特别是对暴发性的病虫能在短期内控制为害。同时，使用方法简便，便于机械化作业，不受地区和季节的限制。但是，如果农药使用不当，容易使植物产生药害，污染环境，使害虫产生抗药性等，给整个园林生态系统带来不利影响。

（1）农药的配制。农药的配制应按照农药使用说明书上标明的使用倍数或亩用药量幅度范围的下限用药，不得随意增减。配药时应使用称量器具，如量筒、量杯、天平、小秤等。商品农药，除了低浓度的粉剂、颗粒剂和超低量喷雾的油剂等可直接使用外，其他一般要稀释到一定的浓度才能使用。掌握正确、合理、科学的农药稀释方法是节约资金、防止浪费、保证药效的一个重要条件。

农药稀释的计算：农药浓度的表示方法主要有百分浓度（％）和倍数法（稀释剂用量为原药剂用量的多少倍）。农药在使用过程中，各浓度表示法之间常要进行换算。

农药的稀释方法如下。一是可湿性粉剂的稀释，通常先用少量水配制成较浓稠的"母液"进行充分搅拌，然后再倒入药水桶中进行最后的稀释。二是液体农药的稀释方法，要根据药液稀释量的多少及药剂活性而定。防治用液量少的可直接进行稀释，即在准备好的配药容器内盛好所需用的清水，然后将定量药剂慢慢倒入水中，用小木棍轻轻地搅拌均匀，便可供喷雾使用。在大面积防治中需将配制好的母液按稀释比例倒入准备好的清水中，搅拌均匀为止。三是颗粒剂农药的稀释方法。颗粒剂农药有效成分较低，大多在5％以下，因此要借助填料稀释后再使用，可采用干燥均匀的小土粒或同性化学肥料作填充料，使用时只要将颗粒剂与填充料充分拌匀即可。但在选用化学肥料作为填充料时，一定要注意农药和化肥的酸碱性，避免混后引起农药分解失效。

（2）农药的使用方法。农药品种繁多，加工剂型也多种多样，防治对象的为害部位、为害方式、环境条件等也各不相同。因此农药的使用方法也很多，常见的施药方法有以下几种。

① 喷雾，借助于喷雾器械将药液均匀地喷布于防治对象及被保护的寄主植物上，是目前园林植物保护中应用最广泛的一种方法。适合喷雾的剂型有乳油、可湿性粉剂、可溶性粉剂、胶悬剂等。喷雾方法功效高、击倒性好，可及时看到防治效果。

② 土壤处理，是将药粉用细土、细沙、炉灰等混合均匀，撒施于地面，然后进行耧耙翻耕等。主要用于防治地下害虫或某一时期在地面活动的昆虫。如用5％辛硫磷颗粒剂1份与细土50份拌匀，制成毒土。

③ 毒饵，利用害虫喜食的饵料与农药混合制成，引诱害虫前来取食，产生胃毒作用将害虫毒杀而死。常用的饵料有麦麸、米糠、豆饼、花生饼、玉米芯、菜叶等。饵料与敌百虫、辛硫磷等胃毒剂混合均匀，撒布在害虫活动的场所。主要用于防治蝼蛄、地老虎、蟋蟀等地下害虫。

④ 熏蒸，利用有毒气体来杀死害虫或病菌的方法，一般应在密闭条件下进行。主要用于防治蛀干害虫和种苗上的病虫。例如，用磷化锌毒签熏杀天牛幼虫。

⑤ 涂抹，指利用内吸性杀虫剂在植物幼嫩部分直接涂药，或将树干刮去老皮露出韧皮部后涂药，让药液随植物体运输到各个部位。对内吸、内导性药剂（如久效磷、磷胺、内吸磷等），可采取茎、干部涂抹或包扎的方法。这种方法既省药，又不杀伤天敌，对植物花、芽等影响亦不大，但较费工时。

⑥ 根区撒施，将内吸性药剂埋于植物根系周围，通过根系吸收运输到树体全身，当害虫取食时中毒而亡。

（四）墓地园林管理方案

1. 墓地园林管理方案的拟订程序与方法

具体参见第六章第二节中"祭奠管理规定的拟订"这部分内容，此处不再赘述。

2. 墓地园林管理方案的主要内容

墓地园林管理的目的在于保证墓地建设的成果，使墓地满足客户正常的殡葬活动需要，确保墓地园林持续不断地发挥作用。墓地园林管理方案也就是为了这些目的而编制的。

按墓地园林管理的程序可将墓地园林管理方案划分为计划、设计、施工、检查等方案。

墓地园林管理的计划可分为长期计划（10年以上）、中期计划（3~5年）和年度计划，三者组成一个完整的计划体系。一般墓地管理单位采用长、中、短期计划相结合的方式，以确保墓地园林管理的稳定性和连续性。

墓地园林管理计划方案主要包括园林工程维护管理的计划和园林植物养护与管理的计划。如表7-1和表7-2所示。

表7-1 年度园林工程维护管理计划表

项目	单项工程	数量	投资	要求与措施
园林植物养护				
园林设施维护				
园林机具维修				
技术培训				
其他				
合计				

表7-2 年度园林植物养护与管理计划表

项目	数量				支出			
	合计	一级	二级	三级	合计	一级	二级	三级
树木养护								
草坪养护								
绿地养护								
设施维护								
设备维修								
合计								

（五）墓地园林维护的安全管理

1. 作业人员的安全管理措施

① 作业人员按规定穿好工作服、工作鞋，戴好安全帽、防护眼镜，系好安全绳和安全带等。

② 操作时精神集中，不许打闹、谈笑，上树前不许饮酒。

③ 身体条件差、患有高血压及心脏病者，不准上树。

④ 按规范要求操作，如攀树动作、大树修剪作业等，由老带新来培养技能。

2. 开展作业时的安全管理措施

（1）安全组织完善。设安全质量检查员、技术指导员、交通疏导员。

（2）现场组织严密。工具材料、机械设施、园林施工区、道路安全区等安排有序。

（3）调度指挥合理。具体措施如下。

① 五级以上大风不可上树，停止作业。

② 截除大枝要由有经验的工人统一指挥操作。多人同在一树上修剪要注意协作，避免误伤同伴。

③ 园中的树及行道树修剪，要有专人维护现场，树上、树下互相配合，防止砸伤行人和过往车辆。

④ 在高压线附近作业，要特别注意安全，避免触电，需要时请供电部门配合。

⑤ 行道树修剪应和交管人员协作，设定禁行安全标志，由交通疏导部门配合作业。

3. 机械及工具的安全管理措施

（1）保证工具、器具、机械的完好率。如升降机、油锯等应事先进行全面检查和维护保养。

（2）工具使用安全规范。具体措施有以下几点。

① 梯子必须牢固，要立得稳。单面梯将上部横档与树身捆牢；人字梯中腰拴绳，角度开张适当。

② 上树后、作业前要系好安全绳，手锯绳套拴在手腕上。

③ 修剪工具要坚固耐用，防止误伤或影响工作。

④ 使用高车修剪时要支放平稳，操作过程中要听从专人指挥。

【知识链接】

环境保护法的相关知识

环境是人类赖以生存的物质基础和制约因素。人类生存于环境之中，人类的一切活动都受环境的影响，同时也影响着环境。为依法保护和改善殡葬生态环境，防治殡葬活动对环境造成的污染，这里将介绍一些《中华人民共和国环境保护法》的相关知识。

（一）环境监督与管理

该法是我国的一部综合性环保基本法。它对环保的任务、对象、方针、政策、基本原则和制度、主要防治措施和对策、环保机构和职责、奖励和惩罚等重大问题，均作出了原则规定。该法定义的环境，是指影响人类生存和发展的各种天然的和经过人工改造的自然因素的总体，包括大气、水、海洋、土地、矿藏、森林、草原、湿地、野生动物、自然遗迹、人文遗迹、自然保护区、风景名胜区、城市和乡村等。

1. 环境监督

该法规定了环境监督的主体和对象。

全国范围内的一切单位和个人都有保护环境的义务，并有权对污染和破坏环境的单位和个人进行检举和控告。

县级以上人民政府环境保护主管部门和其他负有环境保护监督管理职责的部门，有权对管辖范围内的排放污染物的企业事业单位和其他生产经营者进行现场检查。被检查者应当如实反映情况，提供必要的资料。实施现场检查的部门、机构及其工作人员应当为被检查者保守商业秘密。

国务院环境保护主管部门建立、健全监测制度，制定监测规范，会同有关部门组织监测网络，加强对环境监测的管理。国务院和省、自治区、直辖市人民政府的环境保护主管部门，应当定期发布环境状况公报。

2. 环境管理

县级以上地方人民政府环境保护主管部门，对本行政区域环境保护工作实施统一监督管理。

省级以上人民政府应当组织有关部门或者委托专业机构，对环境状况进行调查、评价，建立环境资源承载能力监测预警机制。

编制有关开发利用规划，建设对环境有影响的项目，应当依法进行环境影响评价。未依法进行环境影响评价的开发利用规划，不得组织实施；未依法进行环境影响评价的建设项目，不得开工建设。

国务院环境保护主管部门制定国家环境质量标准。省、自治区、直辖市人民政府对国家环境质量标准中未作规定的项目，可以制定地方环境标准，并报国务院环境保护主管部门备案。

（二）保护和改善环境

保护和改善环境是关系到社会发展、经济建设和人民幸福的重大问题，也是全国各族人民的迫切希望和各级人民政府的主要职责。为此，环境保护法规定了国务院、国务院有关部门和各级人民政府在保护和改善环境工作中的责任和有关要求。

1. 环境保护

各级人民政府对具有代表性的各种类型的自然生态系统区域，珍稀、濒危的野生动植物自然分布区域，重要的水源涵养区域，具有重大科学文化价值的地质构造、著名溶洞和化石分布区、冰川、火山、温泉等自然遗迹，以及人文遗迹、古树名木，应当采取措施予以保护，严禁破坏。

各级人民政府应当加强对农业环境的保护，防治土壤污染和土地沙化、盐渍化、贫瘠化、沼泽化、地面沉降以及防治植被破坏、水土流失、水体富营养化、水源枯竭、种源灭绝等生态失调现象，推广植物病虫害的综合防治。

国务院和沿海地方各级人民政府应当加强对海洋环境的保护。向海洋排放污染物、倾倒废弃物，进行海岸建设和海洋工程建设，应当符合法律法规规定和有关标准，防止和减少对海洋环境的污染损害。

城乡建设应当结合当地自然环境的特点，保护植被、水域和自然景观，加强城市园林、绿地和风景名胜区的建设和管理。

2. 环境改善

在保护环境的同时，改善现有环境质量也是我们的一项长期的战略任务。

地方各级人民政府应当根据环境保护目标和治理任务，采取有效措施，改善环境质量；制定城市规划，应当确定改善和保护环境的目标和任务。

3. 防治环境污染和其他公害

针对我国环境污染和公害的现状，该法明确地规定了防治环境污染和其他公害的要求。

产生环境污染和其他公害的单位，必须把环境保护工作纳入计划，建立环境保护责任制度；采取有效措施，防治在生产建设或者其他活动中产生的废气、废水、废渣、医疗废物、粉尘、恶臭气体、放射性物质以及噪声、振动、光辐射、电磁辐射等对环境的污染和危害。

建设项目中防治污染的设施，应当与主体工程同时设计、同时施工、同时投产使用。防治污染的设施应当符合经批准的环境影响评价文件的要求，不得擅自拆除或者闲置。

排放污染物的企业事业单位和其他生产经营者，应当按照国家规定缴纳排污费并负责治理。排污费应当全部专项用于环境污染防治，任何单位和个人不得截留、挤占或者挪作他用。

对造成环境严重污染的企业事业单位，限期治理。被限期治理的企业事业单位必须如期完成治理任务。

在发生或者可能发生突发环境事件时，企业事业单位，应当立即采取措施处理，及时通报可能受到危害的单位和居民，并向环境保护主管部门和有关部门报告。企业事业单位应当按照国家有关规定制定突发环境事件应急预案。

思考题

1. 主要的建墓材料有哪些？
2. 如何进行墓体稳固性检查？
3. 水斑的成因与处理方法是什么？
4. 白华现象的处理方式是什么？
5. 墓地配套工程维护包括哪些内容？
6. 墓地环境保洁方案的主要内容有哪些？
7. 墓地园林植物美化的措施有哪些？
8. 简述墓地维护管理的主要内容。

第八章 墓地安全管理

> **学习目标**
>
> 1. 知识目标
> - 掌握墓地治安管理的方法。
> - 掌握主要的墓地消防安全管理制度。
> - 掌握墓地突发事件管理的相关策略。
> 2. 技能目标
> - 能够掌握制订环境安全、消防安全管理方案的方法。
> - 能够掌握墓地突发事件预案的制订程序和相关规范。
> 3. 素质目标
> - 能与逝者家属进行有效沟通。
> - 具备墓地园区安全管理责任意识。

第一节 墓地治安管理

一、墓地治安管理概述

墓地治安管理是通过现行的科学技术手段与管理手段,依靠先进的设备与工具,对墓地区域内违反《中华人民共和国治安管理处罚法》的行为进行制止,并报公安机关处理。墓地管理单位应确保到墓地正常活动的人员的人身不受伤害,财物不受损失,工作、生活秩序正常。

(一) 墓地治安管理的特点

1. 复杂性

墓地区域面积大且地形、结构复杂,来往人员繁杂且流量大,情况不易掌握。而且墓地治安管理工作以预防和服务为主,这就给治安管理工作带来一定的难度。

2. 时间性

可以说治安管理是墓地管理部门唯一的一项常年的、全天候的工作,治安管理工作既要常抓不懈,又要及时处理,在第一时间把一切危及墓地设施以及人身和财产安全的隐患消灭在萌芽状态,把损失降到最低。

3. 服务性

治安管理的任务是为客户提供高效的管理和优质的服务,治安管理工作从本质上讲是为客户提供一种安全的服务,这就要求在治安管理过程中要坚持"客户至上,服务第一"的宗旨，强化服务意识，提高管理水平。

（二）墓地治安管理的内容

治安管理的内容即治安管理的范围，凡是妨害公共安全和社会治安秩序的行为，侵犯他人人身权利的行为，侵犯公共财产的行为，违反消防管理的行为，违反交通管理的行为，都属于治安管理范围，如非法携带、存放枪支弹药，损毁他人墓地设施，在墓区内使用音量过大或发出噪声的器材，影响他人正常活动。

二、治安管理制度拟订的原则

（一）组织落实

治安管理部门要由主要领导带头，成立治安管理委员会，负责治安管理的工作。同时还要建立具体的治安管理机构，如保安部，或委托专业的保安公司，由专门的机构负责安全管理的领导、组织和协调工作，而不能把它作为一个附属的机构放在其他部门里。

（二）人员落实

墓地管理部门的主要领导要兼任治安管理委员会的主任，而且要把治安管理提到日常议事日程中，并选派得力的干部出任治安管理部门的负责人，配备必要的治安管理人员。治安管理人员必须经过专业的岗位培训，要有较高的政治素质、业务素质和思想品德素质。要把治安管理的任务落实到具体的治安管理人员中去，由专人负责。

（三）制度落实

墓地管理部门要根据国家的有关政策、法规、规定和要求，并结合自己所在墓地的治安管理操作规程等，坚决贯彻执行。根据墓地的实际情况，制订出切实可行的治安管理制度和办法，如治安管理岗位责任制度。

（四）装备落实

要配备专门的、现代化的治安管理设备及设施，如中央监控系统、自动填报系统、消防喷淋系统以及其他安全管理器材设备（如防卫设备），增强治安管理的安全系数与效率，保证人身和财产安全。

三、治安管理制度的制订程序和方法

（一）收集资料

需收集外部资料，如全国各省、市墓地管理行业考核及标准，与治安管理相关的法律、法规等。需收集内部资料，如墓地管理行业内部的管理规定，墓地管理各单位间协调的工作内容，所服务管理区域的情况、特点、要求等。然后再研讨治安管理各岗位的职责和权限，具体内容如下。

① 确定治安管理的工作范围。

② 确定治安部门负责人的岗位责任和权限。
③ 确定治安主管、警卫主管的岗位责任和权限。
④ 确定内勤工作人员、巡逻岗工作人员、固定岗工作人员的岗位责任和权限。

(二) 确定治安服务管理工作与其他相关岗位的配合性工作内容

① 与消防管理、车辆管理相关的配合性工作内容。
② 与工程、保洁、客服等岗位相关的配合性工作内容。
③ 与相关行政主管部门衔接的工作内容。

(三) 列出治安管理运作程序清单

1. 岗位描述

内容包括：治安管理负责人岗位描述；治安主管岗位描述；内勤人员岗位描述；固定人员岗位描述；巡逻人员岗位描述。

2. 程序规范

内容包括：危险物品管理规定；墓地管理规定；治安部门、班组交接班规定；治安部门巡视路线；治安部门受理报案程序；拾遗物品管理规定；治安服务管理突发事件应急方案；治安文件资料、治安部门工具及设备管理规定；治安部门考勤制度；亲属祭奠管理规定。

3. 服务标准

内容包括：治安部门服务标准；治安部门标识规定；治安人员语言、风纪规范标准。

4. 指导文件

内容包括：治安管理月、年度工作计划；治安管理方案；安全服务管理协议书。

四、安全防范设施的管理

(一) 安全防范设施的选择与设置原则

1. 按照安全防范标准选择

尽量选用技术创新、安全有效的安全防范设施，不断提高安全防范水平；选用的安全防范设施必须是符合国家和行业有关标准并鉴定合格的产品，未经鉴定和不合格的产品不得采用。

2. 严格执行安全防范设施安装和使用的技术规范

墓地所选用的安全防范设施，一经投入使用，必须持续发挥正常的使用功能，如有损坏或失灵，必须及时发现，及时维修或更换。若墓地管理部门向客户承诺设置某种安全防范设施，在提供服务期间因该设施损坏或失灵而导致客户的人身、财产受到损害，墓地管理部门要承担相应的责任。

3. 根据墓地管理区域的特点和客户需要来选择与设置安全防范设施

各种不同类型的墓地管理区域的封闭性、安全管理重点和难点等各不相同，客户对安全管理服务的需求也有所不同。所以，墓地管理部门应当根据墓地管理区域的特点和客户的需要选择和设置安全防范设施。

（二）安全防范设施的管理内容

① 墓地项目竣工后，墓地管理部门须按规定对安全防范设施进行接管和验收，不合格的不得接管使用。

② 安全防范设施的管理方案应包括制度建设、人员落实、监督和检查等部分。

③ 墓地管理部门负责安全防范设施的管理，公安机关负责检查和监督。

④ 墓地管理部门应当协助公安机关和消防部门做好墓地管理区域内的安全防范工作。发生安全事故时，墓地管理部门在采取应急措施的同时应当及时向有关行政管理部门报告，协助其做好救助工作。

⑤ 墓地管理部门在对安全防范设施进行管理的过程中不能侵犯客户的隐私权等权利。

（三）墓地治安管理案件的处置方法

① 对不同性质的问题采取不同的处理方法。

② 对一般的违反法规和管理规定的问题，如民事纠纷，可通过说服、教育的方法解决，主要目的是使其分清是非。对一时解决不了又有扩大趋势的问题应尽力劝解，避免矛盾激化。处理问题要坚持教育与处罚相结合，如情节轻微、不需处罚的事件，可当场教育，或协助其所在单位、家属进行教育。

③ 若需要采取治安处罚，交公安机关处理。对犯罪行为应及时制止，并把犯罪分子转送至公安机关。

第二节　墓地消防安全管理

一、墓地消防管理制度的主要内容

为了加强墓地消防安全管理，切实保证墓地消防安全措施的落实，确保客户的生命和财产安全，墓地管理部门必须制订消防规章制度。

墓地消防管理制度主要内容包括：消防安全三级检查制度、消防管理岗位职责、消防管理值班制度、消防设施及设备管理制度、用火管理制度、消防管理操作规程等。

二、主要的墓地消防管理制度

（一）墓地用火管理制度

在墓地区域内需动火的施工工程，必须事先到墓地管理单位办理动火作业手续。施工单位动火前必须采取切实有效的防火安全措施，管理单位应派人监督，待动火完毕后立即清查现场。对私自进行动火作业的，一经发现，除责令施工单位补办动火作业手续外，还要对施工个人及负责人进行处罚；造成事故的，除加重处罚外，还应追究其法律责任。

（二）墓地消防管理值班制度

消防值班人员必须树立高度的责任感和警惕性，严肃认真地做好消防值班的监控工作；

严格遵守值班纪律，不迟到、不早退、不脱岗，上岗后必须保持头脑清醒，不闲聊；严格遵守交接班制度，并认真核实和交代清楚消防报警的有关情况；发现火灾隐患应及时处理并向上级汇报；制止乱堆乱放易燃、易爆品和违反消防规定或不利于消防安全的行为；发现火灾或接到火灾报警后，应严格按照火灾处理程序，进行及时处理。

（三）墓地消防管理岗位职责

消防岗位上的人员应认真学习有关的消防知识，掌握各种消防器材的操作技术和使用方法；严格管理各种消防设施、设备和器材，保证其能安全使用；定期检查墓地区域内各种消防设施、设备和器材，保证其处于完好状态；制止任何违反消防安全的行为；积极开展消防安全教育活动，提高全民消防安全意识。

三、墓地火灾的处置

发现墓地有火情或接到客户报警后，应立即通知巡逻人员到现场确认。一旦火灾被确认后，应要求巡逻人员尽量详尽地了解火灾性质及燃烧物质等情况，根据火灾情况决定是否拨打"119"火警电话。报警时应讲明火灾单位地点、电话号码以及着火地点、燃烧物质等情况，并做好过程记录。

（一）协调

火灾发生时，工作人员应迅速报告分管领导。单位领导应立即召集相关人员组成临时灭火指挥部，紧急、快速地拿出灭火行动措施，并迅速组织、调动在场的员工火灾现场扑救火灾，及时指派专人到交通路口引导消防救援车辆及消防人员进入火灾现场扑救火灾。当消防人员到场后，墓地管理员应积极配合，共同做好指挥与协调工作。

（二）疏散

墓地管理员应及时通过广播等方式，通知非工作人员迅速撤离火灾现场到安全的地方，并及时派出疏散引导人员进入火灾现场组织疏散，及时报告现场情况，确保无人员滞留现场。同时管理人员要将着火地点的重要财物运到安全地方，并做好安全防盗工作。

（三）灭火

火源初起时，应迅速地用灭火器按操作方法将火扑灭；火势大时，扑火人员应戴好防毒面具、穿好消防服，听从指挥，按火灾扑救预案进行扑救。需用消火栓灭火时，将消火栓箱打开或击碎玻璃，拉出消防水带，接上带卡，拿水枪头后方可打开阀门，射水灭火。同时用小锤击碎红色玻璃，远程启动消防加压泵加压，以确保水柱压力。根据现场情况采取"先重点，后一般；先灭大，后灭小；先隔断，后集中"的方式进行扑救。

（四）清理

火灾扑火后，墓地管理部门应组织人员保护现场，协助消防监督机构查明火灾原因，清查火灾损失情况。

第三节　墓地突发公共事件应急管理

一、墓地突发公共事件的主要类别及内容

客观上讲，墓地作为一个公共场所，区域内一旦发生突发公共事件，往往会给客户或墓地管理部门造成损失。因此墓地管理部门应本着积极的态度，在人防、技防、物防上做细做实，做到主动防范。

1. 治安事件

主要包括：出现可疑分子，出现可疑物品及易燃、易爆物品，发生偷盗、抢劫、恐吓、勒索、打架斗殴、恶意损毁事件等。

2. 管理与服务类事件

在墓地管理与服务过程中，会遇到一些突发事件。如交通意外事故，墓区水管爆裂，火灾、爆炸等灾难现场，有人意外受伤，酒醉者、精神病人闹事，客户在禁烟区吸烟，病人突发疾病，等等。

3. 自然灾害

台风侵袭、暴风雨侵袭、地质灾害等自然灾害的发生更具有突发性。

二、墓地突发公共事件的预防

（一）突发公共事件的主要内容

在墓地管理中，应贯彻落实"预防为主、积极消灭"的工作方针，切实做好墓地各项应急处置工作，最大限度地预防和减少突发公共事件及其造成的损害。正确处理因自然灾害、火灾等引发的紧急情况，确保在处置紧急情况时反应及时、准备充分、决策科学、措施有力，把突发事件造成的损失降到最低。

突发公共事件是指突然发生，造成或者可能造成重大财产损失、生态环境破坏和严重的社会危害，甚至使人员伤亡、危及公共安全的紧急事件。按突发公共事件的性质、严重程度、可控性和影响范围等因素，突发公共事件一般分为四级：Ⅰ级（特别重大）、Ⅱ级（重大）、Ⅲ级（较大）和Ⅳ级（一般）。根据突发事件的发生过程、性质和原因，突发公共事件主要分为以下四类。

一是自然灾害。主要包括水旱灾害、气象灾害、地震灾害、生物灾害和森林及草原火灾等。

二是安全事故。主要包括工矿商贸等企业的各类安全事故、公共设施和设备事故、环境污染和生态破坏事件等。

三是公共卫生事件。主要包括传染病疫情、群体性不明原因疾病、职业危害、动物疫情，以及其他严重影响公众健康和生命安全的事件。

四是社会安全事件。主要包括祭奠人群拥堵、交通不畅甚至踩踏致使人员伤亡等事件。

（二）墓地应急预案的拟订

1. 墓地应急预案体系的内容

（1）突发事件总体应急预案。总体应急预案是墓地应急预案体系的总纲，是墓地管理单位应对特别重大突发事件的规范性文件。

（2）突发事件专项应急预案。专项应急预案主要是墓地及其有关部门为应对某一类型或某几种类型的突发事件而制订的应急预案。

（3）突发事件部门应急预案。部门应急预案是墓地有关部门根据总体应急预案、专项应急预案和部门职责，为应对突发事件制订的预案。

2. 拟订应急预案的工作原则

具体内容参见第六章第二节中"处理突发事件的工作原则"，此处不再赘述。

3. 应急预案的运行机制

（1）预测与预警。墓地管理部门针对祭奠期间可能发生的各种突发事件，完善预测与预警机制，建立预测、预警系统，开展风险分析，做到早发现、早报告、早处理。

（2）应急处置。要建立信息报告制度，特别重大或者重大的突发公共事件发生后，各部门要立即报告，最迟不得超过 4 小时，同时通报有关部门。在应急处置过程中，要及时续报有关情况。

（3）先期处置。突发公共事件发生后，事发地的有关部门和工作人员在报告特别重大、重大突发公共事件信息的同时，要根据职责和规定的权限，启动相关应急预案，及时、有效地进行处置，控制事态。

（4）应急响应。对先期处置未能有效控制事态的特别重大突发事件，要及时启动相关预案，并上报地方有关部门。应急突发事件处置工作结束或者相关危险因素消除后，撤销现场应急指挥部门。

（5）善后处置。要积极稳妥、深入细致地做好善后处置工作。对突发事件中的伤亡人员、应急处置工作人员，以及紧急调集、征用有关单位及个人的物资，要按照规定给予补偿。

三、墓地突发公共事件的处置

（一）墓地突发公共事件的处置原则

对突发事件的控制要以预防为主。而在日常墓地管理与服务的过程中，还有些隐患是不易被事前发觉的，有些隐患很难在事前加以控制，所以事中处理是处理突发事件的关键。对那些已在事前识别并制订了相应的应急预案的突发事件，按预案规定来处理即可。但对那些没有预案控制的突发事件，就需要凭借墓地管理员的综合素质来灵活应对。突发事件发生了，如果能够处理得当，就能有效地降低损失。处理突发事件应把握好以下几个原则。

1. 统一指挥原则

突发事件发生后，应由一名管理人员（以现场最高级别的管理人员为佳）做好统一的现场指挥工作，安排调度，以免出现多头领导而造成混乱。

2. 服从命令原则

当事工作人员应无条件地服从现场指挥人员的命令，按要求采取相应的应急措施。当事工作人员应团结一致、同心协力地处理突发事件。

3. 主动出击原则

突发事件发生时，墓地管理员不能以消极、推托甚至是回避的态度来对待。此时应主动出击、及时处理，并敢于承担相应责任。

4. 灵活处理原则

对待突发事件，应做到具体问题具体分析。即使已有预案，但因具体情况发生变化，应摆脱预案的束缚，及时作出相应的调整。

5. 安全第一原则

处理突发事件应以不造成新的损失为前提，不能因急于处理而不顾后果，造成更大的且不必要的人身、财产损失。

（二）墓地管理中突发事件的处置方法

1. 事前预防

事前预防是处理安全突发事件的先导。只有预先防范，才能有备无患。虽然具体的安全突发事件难以预料，但却有一定的规律可循，即有相似性。这是"事前预防"的重要突破口，通过对安全突发事件相似性的总结与提炼，积累相似的经验，再配以一定的专业技术水平，完全可以对一部分安全隐患进行事前识别，并加以控制（实行预案制）。

要做好事前预防工作，可以从以下两方面入手。

（1）识别可知的安全隐患。在墓地管理与服务过程中，有一部分安全隐患是完全可以依靠从业经验、专业技术水平等来预先识别的。可以先由相关专业人员按计划分别对墓地管理区域的相应专业范围内可能存在的隐患进行摸底，初步识别隐患。然后由墓地管理员会同各专业人员对墓地管理区域内的隐患进行更加全面细致的清查，从不同角度出发，尽可能找出各种潜在隐患，并尽力消除能够处理的隐患。再对清查出且无法消除的隐患进行最后的确认识别，根据隐患的属性进行分类（如治安类、消防类、设施及设备类、水电气类等），做到心中有数。

（2）编制预案。根据安全隐患识别分类的结果，可分专业编制安全防范处理预案，对安全隐患进行有针对性的控制。编制预案应注意与将来的实际操作者充分沟通，达成共识，以免预案无法落实、难以执行，成为一纸空文。

2. 事中处理

事中处理是处理突发事件的关键，在处理时要严格遵守事中处理突发事件的原则。这里仅以主要突发事件为例进行说明。

（1）治安事件的处理。对于治安事件，发现后应立即赶到现场，并向领班、主管报告，必要时及时拨打"110"；保护现场，维护秩序，派人员在周边区域警卫；根据具体情况实行区域隔离，禁止无关人员进入现场，如有伤员应设法救护，但不可挪动现场物品；严禁任何人触摸现场各类物品，以免破坏现场，影响侦查工作；尽可能配合警方开展调查与取证，必要时进行拍照、录像，协助破案。

（2）打架斗殴的处理。在墓地管理与服务中发现客户之间有争吵、斗殴现象时，要及时制止。劝阻双方住手、住口，将双方或一方劝离现场；若是持有器械斗殴，则应先制止持械方；如有伤情，轻伤可征求当事人意见是否报案，重伤或流血严重时应报警，等待处理；送伤员到医院去，应征求当事人意见或等警方决定；在制止争吵、斗殴双方时，切记不能动粗或恶语相向；若有对墓地设施的损害，应作记录，拍照备查，并由当事人签字；如有警方在场，由警方作勘察报告；填写事件报告上报。

（3）恶意损毁的处理。先了解案情，若现场有可疑人士立即拨打"110"报警；通知各岗位员工协助；寻找并提供目击证人；将被破坏的物件保留下来并交警方处理；当场向破坏人员提出索赔；拍照存记录；填写事件报告呈交单位。

3. 事后改进

事后改进是处理突发事件的延续。"亡羊补牢，犹未为晚"，发生突发事件并不可怕，可怕的是同样的事件再次发生。

（1）全面总结。突发事件基本平息后，要对事件全过程进行全面的总结。总结经验，吸取教训；发现问题，持续改进；肯定成绩，逐步推广。为制订纠正措施、防止类似事件再度发生打好基础。

（2）制订纠正措施。要在全面总结的基础上，根据总结情况制订相应的纠正措施。主要包括：适当修改原有预案中误漏之处，以完善预案；编制缺少的预案，以充实预案；有针对性地开展培训（包括对内、对外两个方面），持续改进，不断增强处理突发事件的能力。

【知识链接】

一、消防法的相关知识

《中华人民共和国消防法》是为了预防火灾和减少火灾危害，加强应急救援工作，保护人身、财产安全，维护公共安全而制定的法律。此法由1998年4月29日第九届全国人民代表大会常务委员会第二次会议通过，1998年9月10日施行。2008年10月28日第十一届全国人民代表大会常务委员会第五次会议修订。根据2021年4月29日第十三届全国人民代表大会常务委员会第二十八次会议《关于修改〈中华人民共和国道路交通安全法〉等八部法律的决定》修正。

（一）火灾预防

1. 消防工作方针和原则

消防工作贯彻预防为主、防消结合的方针，按照政府统一领导、部门依法监管、单位全面负责、公民积极参与的原则，实行消防安全责任制，建立健全社会化的消防工作网络。

2. 单位和个人的消防义务

任何单位和个人都有维护消防安全、保护消防设施、预防火灾、报告火警的义务。任何单位和成年人都有参加有组织的灭火工作的义务。

3. 制定实施消防规划

地方各级人民政府应当将包括消防安全布局、消防站、消防供水、消防通信、消防车通道、消防装备等内容的消防规划纳入城乡规划，并负责组织实施。

城乡消防安全布局不符合消防安全要求的，应当调整、完善；公共消防设施、消防装备不足或者不适应实际需要的，应当增建、改建、配置或者进行技术改造。

4. 实行建设工程消防设计审查验收制度

对按照国家工程建设消防技术标准需要进行消防设计的建设工程，实行建设工程消防设计审查验收制度。

5. 单位应当履行的消防安全职责

机关、团体、企业、事业等单位应当履行下列消防安全职责。

落实消防安全责任制，制定本单位的消防安全制度、消防安全操作规程，制定灭火和应急疏散预案；

按照国家标准、行业标准配置消防设施、器材，设置消防安全标志，并定期组织检验、维修，确保完好有效；

对建筑消防设施每年至少进行一次全面检测，确保完好有效，检测记录应当完整准确，存档备查；

保障疏散通道、安全出口、消防车通道畅通，保证防火防烟分区、防火间距符合消防技术标准；

组织防火检查，及时消除火灾隐患；

组织进行有针对性的消防演练；

法律、法规规定的其他消防安全职责。

单位的主要负责人是本单位的消防安全责任人。

6. 消防产品必须符合国家标准

消防产品必须符合国家标准；没有国家标准的；必须符合行业标准。禁止生产、销售或者使用不合格的消防产品以及国家明令淘汰的消防产品。

依法实行强制性产品认证的消防产品，由具有法定资质的认证机构按照国家标准、行业标准的强制性要求认证合格后，方可生产、销售、使用。实行强制性产品认证的消防产品目录，由国务院产品质量监督部门会同国务院应急管理部门制定并公布。

新研制的尚未制定国家标准、行业标准的消防产品，应当按照国务院产品质量监督部门会同国务院应急管理部门规定的办法，经技术鉴定符合消防安全要求的，方可生产、销售、使用。

（二）消防组织

1. 建立多种形式的消防组织

各级人民政府应当加强消防组织建设，根据经济社会发展的需要，建立多种形式的消防组织，加强消防技术人才培养，增强火灾预防、扑救和应急救援的能力。

县级以上地方人民政府应当按照国家规定建立国家综合性消防救援队、专职消防队，并按照国家标准配备消防装备，承担火灾扑救工作。

乡镇人民政府应当根据当地经济发展和消防工作的需要，建立专职消防队、志愿消防队，承担火灾扑救工作。

2. 开展群众性自防自救工作

机关、团体、企业、事业等单位以及村民委员会、居民委员会根据需要，建立志愿消防队等多种形式的消防组织，开展群众性自防自救工作。

（三）灭火救援

1. 针对火灾特点制定应急预案

县级以上地方人民政府应当组织有关部门针对本行政区域内的火灾特点制定应急预案，建立应急反应和处置机制，为火灾扑救和应急救援工作提供人员、装备等保障。

2. 火灾扑救和应急救援规定

消防救援机构统一组织和指挥火灾现场扑救，应当优先保障遇险人员的生命安全。火灾现场总指挥根据扑救火灾的需要，有权决定下列事项。

使用各种水源；

截断电力、可燃气体和可燃液体的输送，限制用火用电；

划定警戒区，实行局部交通管制；

利用临近建筑物和有关设施；

为了抢救人员和重要物资，防止火势蔓延，拆除或者破损毗邻火灾现场的建筑物、构筑物或者设施等；

调动供水、供电、供气、通信、医疗救护、交通运输、环境保护等有关单位协助灭火救援。

根据扑救火灾的紧急需要，有关地方人民政府应当组织人员、调集所需物资支援灭火。

3. 进行火灾损失统计

消防救援机构有权根据需要封闭火灾现场，负责调查火灾原因，统计火灾损失。

火灾扑灭后，发生火灾的单位和相关人员应当按照消防救援机构的要求保护现场，接受事故调查，如实提供与火灾有关的情况。

消防救援机构根据火灾现场勘验、调查情况和有关的检验、鉴定意见，及时制作火灾事故认定书，作为处理火灾事故的证据。

（四）监督检查

1. 落实消防工作责任制

地方各级人民政府应当落实消防工作责任制，对本级人民政府有关部门履行消防安全职责的情况进行监督检查。

县级以上地方人民政府有关部门应当根据本系统的特点，有针对性地开展消防安全检查，及时督促整改火灾隐患。

2. 消防救援机构的监督检查

消防救援机构应当对机关、团体、企业、事业等单位遵守消防法律、法规的情况依法进行监督检查。公安派出所可以负责日常消防监督检查、开展消防宣传教育，具体办法由国务院公安部门规定。

消防救援机构在消防监督检查中发现火灾隐患的，应当通知有关单位或者个人立即采取措施消除隐患；不及时消除隐患可能严重威胁公共安全的，消防救援机构应当依照规定对危险部位或者场所采取临时查封措施。

消防救援机构、公安派出所的工作人员进行消防监督检查，应当出示证件。

消防救援机构在消防监督检查中发现城乡消防安全布局、公共消防设施不符合消防安全要求，或者发现本地区存在影响公共安全的重大火灾隐患的，应当由应急管理部门书面报告本级人民政府。接到报告的人民政府应当及时核实情况，组织或者责成有关部门、单位采取措施，予以整改。

3. 消防设计审查和消防验收

住房和城乡建设主管部门、消防救援机构及其工作人员应当按照法定的职权和程序进行消防设计审查、消防验收、备案抽查和消防安全检查，做到公正、严格、文明、高效。

住房和城乡建设主管部门、消防救援机构及其工作人员进行消防设计审查、消防验收、备案抽查和消防安全检查等，不得收取费用，不得利用职务谋取利益；不得利用职务为用户、建设单位指定或者变相指定消防产品的品牌、销售单位或消防技术服务机构、消防设施施工单位。

住房和城乡建设主管部门、消防救援机构及其工作人员执行职务，应当自觉接受社会和公民的监督。任何单位和个人都有权对住房和城乡建设主管部门、消防救援机构及其工作人员在执法中的违法行为进行检举、控告。收到检举、控告的机关，应当按照职责及时查处。

二、突发事件应对法的相关知识

《中华人民共和国突发事件应对法》是为了预防和减少突发事件的发生，控制、减轻和消除突发事件引起的严重社会危害，规范突发事件应对活动，保护人民生命财产安全，维护国家安全、公共安全、环境安全和社会秩序而制定的。突发事件应对法于2007年8月30日由中华人民共和国第十届全国人民代表大会常务委员会第二十九次会议通过，自2007年11月1日起施行。突发事件应对法适用于突发事件的预防与应急准备、监测与预警、应急处置与救援、事后恢复与重建等应对活动。

（一）预防与应急准备

1. 突发事件的定义与分级

突发公共事件是指突然发生，造成或者可能造成严重社会危害，需要采取应急处置措施以应对的自然灾害、事故灾难、公共卫生事件和社会安全事件。按照社会危害程度、影响范围等因素一般可分为特别重大、重大、较大和一般四级。

2. 建立健全突发事件应急预案体系

国务院制定国家突发事件总体应急预案，组织制定国家突发事件专项应急预案；国务院有关部门根据各自的职责和国务院相关应急预案，制定国家突发事件部门应急预案。

地方各级人民政府和县级以上地方各级人民政府有关部门根据有关法律、法规、规章、上级人民政府及其有关部门的应急预案以及本地区的实际情况，制定相应的突发事件应急预案。

应急预案应当根据本法和其他有关法律、法规的规定，针对突发事件的性质、特点和可能造成的社会危害，具体规定突发事件应急管理工作的组织指挥体系与职责和突发事件的预防与预警机制、处置程序、应急保障措施以及事后恢复与重建措施等内容。

县级人民政府应当对本行政区域内容易引发自然灾害、事故灾难和公共卫生事件的危险源、危险区域进行调查、登记、风险评估，定期进行检查、监控，并责令有关单位采取安全防范措施。

3. 建立健全应急物资储备保障制度

国家建立健全应急物资储备保障制度，完善重要应急物资的监管、生产、储备、调拨和紧急配送体系。

设区的市级以上人民政府和突发事件易发、多发地区的县级人民政府应当建立应急救援物资、生活必需品和应急处置装备的储备制度。

县级以上地方各级人民政府应当根据本地区的实际情况，与有关企业签订协议，保障应急救援物资、生活必需品和应急处置装备的生产、供给。

国务院有关部门和县级以上地方人民政府及其有关部门，应当根据突发事件应急预案的要求，保证应急设施、设备、救治药品和医疗器械等物资储备。

突发事件发生后，国务院有关部门和县级以上地方人民政府及其有关部门，应当保证突发事件应急处理所需的医疗救护设备、救治药品、医疗器械等物资的生产、供应；铁路、交通、民用航空行政主管部门应当保证及时运送。

4. 建立健全应急通信保障体系

国家建立健全应急通信保障体系，完善公用通信网，建立有线与无线相结合、基础电信网络与机动通信系统相配套的应急通信系统，确保突发事件应对工作的通信畅通。

(二) 监测与预警

1. 建立全国统一的突发事件信息系统

县级以上地方各级人民政府应当建立或者确定本地区统一的突发事件信息系统，汇集、储存、分析、传输有关突发事件的信息，并与上级人民政府及其有关部门、下级人民政府及其有关部门、专业机构和监测网点的突发事件信息系统实现互联互通，加强跨部门、跨地区的信息交流与情报合作。

2. 收集、报送、通报突发事件信息

县级以上人民政府及其有关部门、专业机构应当通过多种途径收集突发事件信息。

县级人民政府应当在居民委员会、村民委员会和有关单位建立专职或者兼职信息报告员制度。

获悉突发事件信息的公民、法人或者其他组织，应当立即向所在地人民政府、有关主管部门或者指定的专业机构报告。

3. 建立健全突发事件监测制度

县级以上人民政府及其有关部门应当根据自然灾害、事故灾难和公共卫生事件的种类和特点，建立健全基础信息数据库，完善监测网络，划分监测区域，确定监测点，明确监测项目，提供必要的设备、设施，配备专职或者兼职人员，对可能发生的突发事件进行监测。

4. 建立健全突发事件预警制度

可以预警的自然灾害、事故灾难和公共卫生事件的预警级别，按照突发事件发生的紧急程度、发展势态和可能造成的危害程度分为一级、二级、三级和四级，分别用红色、橙色、黄色和蓝色标示，一级为最高级别。

预警级别的划分标准由国务院或者国务院确定的部门制定。

5. 进入预警期后采取的应急措施

发布三级、四级警报，宣布进入预警期后，县级以上地方各级人民政府应当根据即将发生的突发事件的特点和可能造成的危害，采取下列措施。

启动应急预案；

责令有关部门、专业机构、监测网点和负有特定职责的人员及时收集、报告有关信息，向社会公布反映突发事件信息的渠道，加强对突发事件发生、发展情况的监测、预报和预警工作；

组织有关部门和机构、专业技术人员、有关专家学者，随时对突发事件信息进行分析评估，预测发生突发事件可能性的大小、影响范围和强度以及可能发生的突发事件的级别；

定时向社会发布与公众有关的突发事件预测信息和分析评估结果，并对相关信息的报道工作进行管理；

及时按照有关规定向社会发布可能受到突发事件危害的警告，宣传避免、减轻危害的常识，公布咨询电话。

(三) 应急处置与救援

1. 应急处置措施

(1) 自然灾害、事故灾难或者公共卫生事件发生后，履行统一领导职责的人民政府可以采取下列一项或者多项应急处置措施。

组织营救和救治受害人员，疏散、撤离并妥善安置受到威胁的人员以及采取其他救助措施；

迅速控制危险源，标明危险区域，封锁危险场所，划定警戒区，实行交通管制以及其他控制措施；

立即抢修被损坏的交通、通信、供水、排水、供电、供气、供热等公共设施，向受到危害的人员提供避难场所和生活必需品，实施医疗救护和卫生防疫以及其他保障措施；

禁止或者限制使用有关设备、设施，关闭或者限制使用有关场所，中止人员密集的活动或者可能导致危害扩大的生产经营活动以及采取其他保护措施；

启用本级人民政府设置的财政预备费和储备的应急救援物资，必要时调用其他急需物资、设备、设施、工具；

组织公民参加应急救援和处置工作，要求具有特定专长的人员提供服务；

保障食品、饮用水、燃料等基本生活必需品的供应；

依法从严惩处囤积居奇、哄抬物价、制假售假等扰乱市场秩序的行为，稳定市场价格，维护市场秩序；

依法从严惩处哄抢财物、干扰破坏应急处置工作等扰乱社会秩序的行为，维护社会治安；

采取防止发生次生、衍生事件的必要措施。

(2) 社会安全事件发生后，组织处置工作的人民政府应当立即组织有关部门并由公安机关针对事件的性质和特点，依照有关法律、行政法规和国家其他有关规定，采取下列一项或者多项应急处置措施。

强制隔离使用器械相互对抗或者以暴力行为参与冲突的当事人，妥善解决现场纠纷和争端，控制事态发展；

对特定区域内的建筑物、交通工具、设备、设施以及燃料、燃气、电力、水的供应进行控制；

封锁有关场所、道路，查验现场人员的身份证件，限制有关公共场所内的活动；

加强对易受冲击的核心机关和单位的警卫，在国家机关、军事机关、国家通讯社、广播电台、电视台、外国驻华使领馆等单位附近设置临时警戒线；

法律、行政法规和国务院规定的其他必要措施。

严重危害社会治安秩序的事件发生时，公安机关应当立即依法出动警力，根据现场情况依法采取相应的强制性措施，尽快使社会秩序恢复正常。

2. 组织应急救援

受到自然灾害危害或者发生事故灾难、公共卫生事件的单位，应当立即组织本单位应急救援队伍和工作人员营救受害人员，疏散、撤离、安置受到威胁的人员，控制危险源，标明危险区域，封锁危险场所，并采取其他防止危害扩大的必要措施，同时向所在地县级人民政府报告；对因本单位的问题引发的或者主体是本单位人员的社会安全事件，有关单位应当按照规定上报情况，并迅速派出负责人赶赴现场开展劝解、疏导工作。

突发事件发生地的其他单位应当服从人民政府发布的决定、命令，配合人民政府采取的应急处置措施，做好本单位的应急救援工作，并积极组织人员参加所在地的应急救援和处置工作。

突发事件发生地的公民应当服从人民政府、居民委员会、村民委员会或者所属单位的指挥和安排，配合人民政府采取的应急处置措施，积极参加应急救援工作，协助维护社会秩序。

（四）事后恢复与重建

1. 防止次生和衍生事件发生

突发事件的威胁和危害得到控制或者消除后，履行统一领导职责或者组织处置突发事件的人民政府应当停止执行依照本法规定采取的应急处置措施，同时采取或者继续实施必要措施，防止发生自然灾害、事故灾难、公共卫生事件的次生、衍生事件或者重新引发社会安全事件。

2. 制定恢复重建计划

突发事件应急处置工作结束后，履行统一领导职责的人民政府应当立即组织对突发事件造成的损失进行评估，组织受影响地区尽快恢复生产、生活、工作和社会秩序，制定恢复重建计划，并向上一级人民政府报告。

受突发事件影响地区的人民政府应当及时组织和协调公安、交通、铁路、民航、邮电、建设等有关部门恢复社会治安秩序，尽快修复被损坏的交通、通信、供水、排水、供电、供气、供热等公共设施。

3. 开展恢复重建工作

受突发事件影响地区的人民政府开展恢复重建工作需要上一级人民政府支持的，可以向上一级人民政府提出请求。上一级人民政府应当根据受影响地区遭受的损失和实际情况，提供资金、物资支持和技术指导，组织其他地区提供资金、物资和人力支援。

4. 制定善后工作计划并组织实施

国务院根据受突发事件影响地区遭受损失的情况，制定扶持该地区有关行业发展的优惠政策。

受突发事件影响地区的人民政府应当根据本地区遭受损失的情况，制定救助、补偿、抚慰、抚恤、安置等善后工作计划并组织实施，妥善解决因处置突发事件引发的矛盾和纠纷。

公民参加应急救援工作或者协助维护社会秩序期间，其在本单位的工资待遇和福利不变；表现突出、成绩显著的，由县级以上人民政府给予表彰或者奖励。

县级以上人民政府对在应急救援工作中伤亡的人员依法给予抚恤。

履行统一领导职责的人民政府应当及时查明突发事件的发生经过和原因，总结突发事件应急处置工作的经验教训，制定改进措施，并向上一级人民政府提出报告。

三、传染病防治法的相关知识

《中华人民共和国传染病防治法》是为了预防、控制和消除传染病的发生与流行，保障人体健康和公共卫生制定的法律。传染病防治法于1989年2月21日由第七届全国人民代表大会常务委员会第六次会议通过。根据2013年6月29日第十二届全国人民代表大会常务委员会第三次会议《关于修改〈中华人民共和国文物保护法〉等十二部法律的决定》修正，自公布之日起施行。

2020年10月2日，国家卫健委发布传染病防治法修订草案征求意见稿，明确提出甲乙丙三类传染病的特征。乙类传染病新增人感染H7N9禽流感和新型冠状病毒两种。此次草案提出，任何单位和个人发现传染病患者或者疑似传染病患者时，应当及时向附近的疾病预防控制机构或者医疗机构报告；对经确认排除传染病疫情的，不予追究相关单位和个人责任。

（一）传染病的类别

传染病防治法根据传染病的危害程度和应采取的监督、监测、管理措施，参照国际上统一分类标准，结合中国的实际情况，将全国发病率较高、流行面较大、危害严重的40种急性和慢性传染病列为法定管理的传染病，并根据其传播方式、速度及其对人类危害程度的不同，分为甲、乙、丙三类，实行分类管理。

1. 甲类传染病

甲类传染病也称为强制管理传染病，包括：鼠疫、霍乱。对此类传染病发生后报告疫情的时限，对病人、病原携带者的隔离、治疗方式以及对疫点、疫区的处理等，均强制执行。

2. 乙类传染病

乙类传染病也称为严格管理传染病，包括：传染性非典型肺炎、艾滋病、病毒性肝炎、脊髓灰质炎、人感染高致病性禽流感、麻疹、流行性出血热、狂犬病、流行性乙型脑炎、登革热、炭疽、细菌性和阿米巴性痢疾、肺结核、伤寒和副伤寒、流行性脑脊髓膜炎、百日咳、白喉、新生儿破伤风、猩红热、布鲁氏菌病、淋病、梅毒、钩端螺旋体病、血吸虫病、疟疾、人感染H7N9流感、新型冠状病毒肺炎。对此类传染病要严格按照有关规定和防治方案进行预防和控制。其中，传染性非典型肺炎、炭疽中的肺炭疽和新型冠状病毒肺炎虽被纳入乙类，但可采取甲类传染病的预防、控制措施。

3. 丙类传染病

丙类传染病也称为监测管理传染病，包括：流行性感冒、流行性腮腺炎、风疹、急性出血性结膜炎、麻风病、流行性和地方性斑疹伤寒、黑热病、包虫病、丝虫病，除霍乱、细菌性和阿米巴性痢疾、伤寒和副伤寒以外的感染性腹泻病、手足口病。对此类传染病要按国务院卫生行政部门规定的监测管理方法进行管理。

（二）传染病的预防

（1）各级人民政府组织开展群众性卫生活动，进行预防传染病的健康教育，倡导文明健康的生活方式，提高公众对传染病的防治意识和应对能力，加强环境卫生建设，消除鼠害和蚊、蝇等病媒生物的危害。

各级人民政府农业、水利、林业行政部门按照职责分工负责指导和组织消除农田、湖区、河流、牧场、林区的鼠害与血吸虫危害，以及其他传播传染病的动物和病媒生物的危害。

铁路、交通、民用航空行政部门负责组织消除交通工具以及相关场所的鼠害和蚊、蝇等病媒生物的危害。

（2）地方各级人民政府应当有计划地建设和改造公共卫生设施，改善饮用水卫生条件，对污水、污物、粪便进行无害化处置。

（3）国家实行有计划的预防接种制度。国务院卫生行政部门和省、自治区、直辖市人民政府卫生行政部门，根据传染病预防、控制的需要，制定传染病预防接种规划并组织实施。用于预防接种的疫苗必须符合国家质量标准。

（4）国家和社会应当关心、帮助传染病病人、病原携带者和疑似传染病病人，使其得到及时救治。任何单位和个人不得歧视传染病病人、病原携带者和疑似传染病病人。

传染病病人、病原携带者和疑似传染病病人，在治愈前或者在排除传染病嫌疑前，不得从事法律、行政法规和国务院卫生行政部门规定禁止从事的易使该传染病扩散的工作。

（5）国家建立传染病监测制度。国务院卫生行政部门制定国家传染病监测规划和方案。省、自治区、直辖市人民政府卫生行政部门根据国家传染病监测规划和方案，制定本行政区域的传染病监测计划和工作方案。

各级疾病预防控制机构对传染病的发生、流行以及影响其发生、流行的因素，进行监测；对国外发生、国内尚未发生的传染病或者国内新发生的传染病，进行监测。

（6）各级疾病预防控制机构在传染病预防控制中履行下列职责。

实施传染病预防控制规划、计划和方案；

收集、分析和报告传染病监测信息，预测传染病的发生、流行趋势；

开展对传染病疫情和突发公共卫生事件的流行病学调查、现场处理及其效果评价；

开展传染病实验室检测、诊断、病原学鉴定；

实施免疫规划，负责预防性生物制品的使用管理；

开展健康教育、咨询，普及传染病防治知识；

指导、培训下级疾病预防控制机构及其工作人员开展传染病监测工作；

开展传染病防治应用性研究和卫生评价，提供技术咨询。

（7）国家建立传染病预警制度。国务院卫生行政部门和省、自治区、直辖市人民政府根据传染病发生、流行趋势的预测，及时发出传染病预警，根据情况予以公布。

（8）县级以上地方人民政府应当制定传染病预防、控制预案，报上一级人民政府备案。传染病预防、控制预案应当包括以下主要内容。

传染病预防控制指挥部的组成和相关部门的职责；

传染病的监测、信息收集、分析、报告、通报制度；

疾病预防控制机构、医疗机构在发生传染病疫情时的任务与职责；

传染病暴发、流行情况的分级以及相应的应急工作方案；

传染病预防、疫点疫区现场控制，应急设施、设备、救治药品和医疗器械以及其他物资和技术的储备与调用。

地方人民政府和疾病预防控制机构接到国务院卫生行政部门或者省、自治区、直辖市人民政府发出的传染病预警后，应当按照传染病预防、控制预案，采取相应的预防、控制措施。

（9）医疗机构必须严格执行国务院卫生行政部门规定的管理制度、操作规范，防止传染病的医源性感染和医院感染。

医疗机构应当确定专门的部门或者人员，承担传染病疫情报告、本单位的传染病预防、控制以及责任区域内的传染病预防工作；承担医疗活动中与医院感染有关的危险因素监测、安全防护、消毒、隔离和医疗废物处置工作。

疾病预防控制机构应当指定专门人员负责对医疗机构内传染病预防工作进行指导、考核，开展流行病学调查。

（10）采供血机构、生物制品生产单位必须严格执行国家有关规定，保证血液、血液制品的质量。禁止非法采集血液或者组织他人出卖血液。

疾病预防控制机构、医疗机构使用血液和血液制品，必须遵守国家有关规定，防止因输入血液、使用血液制品引起经血液传播疾病的发生。

（11）各级人民政府应当加强艾滋病的防治工作，采取预防、控制措施，防止艾滋病的传播。具体办法由国务院制定。

（12）对被传染病病原体污染的污水、污物、场所和物品，有关单位和个人必须在疾病预防控制机构的指导下或者按照其提出的卫生要求，进行严格消毒处理；拒绝消毒处理的，由当地卫生行政部门或者疾病预防控制机构进行强制消毒处理。

（三）疫情控制

（1）医疗机构发现甲类传染病时，应当及时采取下列措施。

对病人、病原携带者，予以隔离治疗，隔离期限根据医学检查结果确定；

对疑似病人，确诊前在指定场所单独隔离治疗；

对医疗机构内的病人、病原携带者、疑似病人的密切接触者，在指定场所进行医学观察和采取其他必要的预防措施。拒绝隔离治疗或者隔离期未满擅自脱离隔离治疗的，可以由公安机关协助医疗机构采取强制隔离治疗措施。医疗机构发现乙类或者丙类传染病病人，应当根据病情采取必要的治疗和控制传播措施。医疗机构对本单位内被传染病病原体污染的场所、物品以及医疗废物，必须依照法律、法规的规定实施消毒和无害化处置。

（2）疾病预防控制机构发现传染病疫情或者接到传染病疫情报告时，应当及时采取下列措施。

对传染病疫情进行流行病学调查，根据调查情况提出划定疫点、疫区的建议，对被污染的场所进行卫生处理，对密切接触者，在指定场所进行医学观察和采取其他必要的预防措施，并向卫生行政部门提出疫情控制方案；

传染病暴发、流行时，对疫点、疫区进行卫生处理，向卫生行政部门提出疫情控制方案，并按照卫生行政部门的要求采取措施；

指导下级疾病预防控制机构实施传染病预防、控制措施，组织、指导有关单位对传染病疫情的处理。

（3）传染病暴发、流行时，县级以上地方人民政府应采取下列措施并予以公告。

限制或者停止集市、影剧院演出或者其他人群聚集的活动；

停工、停业、停课；

封闭或者封存被传染病病原体污染的公共饮用水源、食品以及相关物品；

控制或者扑杀染疫野生动物、家畜家禽；

封闭可能造成传染病扩散的场所。

上级人民政府接到下级人民政府关于采取前款所列紧急措施的报告时，应当即时作出决定。紧急措施的解除，由原决定机关决定并宣布。

（4）患传染病死亡遗体的卫生处理规定。患甲类传染病、炭疽死亡的，应当将尸体立即进行卫生处理，就近火化。患其他传染病死亡的，必要时，应当将尸体进行卫生处理后火化或者按照规定深埋。

为了查找传染病病因，医疗机构在必要时可以按照国务院卫生行政部门的规定，对传染病病人尸体或者疑似传染病病人尸体进行解剖查验，并应当告知死者家属。

思考题

1. 拟定治安管理制度的方法有哪些?
2. 墓地安全管理的特点有哪些?
3. 简述消防器材的使用要点。
4. 简述墓地火灾的处理流程。
5. 墓地突发公共事件有哪些?
6. 如何拟定应急预案?

第九章 档案管理

学习目标

1. 知识目标
- 掌握墓地档案资料的收集和整理方法。
- 掌握档案案卷的编排知识。
- 掌握墓地业务档案全宗的编写方法。
- 掌握档案利用的途径与方法。
- 掌握骨灰寄存档案的分类和检索方法。

2. 技能目标
- 能编写墓地业务档案。
- 能使用档案专用软件。
- 能保管墓地业务档案。
- 能根据骨灰档案的特点，对骨灰档案进行技术开发和创新利用。

3. 素质目标
- 能与逝者家属及相关工作人员进行有效沟通。
- 具备强烈的信息意识、良好的保密习惯和高度的法制意识。

第一节 档案收集

 一、档案资料的收集

（一）档案和档案管理常识

1. 档案的作用

档案的作用是多方面的，最终可概括为两个基本方面，即档案的凭证作用和档案的参考作用。

（1）档案的凭证作用。档案原始的记录特性决定了档案的凭证价值，它是其他材料不能取代的，具有法律上的权威性。档案的凭证作用是由档案的形成规律和自身特点决定的。首先，从档案的形成看，它是原始形态的记录品，是当时、当地、当事人留下的未经过任何人改动的最为原始的记录，比较真实地记录了当时人们的思想和活动。它的可靠性强，是令人信服的证据。其次，档案记录着形成者的历史真迹，如各种手稿、合同、转让书、录音、录像等，这些原始记录进一步证明了档案是确切的原始材料和证据，是真实的历史凭证。

（2）档案的参考作用。由于人类社会活动的多样性，因此档案所记录的信息和知识是极其丰富的。档案中有成功的经验，也有失败的教训；有思想观点，也有实验观察数据；有社会变革，也有社会发展。与图书情报资料相比，档案的参考价值更具有原始性和可靠性。

2. 档案的形成

档案是由文字资料有条件地转化而来的。文件资料转化为档案的条件包括：第一，办理完毕的文件资料才能作为档案保存；第二，对日后工作和研究活动有查考价值的文件资料才有必要作为档案保存；第三，按照一定规律集中保存起来的文件资料才是有现代意义的档案。

3. 档案管理工作的内容

档案管理工作包括：档案收集、档案整理、档案价值鉴定、档案保管、档案编目和档案检索、档案统计、档案编辑和研究（用于档案文献编纂）、档案提供利用。这八项工作的划分是相对稳定的而不是绝对的，也有分为六个环节的，也有分为基础工作和利用工作两大部分的。

由于现代档案管理工作已拥有复杂的系统，因此也有按多层次进行划分的方法。第一层次分为档案实体管理和档案信息开发两个子系统，各子系统又往下分出若干层次小系统。档案实体管理分为收集、整理、鉴定、保管、统计等工作环节，档案信息开发又分为信息加工和信息输出两部分。信息加工由编制目录、编辑文献汇编和编写参考资料构成，信息输出由档案的阅览、复制、咨询、函调、外借、出版、展览等多项服务活动构成。整个档案管理系统及其子系统在运行中都形成了反馈机制。档案管理现代化的发展将对档案管理工作的结构产生新的影响。档案管理的最终目的是提供档案信息并为社会实践服务，档案管理系统的结构就依据这一目的而设置，其中的每项工作都必不可少，并有一定程序。它们组成一个有机整体，为实现档案管理系统的整体功能而发挥各自的作用，同时也相互关联、相互制约。例如档案的价值鉴定工作有时与收集、整理工作结合进行，甚至在文件立卷和归档时就进行初步鉴定。

（二）档案的分类

1. 纸质档案

纸质档案是指书写在纸张上的文字档案材料，也叫文字类书面档案。纸质的书面档案材料，使档案原始属性的呈现更加明确，比如作者的书写习惯、个性化签名，或所用纸张的来源等，都可以作为信息来看待。作为信息载体的纸张，能更多地存留文件制作过程或文件使用过程中形成的信息，从而使档案的基本属性更加确定。

与电子档案相比，纸质档案的主要缺点是：纸质档案易受环境的影响，不利于长久存放，若存放的湿度过高则容易霉变，温度过高又会使纸质的脆性增加；各种虫害可能造成纸质档案的损坏；检索速度缓慢并随着利用的次数的增加会对档案造成不可恢复的损害。

近年来，尤其是实行无纸化办公之后，电子档案便应运而生。电子档案有许多优点，但永远不可能完全取代纸质档案。两种档案之间越来越强的互补性，对档案事业的发展无疑具有重要意义。

针对骨灰档案的立卷与保管，在上架保管之前的立卷工作中似乎使用纸质档案较好。在骨灰纸质档案上架之后，再建一份电子档案，专供检索之用。这样既保留了档案的原始属性，又不会因纸质档案的频繁使用而降低档案的使用寿命。

2. 电子档案

（1）电子档案及其特征。档案是由文件组成的，文件是国家机构、社会组织或个人在履行其法定职责或处理事务中以各种形式形成的信息记录。组成电子档案的电子文件是以数码的形式储存于磁带、磁盘、光盘等载体内，依赖计算机阅读、处理并可在通信网络上传输的文件。电子档案则是具有保存价值的已归档的电子文件以及相应的支持软件产品和软硬件说明。

电子档案的基本特征有以下几点：电子文件的数字化信息形态；电子文件对设备及系统的依赖性；电子文件载体的非直读性；电子文件信息与载体的可分离性；电子文件物理结构与逻辑结构的复杂性；电子文件信息的共享性和不安全性；电子文件的易修改性；电子文件逻辑归档的可能性；等等。

（2）电子档案管理的基本方法。我国目前在电子文件归档和电子档案管理工作中采取的主要方法如下。

① 文档一体化管理，必须将电子文件、电子档案管理纳入整个单位办公自动化总格局中。

② 管理职能分工。文件形成部门负责电子文件的收集、积累和整理，档案部门负责监督和指导，电子档案由档案部门归口管理。

③ 实行"全过程管理"理念与"电子文件全过程管理"，即档案部门应当在电子文件形成、收集、积累、鉴定、归档、保管、利用的全过程发挥作用。这是保证电子文件原始性、真实性的一项管理制度，已经在我国有关技术标准中作出规定。归档电子文件的管理不仅注重每个阶段的结果，也重视每一项工作的具体过程，并把这些过程一一地记录下来，形成一张与电子文件紧密相连的电子文件生命周期表。

④ 电子、纸质文件双轨制管理。对电子文件与纸质文件是否一并归档保存，我国档案界存在不同的观点。除了与本单位关系重大的文件材料，如法规性的电子文件必须输出纸质文件保存外，一般性的电子文件并非一定要输出纸质文件保存。由于归档电子文件的法律地位问题还没有解决，所以必须同时保存电子、纸质文件。我国目前的基本政策是，在电子文件归档保存时将相同内容的纸质文件一并保存，这样既可以保存反映历史真实内容、记录可靠的纸质档案，又可以发挥电子文件在检索、利用、传输、存储等方面的优越性。这就是电子文件与纸质文件一并归档的所谓"双轨制"的过渡期。

⑤ 电子文件归档有时限要求。实践阶段结束后，由有关责任部门进行系统整理，并在三个月内完成归档。科研课题中的电子文件则在课题验收或经评审、鉴定、测试合格后立即归档。在办公自动化过程中形成的电子文件的归档，目前只有实时在线逻辑归档和定期物理归档的概念，还没有其他规定。电子文件随办随归，其归档期限按纸质文件归档期限的标准执行。

⑥ 归档电子文件采用统一的数据格式标准，对归档的 CAD 电子文件光盘存储格式，要求符合 GB/T 17825.2-1999《CAD 文件管理基本格式》国家标准。现在一般采取两种方法解决电子档案数据格式的问题：一是制定通用的电子文件、电子档案数据格式标准，把归档电子文件用转换软件转换到通用的数据库平台上；二是对较为特殊的归档电子文件，保存归档电子文件的相关支持软硬件。

（三）墓地业务档案的概况

1. 墓地业务档案的定义

墓地管理工作形成的文件主要有两大部分，即墓地管理单位日常运作中形成的普通管理文件以及墓地管理实际操作接收和形成的多种专业性文件。这些文件完成了现行功能之后，就过渡为墓地业务档案。

墓地管理单位日常运作中形成的普通管理文件包括行政管理文件、人事管理文件、财务管理文件等。墓地管理单位接收的专业性文件包括墓地建设规划资料；形成的专业性文件包括服务对象在墓地使用过程中形成并补充的逝者（墓地使用者）资料，常规墓地管理过程中形成的墓地维修资料和管理与服务资料，墓地管理单位开办多种经营活动所形成的经营管理资料等。但是，墓地管理工作中出现的文件并不都是墓地业务档案，按照档案法对档案的规定，墓地业务档案可以定义为国家机构、社会组织和个人从事墓地管理活动时直接形成的对国家和社会有价值的各种文字、图表、声像等不同形式的历史记录。

墓地业务档案是墓地修建、管理、服务等工作的真实记录，属于殡葬行业特有的专业性档案。做好墓地档案资料的收集、整理、保管和利用工作，可及时为墓地管理者的决策提供可靠依据。

2. 墓地业务档案的构成要素

（1）档案的形成者。档案是一种历史文献，是人类在社会实践活动中直接形成的历史记录，档案的出现同人类社会的产生密切相关。档案的形成者，即国家机构、社会组织以及个人。对墓地业务档案来说，其形成者主要是指墓地管理单位、墓地租用者及墓地使用者（即逝者）。

（2）档案的内容。档案的内容即档案所记载的知识信息，就是人们在从事政治、军事、经济、科学、技术、文化、宗教等活动中获得的信息。对墓地业务档案来说，就是指墓地管理各项工作中的知识信息，如墓地规划、墓碑设计、墓地租用者情况、墓地使用者情况、墓地经营服务等信息。

（3）档案的形式。档案的形式是指档案的文种形式、载体形式、信息记录形式和信息表达形式。无论哪类档案，其文种形式可以是公文、合同、证书、书稿等；其载体形式可以是纸张、磁带、胶片等；其信息记录形式可以是手写、印刷、摄影、录音等；其信息表达形式可以是文字、图形、声像等。墓地业务档案主要以图表、协议和文字说明等为主要文种形式，以纸张为主要载体形式，以文字为主要信息表达形式。

（4）档案的本质。档案的本质即档案本身所固有的，决定其性质、面貌和发展的根本属性。

① 原始属性，是指档案所保存的资料具有明显的原始特性，即使是复制的档案，也必须证明其与原件相符。以墓地业务档案中订墓申请表、费用结算单、墓地租用协议书、碑文等为例，它们是服务对象在租用墓地过程中形成的表格、文字说明，由服务对象、墓地业务员在管理与服务时填写、核准，是未经任何加工、改动的真迹，这就是档案原始属性的体现。在碑墓修建工程进行中，它具备现行效力，属于一种文件。但是在工程验收、费用核算清楚后，它便成了对历史的记录，转化为档案，体现出档案的历史性。而且这一原始文件只有在工作进程中才能形成，如果当时没有形成或形成后没有及时保存，事后就很难补救。

② 信息属性，指所有档案文件必须承载信息，无论是物品、文字、图片还是电子数据，都是所属档案的信息载体。

③ 知识属性，档案的知识属性源于档案的信息属性。没有信息既不构成档案，也不构成知识。

3. 墓地管理专门档案的特点

墓地业务档案与其他类型档案的主要区别就在于墓地管理专门档案，墓地管理专门档案和其他档案相比较，有一些突出的特点。认识和研究这些特点，对掌握墓地管理专门档案的形成规律，开展墓地业务档案工作，实现墓地业务档案的科学管理和开发墓地业务档案信息，具有重要的指导意义。

（1）档案形成的领域较为局限。墓地管理工作涉及的方面很具体，管理的对象是墓地，服务的对象是墓地租用者和墓地使用者（逝者）。因此，在墓地管理活动中形成的墓地管理专门档案的文件材料，也必定只能形成于与墓地有着密切联系的领域。

（2）档案的动态性较强。关于墓地的情况通常不会是一成不变的。墓地在一个相当长的使用过程中，服务对象可能对墓碑进行更换或增加设施等，从而产生收费项目的变更，服务对象更有可能因增加需安葬的逝者、更改碑文、续交管理费等而频繁变动，因此相对应的文件材料也要不断地添加到档案中去。

（3）组成档案的文件材料较为稳定。墓地管理工作虽然烦琐，但每一项墓地管理活动都是按照一定的程序进行，因此所形成的档案文件材料也比较稳定，且常常具有统一的规格样式。墓地管理专门档案的文件材料的稳定性使得墓地业务档案开展标准化管理和计算机管理具备了最基本的条件。

（4）档案的完整性。墓地管理专门档案是以一个墓地管理单位为对象组织案卷的，该墓地不管发生何种变化，所产生的文件材料都必须添加进去。因此每一份档案案卷都是一个有机的整体，全面反映了一个墓地管理单位的变迁过程，体现出一种完整性。

（5）公开性和隐秘性并存。墓地业务档案记录着墓地管理单位对墓地进行管理的有关情况，这部分档案内容对与本墓地有关的人员来说都是公开的，如墓地的维修档案以及有关绿化、环卫、治安的档案等。但墓地业务档案又具有一定的隐秘性，因为它也包含着大量的服务对象的隐私内容和一定的墓地管理单位机密，这部分档案内容是不便公开的。如服务对象的个人资料、墓地中各个独立墓体的资料、墓地管理单位的重大决策等。

（四）墓地业务档案的资料收集方法

档案资料的收集工作就是按照墓地管理的有关规定，依据墓地管理档案的归档范围，通过一定的方法将墓地管理单位各部门和个人手中有保存价值的档案（包括文字、图表、录音、录像、磁盘等）集中到墓地档案管理部门（档案馆、室）的过程。

档案收集工作的方法分为接收和征集两种。作为墓地管理单位的档案管理部门，接收本业务部门按规定应当归档的档案是其基本收集方法。墓地管理单位征集有关档案资料主要是针对安葬在墓地管理区域内的一些文化名人而进行的。

墓地业务档案是由墓地业务管理形成的文件材料经立卷整理、归档转化而来的。从文件材料形成的那一刻开始，墓地管理员就应意识到进行文件材料积累工作的重要性。

1. 文件材料的积累方法

文件材料的积累工作一般由墓地管理员自行完成，并进行登记。积累的方法有以下几种。

（1）落实责任。每个科室（部门）设一名专（兼）职资料员，负责本科室（部门）有关文件材料的积累工作。

（2）收集齐全，分类存放。分类可参照墓地管理档案的分类方案进行，为立卷工作做好准备，减少重复劳动。

（3）简要登记。工作人员登记自己经办的材料，资料员登记资料的收集、借出情况。

2. 文件材料的积累要求

墓地业务管理的文件材料在积累时应注意以下几点。

（1）明确归档范围。文件材料的积累范围要符合墓地管理档案的归档范围。每做一项工作都要记录和形成一定的文件材料,并对照墓地管理档案的归档范围把有保存价值的部分积累起来,待任务结束后再进行整理、归档。切忌在工作中把有关和无关的材料都随意堆放在一起。

(2) 保留原始文件。在积累过程中,尽可能保留文件正文和原件,在无法保存原件的情况下,应注明复印件出处。

(3) 办理登记手续。积累的文件一定要进行登记,供有关人员使用时要有借用手续,并严格执行有关规章制度。

(五) 骨灰寄存档案的主要特征

骨灰寄存档案是档案管理中的一个例外,因为其产生形态的独特性,其档案的特征明显区别于所有其他的社会性档案。

同其他档案比较,骨灰寄存档案有四个主要特征:一是骨灰寄存档案并不产生于单位档案的全宗;二是骨灰寄存的临时性导致了殡仪服务对象对骨灰寄存档案的轻视,档案管理环节低能低效,并使其使用价值降低;三是骨灰寄存档案收集的时间短、内容单一,并且文件数量少;四是骨灰寄存档案的保管期限有不确定性。这些都是骨灰寄存档案向社会性档案迈进过程中必须要解决的困难。

骨灰寄存档案资料的归档和立卷与社会性档案也不同,其收集工作应是其整个档案管理工作中的重点。

二、档案资料的整理

档案的整理,是对办理完毕的、具有保存价值的文件资料进行系统化、条理化的过程。

(一) 档案资料整理的原则

将墓地业务档案在整理中作为档案来管理,必须运用一套科学管理的原则。一是要遵循墓地业务档案自然形成的规律,遵循文件资料的形成规律和特点,保持墓地业务档案资料之间的历史联系;二是要区分墓地业务档案的保管价值,便于科学管理和查找利用,以及科学地确定档案的保管期限;三是要便于保管和利用。

(二) 档案资料整理的方法

1. 装订

归档文件应按件装订。装订时,正本在前,定稿在后;正文在前,附件在后;原件在前,复印件在后;转发文在前,被转发文在后;来文与复文为一件时,复文在前,来文在后。

2. 分类

归档文件可以采用"年度—机构(问题)—保管期限"或"保管期限—年度—机构(问题)"等方法进行分类。同一全宗应保持分类方案的统一。

按年度分类:将文件按其形成年度分类。

按保管期限分类:将文件按划定的保管期限分类。

按机构(问题)分类:将文件按其形成或承办机构(问题)分类(本项可以视情况予以取舍)。

3. 排列

归档文件应在分类方案的最低一级类目内，按事由结合时间、重要程度等排列。会议文件、统计报表等成套性文件可集中排列。

4. 编号

归档文件应依分类方案和排列顺序逐件编号，在文件首页上端的空白位置加盖归档章并填写相关内容。归档章设置全宗号、年度、保管期限、件号等必备项，并可设置机构（问题）等选择项。

全宗号：档案馆给立档单位编制的代号。

年度：文件形成年度，以四位阿拉伯数字标注公元纪年，如一九七八年标注为1978。

保管期限：归档文件保管期限的简称或代码。

件号：文件的排列顺序号。件号包括室编件号和馆编件号，分别在归档文件整理和档案移交进馆时编制。室编件号的编制方法为：在分类方案的最低一级类目内，按文件排列顺序从"1"开始标注。馆编件号按进馆要求标注。

机构（问题）：作为分类方案类目的机构（问题）名称或规范化简称。

5. 编目

归档文件应依据分类方案和室编件号顺序编制归档文件目录。

一是归档文件应逐件编目。来文与复文为一件时，只对复文进行编目。归档文件目录设置件号、责任者、文号、题名、日期、页数、备注等项目。

件号：填写室编件号。

责任者：制发文件的组织或个人，即文件的发文单位或署名者。

文号：文件的发文字号。

题名：文件标题，无标题或标题不规范的可自拟标题，外加"〔 〕"。

日期：文件的形成时间，以8位阿拉伯数字标注年月日，如2005年9月9日标注为20050909。

页数：每一件归档文件的页数。文件中有图文的页面为一页。

备注：注释文件需说明的情况。

二是归档文件目录用纸幅面尺寸采用国际标准A4型（长×宽为297mm×210mm）。

三是归档文件目录应装订成册并编制封面。归档文件目录封面可以视需要设置全宗名称、年度、保管期限、机构（问题）等项目。其中全宗号名称即立档单位的名称，填写时应使用全称或规范化简称。

6. 装盒

将归档文件按室编件号顺序装入档案盒，并填写档案盒封面、盒脊及备考表项目。

(1) 档案盒。档案盒封面标明全宗名称。档案盒应根据摆放方式的不同，在盒脊或底边设置全宗号、年度、保管期限、起止件号、盒号等必备项，并可设置机构（问题）等选择项。

(2) 备考表。备考表置于盒内文件之后，项目包括盒内文件情况说明、整理人、检查人和日期。

(3) 盒内文件情况说明。填写盒内文件缺损、修改、补充、移出、销毁等情况。

(4) 整理人。负责整理归档文件的人员姓名。

(5) 检查人。负责检查归档文件整理质量的人员姓名。

(6) 日期。归档文件整理完毕的日期。

三、档案资料的价值

(一) 档案价值的确定

根据不同的标准,档案的价值可以从以下几个方面来认识。

1. 档案的利用价值和保存价值

(1) 档案的利用价值。是就档案的具体有用性而言的,是指某一档案(或一部分)对具体利用者的具体(特定)意义或作用。档案的利用价值是档案价值微观化的表现形态。

(2) 档案的保存价值。是指档案是否具有保存的意义,是档案价值鉴定工作中的具体反映或形式,是以档案保存时间的长短体现出来的。

2. 档案的现实价值和长远价值

(1) 档案的现实价值。又可以称为现行价值,既包括档案对其形成单位的社会实践活动所具有的现实利用价值,也包括对其他单位的社会实践活动所具有的现实利用价值。

(2) 档案的长远价值。是指某些档案的利用价值的时效性可以扩展到遥远的未来,具有长远的保存和利用价值。

3. 档案的第一价值和第二价值

(1) 档案的第一价值。是指档案对其形成者所具有的价值。

(2) 档案的第二价值。是指档案对社会,即除了档案形成者之外的其他利用者所具有的价值。

4. 档案的证据性价值和情报性价值

(1) 档案的证据性价值。是由美国的谢伦伯格首先提出来的,他所指的证据性价值是指由被证明事物即文件产生的机构组织和职能的重要性所决定的价值。

(2) 档案的情报性价值。指公共文件由于含有对各种研究有用的情报资料而固有的价值。

对档案价值的认识,是主体思维对档案价值客体不同侧面的反映。对档案价值的认识有自己的独特性,它不完全等同于对档案事实的认识。对档案价值的认识包括档案价值认知和档案价值评价两部分内容。

(二) 档案价值的鉴定

档案的鉴定是指对档案真伪和档案价值的鉴定,通常所说的档案鉴定是对档案价值的鉴定。

1. 档案价值鉴定的概念

档案价值鉴定,是指档案工作者主体在档案价值认知的基础上,对档案客体有无价值和价值大小的评估和预测,并据此决定档案的存毁。档案价值鉴定概念包括以下几个主要方面:档案价值鉴定是档案价值评价的重要形式,是档案价值评价在档案管理工作领域的具体反映;档案价值鉴定具有一定的预测性;档案价值鉴定决定档案的存毁。

2. 档案价值鉴定的方法

(1) 确立档案价值鉴定标准。进行档案价值鉴定,首要的工作就是确立档案价值鉴定标准,使所有参与档案价值鉴定的档案工作者"有标可依"。档案价值鉴定标准是一个完整的体系,主要由三个层次组成:实践标准、档案价值鉴定的理论性或方法性标准、档案价值鉴定技术标准。

(2) 获取档案价值信息。在确立了档案价值鉴定标准以后,档案价值鉴定主体(即档案工作者)还需要获取档案价值鉴定客体(即档案价值)的信息。档案价值信息主要包括档案价值客体(即档案)的信息和档案价值主体(即利用者)的信息两个方面。

(3) 得出档案判断结果。档案价值的判断实际上涉及两个层次:一是判断档案文件是否有价值,从而确定档案文件是否应该保存或继续保存;二是判断这种档案价值的重要程度,以便确定档案的具体保存价值及档案的保存期限。

3. 档案价值实现社会性递增

随着社会制度的不断更替和社会生产力的迅猛发展,档案从主要为政治斗争服务逐步转向主要为经济建设和科学、文化发展服务,由主要为少数统治者服务而转向为全体人民服务,档案价值的社会性日益增长。档案工作也逐步由"国家模式"转变为"社会模式"。

4. 档案价值实现的环境

档案价值的实现,受到一定的环境和条件的制约和影响。综合起来,影响档案价值实现的环境主要有四个方面:第一,社会政治环境,主要包括社会制度、法律法规、国家方针、政策和战争等环境;第二,社会经济环境和科学技术环境;第三,社会文化环境,主要包括国家和民族历史传统、社会文明程度等;第四,档案工作内部环境,包括档案管理水平、档案学理论研究水平、档案工作者素质等。

5. 档案价值鉴定的原则

墓地业务档案及骨灰寄存档案价值鉴定,就是甄别和判定档案的价值,根据档案的不同价值确定其不同的保管期限,把应当保存的档案妥善地保存起来的工作。

(1) 全面的原则。在判断档案价值时,应当全面地考虑问题,不能孤立地去看某份文件或某份档案的价值。例如,一座墓穴的管理费已过期或者服务对象已取走骨灰盒,按道理来说这一墓穴档案可以不保留,但从全面的观点考虑(考虑到服务对象利益或日后可能发生的其他情况),这一档案材料还应继续保留一段时间。

(2) 历史的原则。档案是历史的记录,它的产生总是和一定的历史条件相联系。分析档案价值时,必须与文件产生的历史背景相联系。随着历史的变化,档案的价值也有变化,对历史档案应当以历史的观点考虑它的价值。

(3) 发展的原则。社会是发展的,需要利用档案的因素也是变化的,档案的价值必将随之变化。现在有用的档案,将来可能没有用处;现在尚未用到的档案,将来可能有用。因此,鉴定档案价值时,要用发展的眼光预测档案长远的发展作用,有科学的预见性,不能拘泥于目前的形势。

第二节 档案建立

一、案卷的编排

(一) 档案案卷的编排常识

1. 编码与页号

(1) 卷内文件的编码。案卷内文件材料均以有书写内容的页面编写页号。

(2) 页号编写位置。单面书写的文件材料在右下角编写页号;双面书写的文件材料,正面在右下角、背面在左下角编写页号。页号一律使用阿拉伯数字,字体要端正、清楚。案卷封面封底、卷内目录(原有图样目录除外)、卷内备考表不编写页号。

装订形式的案卷,采用大流水方式编写案卷页号;不装订形式的案卷,两页以上的单份文件应单独装订和单独编写页号;不装订在案卷内的文件应逐件加盖档号章。

2. 档号

档号是指档案馆(室)在整理和管理档案的过程中,以字符形式赋予档案的一组代码。档号是存取档案的标记,并具有统计、监督作用。

墓地业务档案可采用"全宗号—类别(分类)号—案卷号—件、页(张)号"的结构,一案一号,全宗内不允许有相同的档案号。档号章位置在每件文件首页的右下角,其内容、格式、尺寸及填写规范如下。

全宗号:档案馆给定立档单位(墓地业务单位)的编号。
类别号:即类目号、分类号,标注各级类目的符号。
案卷号:案卷排列的顺序号。
件号:案卷内文件的顺序号。

(二) 档案案卷的编排方法

档案经过合理的分类并立成案卷以后,为了确定案卷的位置,给编制案卷目录提供具体的内容,就必须对案卷进行系统的排列。所谓案卷排列,就是按照一定的分类法,确定案卷的存放位置和前后位置,保持案卷之间的某种联系。

案卷排列的方法主要有以下几种:按工作联系和重要程度来排列;按案卷内容所反映的问题特征排列;按案卷内容所反映的地区特征排列;按案卷内容所反映的时间特征排列;按案卷内容所反映的文件作者特征排列;按案卷内容所反映的名称特征排列。

二、目录的编排

案卷目录就是案卷的名册,是提示案卷内容和成分,以及固定案卷排列次序的表册。墓地管理员在案卷系统排列完后,应当将其逐个登记到案卷目录上,以固定前后排放顺序。

(一) 墓地档案目录的编排原则

1. 系统的原则

墓地业务档案实体分类的体系结构、类目设置、序列编排,都应考虑到墓地业务档案工作的历史、现状和今后的发展。从实际出发,力求能够全面反映墓地管理单位职能变化和殡葬事业改革建设发展的新情况、新特点。

2. 稳定的原则

在分类方法上注重保持类目设置的相对稳定性,不受长期行为和偶然因素的影响,在较长时间内不得随意改变,使类目序列排列、档案编制符合逻辑原则。从总到分、从一般到具体,使各类之间、各类相同级位之间的标准一致,下位类目的外延之和等于上位类目的外延,同位类目之间界限清楚,不相互交叉和包容。

3. 科学的原则

墓地业务档案的分类编排体系和物理位置,必须符合唯一性、合理性和稳定性的要求,并符合计算机管理的要求。

（二）墓地档案目录的编排方法

案卷目录是著录全宗内所有案卷的内容与成分等情况，并装订成册的一种检索工具。它是按照一定的规则而编排成的档案条目组合，是档案管理、检索、报道的工具。

1. 墓地业务档案案卷总目录的编制

墓地业务档案案卷总目录是墓地业务管理档案案卷的总登记账，其目的主要是为掌握墓地业务档案数量与墓地业务档案基本内容，便于统计管理。案卷总目录主要包括总登记号，归档时间，案卷的题名、档号、编制单位、编制日期、份数、张数、变更情况、备注，等等。

案卷总目录只是按档案归档顺序登记的流水账本，一般不具有查找功能。墓地业务管理单位可根据实际情况选择编或不编案卷总目录。

2. 墓地业务档案分类目录的编制

墓地管理单位的档案分类目录是以全宗内一级类目、二级类目、三级类目为基本单元，以该类目的案卷为登记单位，依照案卷已整理的排列顺序进行流水登记的档案目录。墓地业务档案分类目录如表 9-1 所示。

表 9-1　墓地业务档案分类目录

墓穴区位号	案卷号	服务对象（订墓人）	订墓时间	管理期限	备注

案卷分类目录与案卷总目录存在两点区别：其一，分类目录不仅能固定案卷之间的排架顺序、揭示不同类别档案的成分、统计各类档案的数量，而且便于案卷的查询和提供、利用检索服务；其二，案卷总目录是按照归档时间顺序流水登记案卷顺序，而分类目录是依据各类目内案卷排架顺序进行登记案卷的分类顺序号。

3. 墓地业务档案专题目录的编制

墓地业务档案专题目录是揭示墓地业务管理全宗内的某一专题的档案内容和成分的检索工具，属检索型目录之一。它的特点是选题有灵活性，集中了某一专题的全部档案，不受案卷顺序号的限制，目的是通过该专题的关键词来检索档案案卷号及其他相关内容。

墓地业务档案专题目录的项目与分类目录基本相同，不同的是专题目录将该专题的关键词排在表格的最前面，案卷号等其他项目相应的关键词排在后面。但是，墓地业务档案中的服务对象（订墓人）专题目录，应将服务对象（订墓人）姓名栏目排在其他各项的前面。

三、立卷和归档

建立和履行立卷和归档手续，有利于明确责任和义务，保证归档案卷的质量。编制归档材料案卷目录或移交清册应一式两份或三份，移交时按目录或移交清册清点，交接双方签字，各留一份（档案室可留两份），以便查考。归档材料中若遇有关问题需要说明时，可附说明材料交代清楚。

（一）墓地业务档案的立卷和归档

1. 墓地业务档案立卷的要求与方法

立卷是文件转化为档案的一个过程，是档案整理工作的重要内容之一。立卷目的在于方便查找、利用和保管档案资料，为档案工作奠定基础。

（1）墓地业务档案立卷的要求。具体包括以下三种要求。

① 质量的要求。墓地业务档案资料要收集齐全，经过分类、立卷，并正确划分保管期限。案卷质量符合规范要求，卷内文件材料线条、字迹清楚且纸质优良。

② 加工的要求。墓地业务档案资料要经过必要的技术加工，正确拟订案卷标题，填写案卷封面、卷内文件目录、备考表。有条件的单位可采用计算机打印。

③ 交接的要求。案卷目录最少应包括案卷号、案卷标题。编制案卷目录或移交清单一式数份，以供归档时双方核准后签名使用。

（2）墓地业务档案立卷的方法。立卷的具体方法，主要是了解文件内容及其形成过程，找出文件之间的共同点，把具有的共同点的一组文件立成案卷。通常情况下，文件的共同点有六个方面，即问题、作者、名称、时间、地区、通讯者，也就是通常所说的六个特征。

相对于社会性档案立卷，墓地业务档案的立卷较少受条件制约，故墓地档案的立卷工作也显得灵活多样。从立卷时间上看，墓地档案应在墓地业务的开始时就着手文件的收集整理，而在租用墓地手续完成后，墓地档案便初步形成。

2. 墓地业务档案归档的方法

（1）确定归档范围。确定归档范围的标准要以文件材料的保存价值为依据。凡是墓地业务管理单位在墓地业务管理各项工作中形成的，具有查考利用价值的文件材料都应划入归档范围。正在办理或暂不办理的案卷和项目内未完成的文件材料，不属于归档范围。

墓地业务管理专门档案，包括墓地业务清册、墓地维修、墓地租赁、服务对象等文件材料。墓地业务清册包括公墓基本建设及长远规划、资金投入、墓穴规模、销售比例、资金回笼等使用性文件材料。服务对象资料包括服务对象家庭情况类、订墓情况类、逝者简介类、安葬日期类、墓穴区位类、服务对象祭奠日期及周期类、通信地址与联系电话类等。

（2）确定归档时间。归档时间是指业务部门将立卷完毕的档案向档案部门移交的时间。

各项工作完成后，对所形成的文件材料应及时进行整理、立卷并归档。对一些马上就要查考利用的文件材料在工作完成后立即整理归档，如服务对象资料、墓地建造与租用的资料、墓地使用资料。其他行政管理档案、党群档案、会计档案、审计档案等可根据工作情况一年归档一次，一般在次年上半年完成。墓地管理单位的各部门将需要归档的文件材料向档案室移交的时间是有限制的，主要依据以下原则。

① 及时的原则，是指办理完毕的文件，不是刚刚办理完毕就要求马上归档，也不是时隔数年，待文件积压成堆之后再归档。一般应该在第二年六月份由各部门立好卷再向档案室归档。

② 便利的原则，指对某些专业方面的文件、协议、票据或特殊载体的文件，为了便于日常工作的查考，可以另行规定切合实际的归档时间。如，根据墓地业务档案查考的连续性和完整性，要求归档时限要及时，一般可在一个月或一个季度由业务部门编造清册移交本单位档案室保管；而会计档案在会计年度终了后，可暂由本财务会计部门保管一年。期满之后，原则上编造清册移交本单位的档案部门保管。

③ 区别对待的原则，指不同文件资料，其归档时限要求不一样。如管理文件一般在形

成后和第二年上半年内向档案部门移交归档;科技文件根据形成的具体情况可按项目结束时间、工作阶段、子项结束时间确定是随时归档还是定期归档;会计文件在会计年度终了后,暂由企业财务会计部门保管一年,期满后移交给档案部门保管;人事文件一般应在办理完毕后的十天或半个月内向档案部门归档。

(二) 骨灰寄存档案的立卷

殡葬行为发生的时间很短,文件生成少、文件形式单一、文件内容普遍缺乏丰富性,这是骨灰档案的先天性特征。骨灰寄存档案的立卷方法,相对于社会性档案的立卷,较少受条件制约,故骨灰档案的立卷工作也显得很有特点。其一,从立卷时间上看,骨灰档案应在殡葬业务的开始就着手文件的收集整理,在殡葬结束后,骨灰档案便初步形成。这样做的目的是能够让殡仪服务对象强化对骨灰档案的重视程度。其二,骨灰档案管理重点一反常规,是在立卷之初的文件收集整理阶段,而普通档案重点是分类、立卷。其三,骨灰档案的立卷方法也与众不同,有些社会性档案的立卷方法显然不适合骨灰档案。如按时间、按地区、按通信地址立卷等方法。

国家档案局发布的《机关档案工作条例》和《档案馆工作通则》分别规定:"一个机关的全部档案是不可分割的整体,应统一向一个档案馆移交。""进馆档案应保持全宗的完整性,并按规定整理。"这证明骨灰档案是档案行业内的一个特殊形态,因为骨灰档案寄存形式的个体性与临时性,而不具备全宗档案产生条件。又因其完全不是全宗机构行为,而使其档案特征认定模糊。

1. 立卷准备

骨灰档案的分类有别于其他档案的分类。其他行业档案的分类是立卷的基础性工作,而骨灰档案由于是个人(骨灰)的不全宗档案的立卷行为,所以在实际立卷工作中是记录所有殡葬行为的文件,无论如何分类,都会最终成为组成个人(骨灰)卷宗的内容。而立卷前的分类意义,也只是对将立卷的文件的次序进行排列而已。所以,骨灰档案立卷的准备按如下方法对文件进行分类。

(1) 单位分类法。如在殡葬行为过程中形成的文件,以产生文件的部门进行分类。

(2) 问题分类法。就是按照文件记录的主题分类,比如关于购买墓地问题形成的所有文件。

(3) 项目分类法。如在火化、购买殡葬用品、遗体整容、开追悼会时形成的相关文件。

2. 骨灰档案的基本立卷方法

(1) 按问题立卷。即文件形成的共同主题特征,如在整个殡葬活动中可以分成两个大的问题,即对殡与葬进行立卷。

(2) 按作者立卷。也就是按文件产生的部门立卷。

(3) 按名称立卷。把文件名称相同的放在一起立卷。

(4) 按时间立卷。如按火化前、火化后、骨灰寄存后三个时间段立卷。

(5) 经济类材料立卷。商业行为中产生的票据、单据等。

(6) 亲戚类材料立卷。在殡葬活动中,形成的文件主题是关于亲戚朋友们的材料。

(7) 按信息载体形态立卷。如影像资料、声音记录资料等。

(8) 评价材料。如生平评价、挽联、悼词等。

(9) 其他材料。上述分类中没有纳入的文件材料。

在骨灰档案形成的过程中,非全宗性给档案立卷的概念带来了不同于传统意义的诠释。

骨灰档案的立卷工作，其实是传统档案管理工作中的卷内整理或者叫案卷组合工作，但如果把档案管理中这个非常重要的基础性工作环节省略了，这会使以后骨灰档案的现代化发展及理论出现断层，这一点要特别注意。

四、档案全宗的编写

一个独立的部门形成的全部档案就是一个全宗，能够形成全宗的独立部门，叫作立档单位，也叫全宗构成者。目前，我国大多数墓地管理单位具有独立法人资格，具备了成为立档单位的条件。

（一）墓地业务档案全宗的主要内容

1. 墓地业务档案全宗的划分

墓地管理单位专门对墓区的规划、建设，以及对其附属设施、相关场地实施专业化管理，并为租用墓地的客户提供多方面、多层次的有偿服务的独立核算，是具有独立法人资格的经济实体。

根据档案全宗构成的三个条件，墓地管理单位产生的全部档案应当构成一个墓地管理档案全宗。墓地管理单位自成立之日起，就是一个新的立档单位，在其基本职能没有发生重大改变，只是职能或工作范围扩大或缩小、内部机构调整等情况下，其变化前后形成的档案仍属于一个全宗。

2. 编制分类方案的步骤

（1）编制准备。在编制墓地业务管理分类方案之前，必须对墓地管理单位的管理职能及其所产生的档案（文件材料）进行全面的了解和掌握。墓地管理单位的管理属于综合型管理，一般设有业务、财务、施工、保安、综合、档案等各种职能部门。对本单位是否设置有这些职能部门及其档案产生的过程、数量、载体形式、利用价值、利用频率都应在编制分类方案之前了解清楚。

（2）划分一级类目。根据1991年国家档案局颁发的《工业企业档案分类试行规则》的分类原则，以墓地管理单位的全部档案为对象，以墓地管理单位的主要管理职能为标准划分一级类目。

墓地业务管理也可根据同级档案行政管理部门的要求，分为墓地业务管理（也称墓地业务管理专门档案）、党群工作、行政管理、经营管理、基本建设、会计档案、干部职工档案、声像档案和荣誉档案九个一级类目。档案的分类方法有许多，通常采用几种方法结合分类编排。

（3）设置二级或以下类目。根据一级类目各自的特点分别设置二级或以下类目，二级或以下类目的设置要根据业务量的大小和档案量的多少来决定。业务量大、档案数量多的类目应增设下一级类目，反之则不需要再设置下一级类目，以免分类方案复杂化。

墓地业务管理专门档案可根据墓地业务管理的管理对象和服务形式，再细分为室内葬、植树葬、壁葬、墓葬等。墓葬又可分名人苑、艺术苑、福寿苑等。

声像档案可按其形成过程、载体形式和制成材料的不同，分为照片、录音带、录像带、计算机磁盘、缩微胶片、光盘、光碟等，不同载体可再按专题（内容）细分。

荣誉档案按物品的形式细分为奖状、奖杯、奖旗、证书、题词等。

（4）对墓地业务档案分类类目进行标识。即编制墓地业务档案的分类号。分类号是指类目的简明编码,标记各级类目的符号,可固定全部类目的先后次序和明确一个类目在分类体系中的特定位置,以便于标引、排列、检索、组织馆藏。标识墓地业务档案分类号是指依据墓地业务档案分类划定的类目层次,对各级类目给定一个特定的字母或数字,并用一定的间隔符号标明其各级类目层次关系的全过程。如"3"表示"墓地业务档案";"9.1"表示"墓地业务档案"的下位类"墓地使用情况"。同一全宗内不能有相同的分类号。

(二) 墓地业务档案全宗的编写方法

对墓地管理单位的历史沿革和墓地业务档案状况进行充分研究后写出的书面材料,称为"立档单位和全宗说明",又称"立档单位和全宗历史考证"。它可以作为墓地业务档案整理工作方案的一部分,也可作为单行材料。

首先,要研究和规定墓地业务管理任务、职能和组织机构的决议、章程、条例、办法、命令、指示等法规性文件,并参阅墓地业务管理历史大事记、工作总结和有关报刊资料,以熟悉墓地业务管理和全宗的情况。

其次,要通过访问墓地管理单位内负责人和相关工作人员,获得编写历史考证的感性材料,进一步丰富内容。

最后,应由墓地管理员中比较熟悉墓地管理单位历史情况的人员进行编写,内容务求简明,有根有据,不可仅凭回忆编写。

五、档案专用软件的利用

随着计算机技术、网络技术和通信技术的迅猛发展,计算机普遍应用于社会各个单位部门。将纸质档案信息转化为数字化信息,就是为了让档案信息变成流动的、有生命力的资源,要实现这一点,必须依靠相应的档案管理软件。现在市场上专业的档案管理软件种类很多,但是从经济实用的角度出发,适合档案部门的不多。如果采取自己开发研制的方法,在时间和人才方面又会出现困难。信息化建设时不我待,研制一个系统的、专业的档案管理软件在短期内无法完成。档案部门中既懂网络、计算机技术,又懂档案知识的专业人才非常缺乏,这就给独立开发工作带来很大困难。一些单位采取与公司合作开发的办法,但也会存在经费、时间和保密安全等问题。具体采用什么方式,各单位应根据自己的实际情况,按照经济适用、功能齐全、安全保密、操作方便等原则来决定。

(一) 档案专用软件的基本功能

1. 资料处理功能

包括文字资料的输入、编辑、修改、合并、复制、存储、打印等;资料档案的登记、分类、查询、保密、制表等;存储大量数据并绘制各种图表;通过声音识别、合成和存储,使计算机听懂和执行人们向它发出的指令。

2. 行政管理功能

即日常行政事务处理、会议事物安排,以及办公用品、设备的使用与调度等。

3. 决策支持功能

即把管理信息系统与决策过程紧密结合起来,帮助决策人员寻找解决问题的途径、模式和方法,使决策人员根据计算机综合分析的结果,迅速、准确地作出判断、选择和决策。

(二)墓地业务档案依赖的电子条件

随着墓地管理经营规模的扩大和客户的增多,传统的管理模式已不能满足快捷的、高效的管理要求,也阻碍了墓地管理与服务质量的提高。建立墓地管理信息系统,为实现墓地管理各个部门的墓地管理自动化、管理规范化、信息资源化、传输网络化和决策科学化创造了条件。电子档案的利用与纸质档案相比,显著不同的是更快捷、更方便了。但这必须建立在电子档案所依赖的技术上,且必须满足必要的先决条件和采取相应的管理措施才能够实现。

1. 硬件设备

主要包括计算机(一台主机或多台小型机组);各种类型的工作站,例如文字处理机、资料图像处理站、事务处理工作站和声音工作站等;通信设备,如局域网和远程网等;各种输入、输出设备,如键盘、字符阅读器、图像扫描仪、声音输入识别设备、激光打印机、复印机、传真机等。

2. 系统软件

主要包括系统基本软件,例如操作系统和各种语言处理程序;为墓地管理室提供基本支持的环境软件,例如墓地管理软件、墓地管理室文件管理软件和墓地管理室数据库管理软件;墓地管理应用软件,例如用于墓地管理与事务处理的应用程序。

第三节 档案保管

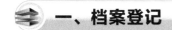

一、档案登记

(一)档案登记的要求

档案登记就是指对档案的收进、移出、整理、鉴定、保管、利用等情况,通过簿、册、表、单等形式加以记载,以揭示它们的形成过程、现状和变化。它是档案统计的一种原始资料,也是维护档案的完整与安全的必要手段之一。档案室对日常抄送的副件进行登记,并依据登记情况于每季度末定期与部门文员办理文件档案的交接手续。接收档案必须履行手续,填写移交清册,一式两份,写明案卷标题、卷内文件页数、案卷数量、移交时间,交接双方要签名。移交清单由移交部门与档案室各自存档。

(二)档案的登记方法

档案的登记方法主要包括以下几种。
① 对所管的人事档案必须按编号登记造册,以便查找和核对。
② 对收集归档的材料必须按收集时间顺序逐份登记。
③ 对没有保存价值的重复、无用的材料,要逐份登记造册,然后按销毁制度进行处理。
④ 对转出或存入的档案材料,必须登记份数、名称和时间等。

二、档案安全保管方法

(一) 档案安全保管的要求

墓地管理档案资料是墓地管理单位建设、发展的有力保障,也是国家的宝贵财富。为了做好档案保管工作,防止档案损毁,延长档案的寿命,维护档案的完整与安全,在档案安全保管方面应牢记以下要求。

① 档案室内的档案资料,要按门类与载体进行科学的分类、排列、编号,柜架排列有序。

② 档案室要坚固,并有防火、防盗、防潮、防光、防鼠、防虫、防高温等设施,要定期检查档案保管情况,对破损或字迹褪色的档案要及时修补、复制或进行其他技术处理。

③ 要注意控制纸质库房内的温度与相对湿度,不断改善保管条件,努力达到标准。湿度一般保持在 14~24℃ 之间;相对湿度在 45%~60% 之间。库房要清洁卫生,定期清扫整理。

④ 档案室内各种电器闸门要牢固,下班时要关闭电闸。档案室周围要杜绝火源,室内严禁吸烟。

⑤ 档案管理人员调阅、搬运档案资料要轻拿轻放,严防揉搓、挤塞或撕裂档案资料,减少档案机械磨损。

⑥ 建立和完善全宗卷并做好档案的收进、移出、利用等日常的登记、统计工作。

⑦ 要提高警惕,做好保卫、保密工作,防止发生任何盗窃、破坏档案资料的事件。

(二) 档案安全检查的方法

1. 检查的内容

主要围绕以下三个方面进行相关内容的检查。

一是从政治安全方面出发,检查档案有无被盗、被损和泄密等情况,及时发现不安全的因素,以便采取有效措施,确保档案的安全;二是从保护技术方面检查,看档案有无发黄变脆、字迹褪色、虫霉感染、潮湿粘连等自然损毁现象,以便采取相应措施,积极防治;三是从档案管理方面检查,看档案是否缺少,案卷有否错位,并应检查库房是否进水、门窗是否牢固、消防设备是否齐全、有无异常变化等情况,以便分析原因,改进工作,加强管理,防止意外事件的发生。

2. 检查方式和方法

定期检查一般一年或两年一次,按档案目录逐卷检查。

不定期检查一般在库房发生水火灾害,档案被盗或怀疑被盗,发现虫蛀、鼠咬和霉烂等现象以及档案保管人员调换工作等情况时进行。可先局部检查,发现问题再全面检查。检查时必须做检查记录,以一级类目为单位进行。检查后应写检查报告,内容包括检查工作的组织、人员、检查时间、进行情况、发现的问题,以及妥善处理后发现的问题和改进工作的意见等。

(三) 档案保管期限

1. 档案保管期限的确定原则

确定档案的保存价值，要坚持辩证唯物主义和历史唯物主义的观点，正确分析和鉴别档案内容的现实作用和历史作用，根据本单位工作的需要和为国家积累历史文化财富的需要，全面确定档案的保存价值，准确地判定保管期限。

2. 档案保管期限的确定方法

（1）永久保存。就是无限期地尽可能长久地保存下去。凡是反映本单位主要职能活动和基本历史面貌的，在本单位工作和国家经济建设、文化建设、政治建设、科学研究中需要长远利用的档案，都应列为永久保存。对骨灰寄存档案来说，此法适用于一些公众人物以及其社会影响力与思想、行为成为一门研究课题的人死后所形成的骨灰档案。

（2）长期保存。一般是指档案须保存十六年至五十年。凡是反映本单位一般工作活动，在相当长时间内本单位需要查考的档案，应列为长期保存。对骨灰寄存档案来说，此法适用于家属提出的特别要求的情况，以及一般性公众人物、一些有问题的死亡者（如无名遗体、涉嫌谋杀和不明原因死亡者）死后所形成的骨灰档案。

（3）短期保存。一般是指档案保存时间为十五年以下。凡是在较短时间内本单位需要查考的各种文件材料，均应列为短期保管。对骨灰寄存档案来说，此法适用于一般公民自然死后所形成的骨灰档案。

三、档案管理制度

(一) 档案管理制度的重要性

规章制度建设是墓地档案管理工作整体建设的一项重要内容，在新的形势和任务下，墓地档案部门必须创建管理新机制，做到档案工作有章可循、有据可依，从而改进和完善自身建设，使档案工作制度化、规范化、法制化。建立严格的内部管理机制，如建立档案室岗位责任制，保管、利用、借阅、保密、归档等制度，坚持"谁主管、谁负责，谁经办、谁负责"的原则，形成层层负责、职责分明、齐抓共管的墓地档案工作管理机制，以保证档案工作任务的全面落实。

(二) 编写档案管理制度的注意事项

在编写墓地档案管理制度时，要注意以下几点。

一要学习、领会档案法规。档案法规体系是由档案法律、档案行政法规、档案部门规章、档案地方性法规、档案政府规章、档案规范性文件等构成的，负责档案管理的墓地管理员应该认真学习相关的档案管理法规，以便更好地进行档案工作。

二要了解墓地业务管理的特点和墓地业务档案的形成规律。墓地管理单位的业务有其自身特点，因此在墓地业务档案建立的过程中要注意墓地管理单位的特定规律。

三要加强与墓地业务综合管理等有关部门的配合。墓地业务综合管理部门是墓地业务档案的必经之处，要完善档案就必须要与有关部门密切配合。

四要争取墓地管理单位领导的重视、支持。领导的重视、支持，是档案编写工作得以成功的必要保障，档案管理部门要积极地向领导说明档案管理的重要性，从前例借鉴、责任认定等多个角度向领导说明，积极争取领导支持。

四、档案安全保管设施

（一）安全保管设施的建设

1. 库房设施建设

（1）存储环境。骨灰档案馆库房的保温、隔热、防火、防盗、防潮、防虫、防霉、防光、防尘、防有害气体、防雷、防震等功能要符合国家建筑工业标准和国家档案馆建筑设计规范的要求。纸质档案库的温度和相对湿度，按国家档案局规定分别控制在14～24℃和45%～60%的范围内。

（2）库房面积。库房的面积有两种要求，分别为使用面积160m^{2}和使用面积120m^2。

（3）库房的密集架。一般提供存放档案的标准密集架，长期租用库房的单位，可以根据殡仪服务对象的要求安装专用密集架。

（4）档案保管箱规格。可按照表9-2选择档案保管箱的具体规格。

表9-2　档案保管箱的使用规格　　　　　　　　　　　　单位：mm

类型	规格	类型	规格
不锈钢保管箱	75×300×500	铁质保管箱	285×400×360
	100×300×500		860×400×360
	150×300×500		860×400×750
	200×300×500		860×400×1050
	75×150×1100		860×400×1800
	100×150×1100		

2. 库房安全管理

（1）消防设施。档案库房设置防火自动报警系统和灭火执行系统。每间库房均安装烟感和温感探头，并与总控制室电脑相连，一旦出现异常情况就会自动报警。灭火宜采用1301灭火系统，并备有墙壁式消防栓、手提式ABC干粉灭火器等设施。

（2）库房监控。在档案库房的重要出入口处设置防盗红外线报警装置和摄像头监视系统，安保人员实施24小时的监控管理。

（二）骨灰档案安全保管的工作规定

殡仪服务对象租用寄存中心的具有存放档案条件的整间库房，档案的进出由殡仪服务对象自行管理；代保管的寄存档案需进行整理编目（寄存档案未进行编目的，可委托寄存中心办理有偿代整理服务）；寄存者所寄存的档案，经检查发现霉变、生虫，须进行消毒（寄存者可委托寄存中心办理有偿代消毒服务）；档案查、借阅人员及其他非档案部门工作人员，未经许可，一律不得进入档案办公室和库房；要做好办公室和库房的安全工作,每天由最后一位离开办公室的工作人员负责断电、断水源,锁好门窗;将档案按档号顺序在档案柜内自上而下、从左到右竖立排放;各类档案原则上按档号存放;插卷,编入档案产生年度目录,并在检索目录上注明,之后存入档案产生的年度柜内;档案柜应编顺序号,各库、各类档案均应标有档案存放示意图;应对档案进行定期安全检查,积极做好"八防"工作(防火、防潮、防高温、防光、防尘、防虫、防鼠、防盗),发现问题,及时解决;对破损、褪色档案要及时进行修补、复制;在档案柜内放置驱虫、防霉药物,每月检查一次虫、霉情况,发现虫、霉及时处理;查、借阅档案当面注销记录,及时入库;定期对库藏案卷进行总清点,及时催还借出的档案;每年对库存声像档案进行一次全面的核对检查,发现问题及时报告、处理;照片、底片要定期进行检查,有发黄、发霉、变质等现象,要及时进行清洗和技术处理;录像带、录音带等使用完毕后应及时倒带,并马上入盒,以防污染,要定期检查,如发现变形断裂、磁粉脱落等现象,应立即进行补救;声像档案保管期限与相应文字材料的保管期限一致,需长期保管的声像材料,在保管一定时间后,应转录复制。

第四节 档案利用

一、档案利用的途径与方法

(一) 档案利用的技术途径

对档案部门来说,把纸质档案转制成电子档案,是档案利用最科学有效的技术途径。电子档案的利用,一般有以下三种方法。

1. 提供拷贝

档案部门向利用者提供载体拷贝时,应将文件转换成通用标准文档存储格式,由利用者自行寻找恢复和显示电子文件的软硬件平台。当利用者不具备利用电子文件的软硬件平台时,档案部门也可以为利用者提供打印件或缩微品。

2. 通信传输

这是指用网络传输电子档案。这一方法比较适合馆际互借的信息资源交流以及向相对固定的查档单位提供档案资料,可以通过点对点转换数字通信或互联网络来实现。

3. 直接利用

这是利用者通过档案部门或另一个检索机构的电脑,在档案部门的网络上直接查询的一种方法。其特点是可为利用者提供技术支援,与通信传输相比减少了大量的管理工作,可以使更多的读者同时利用同一份电子档案。

(二) 档案利用的主要方法

墓地业务档案的利用工作就是档案部门通过各种方式向利用者提供档案,为墓地管理的生产、经营活动提供服务。档案部门可以通过多种方式提供档案的利用服务,归纳起来如表9-3所示。

表 9-3　档案利用的方法

方　　式	方　　法	备注
提供档案原件	开辟阅览室,使利用者在馆内借阅; 提供档案原件让利用者借出,在馆外阅览	
提供档案复制品	制作复制本; 制作微缩胶卷或微缩胶片; 举办档案展览、陈列; 印发或出版文件汇编、史料汇编; 在报刊上公布档案文献	
提供根据档案内容编写的材料	编写参考资料; 制发档案证明; 复函查询和外调; 编修史志,撰写文章,参加历史研究	

二、档案查询

档案查询就是从信息库或信息资料档案整体中找出所需要的信息资料。查询分为手工查询和计算机查询两种。

(一) 档案的手工查询方法

手工查询信息资料,需要凭借检索工具来查询。检索工具是了解和查找信息资料的入门依据。检索工具能够指明资料存在的位置,提供查找的线索,提示信息资料的内容,帮助人们比较、选择和鉴别。因此信息资料的查询关键是检索工具。

1. 档案检索工具

(1) 目录。目录检索是对信息资料进行准确的简化,它的基本作用是识别或代替阅读原文。

(2) 文摘。文摘可分两大类:一类是指示性文摘,又称简介,是一种篇幅简短的摘要;一类是报道性文摘,是原文要点较详细的摘要。

(3) 索引。索引可分为两种:一种是篇目索引,用来指明资料的出处;另一种是内容索引,将资料中的事件、人名、地名等一一摘录出来,分别按顺序排列,并指明它们的出处。人们可以借助索引,查到隐藏于众多而庞杂的资料中的有关信息的出处。

2. 手工检索

在很多墓地管理单位,墓地数量日趋增多,于是墓地管理单位根据墓地档案的自然形成规律,按照基本的体系来整理和存放档案,并编制各种检索工具,方便客户寻找和使用档案,方便他们据此寻找需要的墓地位置等信息。

同墓地档案一样,骨灰档案的数量庞大、内容繁多,在档案馆(室)内必须根据骨灰档案的自然形成规律,按照基本的体系进行整理和存放,并编制出各种实用的检索工具,以方便客户寻找和使用骨灰档案,也方便客户和工作人员据此寻找所需要的骨灰存放时间和位置等。

对手工检索来说,其基本工具是档案目录,骨灰档案目录的建立可以按照以下几个标准。

(1) 人名索引。根据姓名拼音字母的顺序编写。

(2) 身份证号索引。尽管死亡后身份证会被注销,但是由于生前身份证的唯一性,使利用身份证号来进行档案检索成为可能。身份证包含了籍贯、出生时间、序列编号和性别等内容,较难引起混乱。

(3) 编码索引。骨灰安葬时，将骨灰位置（如区、排、号、位置序列号）、死亡日期等诸多因素综合起来，变成骨灰档案的单一特指号码，可避免同名带来的不便。

(4) 其他特征索引。根据其他特征，如姓名、籍贯、性别、与客户关系等因素，也可以编制墓地档案的编号。这种编码有利于进行其他领域的社会学统计。

（二）档案的计算机查询方法

随着计算机技术和信息技术的广泛应用，检索可采用光盘检索系统、电子计算机检索系统和网络化信息检索系统等现代化检索工具。但手工检索方法是以电子计算机管理为代表的现代化检索方法的重要准备工作。

计算机检索方法可分为：脱机检索、联机检索、网络信息检索。

1. 脱机检索

脱机检索在传统意义上是指系统根据客户需求在机读磁带上按顺序扫描并寻找匹配的文献，常常是分批处理客户提问，又称批式检索。今天，它又常被称为离线检索，作为在线检索或联机检索的补充。如光盘检索就是一种典型的脱机检索，它使20世纪80年代后期濒于消失的传统脱机检索又有了新的生命。

2. 联机检索

检索终端通过通信线路与系统的主机联接，在中央处理机控制下查询系统的几十个甚至上百个数据库，并能够与系统实时对话，随时调整检索策略。联机检索的步骤包括根据需求和检索目标选择数据库、编制和输入检索提问、处理检索结果（包括打印、评价）、退出联机检索系统等几个方面。

3. 网络信息检索

通过网络接口软件，客户可在任一终端查询各地的信息资源。网络检索也是一种广义的联机检索，如使用远程登录（Telnet）通过 Internet 联接客户所指定的远程计算机，共享该主机上的资源，这个过程也称为联机，此方式更适宜用联网或网络检索这一概念。

在墓地业务管理中，可利用现代化计算机来管理墓地，使订墓、碑文撰写、咨询、档案管理形成网络。例如，安葬登记是对已订的墓位进行相关的登记，登记信息存入数据库作为档案，以便其他部门调用显示和日后返查。其中墓位信息包括：姓名、性别、墓穴区位编号、安葬证号、安葬时间；客户信息包括：姓名、联系电话、地址、与逝者关系等。

 三、教育功能档案的利用

（一）教育功能档案的利用途径

服务社会是墓地档案工作的动力和生命，也是墓地档案的根本宗旨。从某种角度来说，墓地业务档案中凝聚了强大的人文精神。比如，墓地区域内安葬的社会精英、名人、劳动模范、英雄人物，他们的事迹有很大的楷模力量和感召力量，他们的精神是整个社会的财富。墓地管理档案中蕴藏着取之不尽、用之不竭的科技、文化信息，开发这部分信息资源有利于充分发挥墓地档案的社会教育功能，为经济建设和改革开放提供有效服务。因此，墓地档案有很高的教育功能，可以利用这些宝贵的资料开展各种具有纪念和教育意义的活动。

目前，墓地档案具有私人性质，许多珍贵的档案材料大部分是由本人保管或保存在亲友手里，处于自然分散状态。他们的学术专著等，也是作为个人的成果进行收藏与保存，缺乏良好的保管条件。随着时间的推移，一些珍贵的资料也随之流逝或丢失，逐渐在人们的脑海中淡忘，造成了一些珍贵档案资料的损毁。如果继续下去，将会造成更为严重的损失。

英模人物、社会名人档案材料的收集要紧紧围绕他们的成就主线，以他们的成功点为基础，把他们个人的身份、简历、学历证明、重要日记、信函、自传、回忆录、学术论文、专著、国内外获奖名称、个人主要作品以及收藏馆的名称、主要艺术活动等的文字材料，他们个人在各个时期参加各种活动形成的照片、录音带、录像带等声像材料，他们在各个时期获得的各种证书、奖杯、奖状、奖章、勋章、书画及各种纪念品等实物材料，都进行系统化整理并立卷和归档。要科学管理好英模人物、社会名人的档案，利用英模人物、社会名人的档案做好宣传教育工作，通过举办展览、编辑英雄模范事迹汇编等形式，充分发挥墓地档案的教育功能，提高社会效益。

(二) 教育功能档案的利用方法

墓地档案是一个丰富的历史宝藏，开展墓地发展史、创业史的教育是当前进行爱国主义教育十分有效的办法。墓地档案部门应灵活运用墓地档案史料，加大英模人物、名人事迹的宣传教育力度，发挥育人的功能。

发挥墓地档案史料的育人功能，必须讲究科学的方法。可以用反映祖国建设中模范人物生平、成就的传记性读物来开展爱国主义教育。同时，要积极配合地方宣传、文化、出版、影视部门，参与和组织撰写爱国主义、革命传统、民族团结等题材的大众读物和系列丛书，弘扬保卫祖国和建设祖国的光荣历史和奋斗精神。

发挥墓地档案史料的育人功能，要注重载体建设。利用墓地档案史料来兴建关于爱国主义教育和传统教育的展览室和荣誉室，以图文并茂的形式展示英模、名人等人物的光辉事迹。利用不定期的内部刊物、简讯、简报等宣传媒介，全方位开展墓地档案史料宣传工作。

四、骨灰档案的利用

(一) 骨灰档案的资料价值

骨灰档案在具备基本档案价值后，随着骨灰档案突破传统，由被动托管变为主动立卷后，骨灰档案的史料意义也会突破家族的局限意义向整个社会延伸。

1. 家族史料价值

家族史料价值是骨灰档案史料价值的基础价值。通过对骨灰档案进行开拓性的补充，骨灰档案应该包括逝者生前的很多重要信息，比如其工作简历、对社会的基本贡献和工作成果、家庭成员情况、对子女的教育要求、处理财产的遗嘱等。这样骨灰档案就具备了"家谱"的功能。

2. 社会性史料价值

骨灰档案开发后，档案收集范围扩大到整个殡葬行为过程，甚至在馆藏过程中也不断进行档案的补充。"家谱"式的骨灰档案，记录了很多逝者生活时代的真实材料，其社会性也大大加强，社会性史料价值明显提高。

3. 特殊史料价值

这是指一些与逝者相关的问题的澄清，或者针对社会某一领域或某一特殊群体的问题，能够从骨灰档案中获取有价值的信息。

4. 名人史料价值

因为名人死后对社会精神层面的影响会继续存在，其骨灰档案成为珍贵的历史资料，从而使骨灰档案具备珍贵的史料价值。名人骨灰档案的史料价值，不仅为后世研究者提供真实的第一手资料，而且其骨灰档案和墓地、纪念碑等一起成为重要的社会教育资源和人文景观。

（二）骨灰档案的开发与利用

1. 骨灰档案的开发方法

骨灰档案的开发，是一件很有意义的事情。因为骨灰档案的开发与利用能最大限度地体现社会的人性关怀，并延伸生存的意义。骨灰档案开发的程度，决定了骨灰档案利用的程度。

骨灰档案的开发是在骨灰档案利用的基础上进行的。在骨灰档案中，奠定什么样的开发基础，便会出现什么样的利用方式。显然，骨灰档案利用的条件便是档案价值的确定，而档案的价值无疑是与人的价值联系在一起的，于是也便与社会联系在一起了。所以骨灰档案的开发与利用，也始终本着"来源于社会，服务于社会"的原则，这也就给骨灰档案的开发指出了一条路，即骨灰档案要逐渐向着社会档案发展与演变。

但是骨灰档案在确立了这一方向后的演变与发展并不容易，因为骨灰是寄存的形式，这使得骨灰档案也成为寄存的形式。寄存形式的骨灰档案因为不是来自全宗机构，所以在立卷工作中的分类工作很不完善，大多数殡仪服务机构的立卷工作只是把一些原始的骨灰管理单据累放在一起成为卷宗，与社会性档案有着根本的区别。

要让骨灰档案演变成社会性档案，最重要的是如何让骨灰档案变成实质意义上的档案，然后大胆打破骨灰档案的原有含义，在立卷时间和立卷内容上实现重大突破。

首先，把立卷时间提前到逝者的生前。

其次，把立卷内容从原来的骨灰形成时期向前延伸至一定阶段，并对骨灰档案进行立卷后的必要补充，向生前与死后两个时段进行最大幅度的延伸，以获得最大的骨灰档案价值并达到利用目的。

最后，在骨灰档案的名称、立卷时间、立卷范围和立卷方法等方面进行创新，变革骨灰档案的管理模式，使其更适合骨灰档案的发展。

要实现上述突破，必须达到如下条件：在制度上变更骨灰档案的托管业务内涵，变被动托管为主动立卷，使骨灰档案的现代化管理朝着社会性档案的方面发展；提升骨灰档案管理部门的社会地位，体现骨灰档案室的功能，建设必要的地区性骨灰档案馆、室，配备完整的档案设施；骨灰档案的立卷时间范围是从逝者死亡之前至骨灰寄存之后，骨灰档案的补充应一直延伸至骨灰馆藏过程中；骨灰档案资料的收集从殡葬行为在业务关系中形成的第一个文件开始，到殡葬活动结束；以骨灰档案为中心，受理与骨灰档案相关的各种信息载体的检索、查询和代管业务；重新定义骨灰档案的内涵，新的名称应将骨灰档案的含义拓展为人生档案；对具有重大社会价值的骨灰档案，在骨灰委托人取回骨灰时，档案原件依然归骨灰楼所有，委托人只可凭有效证件复印一份带走；骨灰档案的保管应与骨灰保管处在空间结构上分开保管，但二者的管理组织结构应联系在一起；保证骨灰档案查阅方便，并为骨灰档案提供有效、及时的补充；骨灰档案的补充，主要是历次骨灰祭拜过程的记载和描述；开发骨灰档案并确立为个人的全宗目标，并发展个人全宗，使之成为死后与生前共同开发立卷的个人人生档案。

2. 骨灰档案的利用途径

骨灰档案的利用价值决定骨灰档案的开发程度。利用骨灰档案的途径主要有以下几个方面。

（1）研究骨灰档案的社会利用价值。骨灰档案的社会利用价值，更多体现在名人骨灰档案上。普通群体的骨灰档案，其利用价值相对较小，但当很多普通人的骨灰档案共同为某一特定社会发展时段提供大量的发展与演变信息时，其价值会得到极大的体现。

（2）在网上查阅骨灰档案。随着科技的更新，骨灰档案实现数字化以后，逝者生前的很多文字、图片和影像资料都可以在网络上展现，为殡仪服务对象的祭奠与公众查阅相关资料提供了更便捷的方式。

（3）让骨灰档案成为整理逝者生平足迹的一份材料。让骨灰档案有可读性，成为死亡教育的最好读本。增加骨灰档案内涵，使档案成为一种人生意义的写照，让后人从一个人的死亡档案能看出一个人一生大致的经历，让其人生意义得到延续。骨灰档案的社会意义以这种独特的方式展现给社会，它本身已经成为一种真实的、积极向上的人生教材，让殡葬机构发展并成为能引导人性向善与发挥功能的教育基地。

3. 骨灰档案的开发与利用预测

如果骨灰档案能够向着个人全宗档案演变并发展，个人档案会成为不折不扣的"社会终端显示器"，这样骨灰档案就极有可能演变成社会性宏观考虑的一个指标来源与信息出处，骨灰档案的开发与利用就成了一项具有重要社会意义的工作。

五、生死教育档案材料的利用

生死教育又称为死亡教育。在欧美国家，早在20世纪60年代就已开始研究并发展，至今已达到体系完整、相关研究及论著丰富。我们应在吸收优秀传统文化精华的基础上，借鉴西方的有益经验，在中国优秀传统文化与现代科学的共同支持下，实施生死教育。

（一）生死教育的定义与内容

1. 生死教育的定义

生死教育的定义尚未统一。目前主要有以下几种定义。

一是就如何认识和对待死亡而对人进行的教育。其主旨在于使人正确地认识和对待人人都不可回避的生死问题，正确地认识和对待自己的生死，同时也正确地认识和对待他人的生死。

二是向社会大众传达合适的死亡相关知识，并由此使人们在态度和行为上有所转变的一种发展过程。其目的就是要帮助人们学会在面对死亡时寻求良好的心理支持，克服死亡带给人们的恐惧与悲伤。

三是作为一门学科，其焦点聚焦在为生命受到威胁的人提供身体和情绪上的支持性照顾，并对家属表现出同等的关怀。提出一种落实照顾的理念，用另类促进生命品质的方式，在濒死历程以及分离、失落、死别、悲痛等问题上培养人们更为成熟的观念。

2. 生死教育的内容

生死教育不仅是一个正视死亡的课题，还包括由之产生的对生死意义的思考，同时还应涵盖整个人生价值观的树立。也就是说要追求生命的意义，建立完整的价值体系，提升生活品质。目前生死教育主要包括生命的意义、自我的实现、价值的确立等内容。

（二）生死教育档案材料的意义

生死教育是一个教育长链，从胎儿教育直到死亡教育，都是不可或缺的。生死教育离不开殡葬文化，离不开墓地业务档案材料，也离不开殡葬工作者的努力。

从社会学角度来说，人的一生是不断社会化的一生。所谓社会化，就是接受社会文化的过程。每个人的一生，都可以看作是"文化人"的一生，仅是真与假、善与恶、优与劣、高与低、雅与俗、丰富与浅薄的区分而已。人死了，死的是躯体，但他一生所创造的文化，不论是精神形态的或物质形态的都依然存在。

人们对死亡意义的认识是不同的。一般人在科学的洗礼下，主观地认定生命只有一次。我们不能简单地把死亡理解成一切的结束。相反地，我们可以把死亡当成自己现世生命的总结和另一生命的开端，另一生命是历史文化传承的生命。这种理解的转变，重点并不在于把现世生命与未来生命打成两截，而是要意识到生死是不断轮转的，想要有怎样的死就必须有怎样的生，想要有怎样的生就必须有怎样的死。如果人们真能体会生死一如的真谛，对死亡的意义自然可以看出正面积极的意义，而不会把死亡当成逃避生命意义的借口。这是生命教育中最应凸显的一个课题。

(三) 生死教育档案材料的开发与利用

开发生死教育档案信息资源，是加强社会主义精神文明建设的需要。从生死教育档案材料中挖掘出的具有宣传价值的史料，可以帮助人们特别是青少年了解中华民族的悠久历史和灿烂文化；可以使他们了解历史轨迹，掌握时代发展的脉搏；可以使他们自觉宣传党的光辉历史和英雄人物事迹，进行革命传统、爱国主义、集体主义和社会主义教育。

1. 指导建档与开展征集相结合

把英模人物与知名人物档案征集工作寓于建档指导工作中，确定征集范围和建档内容，在指导建档的同时，开展征集工作，边建档边征集。对征集的档案资料再进行系统分类整理，建成英模人物与知名人物档案信息库。通过这个过程，提高对人物档案资料整理与建档的业务能力，增强积累与保存英模人物与知名人物档案的意识。

2. 捐赠与寄存相结合

由于英模人物与知名人物档案具有内容丰富、数量多、收藏价值高的特点，在征集工作中应采取捐赠、寄存、复制等不同的处理方法。如对于个人简历、手稿、音像、照片、来往信函等一般的档案资料，动员征集对象直接捐赠；对于比较珍贵的文艺作品原件、奖牌、价值昂贵的演出道具、个人收藏的文物等征集对象不愿意捐赠的，则通过与之协商，采取寄存的处理方式；对于那些个人常用的证件、证书，则采取复制的方法。

3. 征集与开发利用相结合

一是把英模人物与知名人物档案建设成一个开放性、动态性的档案信息库，及时把新涌现的英模人物与知名人物的档案资料征集进馆。二是做好英模人物与知名人物档案资料的开发与利用工作，扩大英模人物与知名人物档案的影响力。可通过举行英模人物与知名人物档案资料捐赠会、英模人物与知名人物档案资料陈列或展览，充分发挥英模人物与知名人物档案的作用，扩大墓地业务档案工作的社会影响，为今后人物档案资料的征集奠定更加坚实的基础。

思考题

1. 如何收集和整理墓地业务档案资料？
2. 如何鉴定业务资料档案的价值？
3. 墓地教育功能档案的开发与利用方法有哪些？
4. 如何突破现有骨灰寄存档案形态，实现骨灰档案最大的社会利用价值？
5. 谈谈如何利用墓地及其业务档案进行生死教育。

参考文献

[1] 民政部职业技能鉴定指导中心.墓地管理员［M］.北京：中国社会出版社，2006.
[2] 民政部职业技能鉴定指导中心.殡仪服务员［M］.北京：中国社会出版社，2006.
[3] 陶德才，樊一阳.陵园经营与管理［M］.北京：中国社会出版社，2004.
[4] 杨宝祥.殡葬设施规划设计［M］.北京：中国社会出版社，2011.
[5] 杨宝祥.殡葬设施生态建设与管理［M］.北京：中国社会出版社，2015.
[6] 杨宝祥.殡葬设施建设与管理［M］.北京：中国社会出版社，2010.
[7] 杨宝祥.殡葬园林文化学［M］.北京：中国社会出版社，2015.
[8] 王夫子.殡葬文化学［M］.长沙：湖南大学出版社，2018.
[9] 王夫子，郭灿辉.殡葬礼仪实务［M］.长沙：湖南人民出版社，2013.
[10] 全国殡葬标准化技术委员会.公墓业务接待：MZ/T 034—2012［S］.北京：中国社会出版社，2013.